全国中等职业学校课程改革规划教材

汽车构造

（第二版）

全华科友　组织编写
赵俊山　孙永江　主　编
郭君宝　庄成莉　李　敏　副主编

人民交通出版社股份有限公司
China Communications Press Co.,Ltd.

内 容 提 要

本书是全国中等职业学校课程改革规划教材,介绍了发动机的工作原理与总体构造、曲柄连杆机构、配气机构、汽油机燃料供给系统、柴油机燃料供给系统、冷却系统、润滑系统、传动系统、行驶系统、制动系统、转向系统、发动机电气设备、声光系统、刮水器和洗涤器系统、组合仪表与报警装置、空调系统等。

本书可作为中等职业学校汽车专业教材,也可作为汽车驾驶与维修人员培训教材。

图书在版编目(CIP)数据

汽车构造 / 赵俊山,孙永江主编;全华科友组织编写. —2版. —北京:人民交通出版社股份有限公司,2018.4

ISBN 978-7-114-14450-9

Ⅰ.①汽… Ⅱ.①赵…②孙…③全… Ⅲ.①汽车—构造—职业教育—教材 Ⅳ.①U463

中国版本图书馆CIP数据核字(2017)第317610号

书 名:	汽车构造(第二版)
著 作 者:	赵俊山 孙永江
责任编辑:	李 良
责任校对:	赵媛媛
责任印制:	刘高彤
出版发行:	人民交通出版社股份有限公司
地 址:	(100011)北京市朝阳区安定门外外馆斜街3号
网 址:	http://www.ccpress.com.cn
销售电话:	(010)59757973
总 经 销:	人民交通出版社股份有限公司发行部
经 销:	各地新华书店
印 刷:	北京建宏印刷有限公司
开 本:	787×1092 1/16
印 张:	19.25
字 数:	452千
版 次:	2011年1月 第1版 2018年4月 第2版
印 次:	2024年7月 第2版 第3次印刷 总计第16次印刷
书 号:	ISBN 978-7-114-14450-9
定 价:	42.00元

(有印刷、装订质量问题的图书由本公司负责调换)

第二版前言

随着我国汽车工业的快速发展,我国已经成为全球汽车产销大国,但我国汽车行业从业人员十分稀缺,因此汽车运用与维修专业被国家列为技能型紧缺专业。近些年来,中等职业教育汽车运用与维修专业受到众多学校的追捧,学校纷纷加大办学力度,招生量持续增长。

教材建设是汽车运用与维修专业的学生适应社会需求的关键环节,按照《中等职业学校汽车运用与维修专业领域技能型紧缺人才培养指导方案》和《中等职业学校汽车运用与维修专业教学指导方案》的要求,我们组织编写了《汽车构造》这本教材。此次教材的编写以"创新职业教育理念、改革教育教学模式、提升学生职业素质、适应经济社会发展"为指导思想,采用职教专家、行业一线、学校、出版社"四结合"的编写模式。

本教材将先进的教学内容、教学方法与教学手段有效地结合起来,形成课本、课件(部分课程配)和习题集(部分课程配)三位一体的立体教学模式。教材内容的特点表现为:

(1)准确体现职业教育特点(以工作岗位所需的知识和技能为出发点);
(2)理论内容"必需、够用";
(3)实训内容贴合工作一线实际;
(4)选图讲究,易懂易学。

本书由赵俊山、孙永江任主编,郭君宝、庄成莉、李敏任副主编,参加编写的还有张立新、于林发、沈沉、吴兴敏、惠有利、李培军、杨艳芬、黄宜坤、张义、黄艳玲、孙涛、张丽丽。

由于编写时间仓促,书中难免有不足之处,诚恳希望使用本教材的师生、有关专家批评指正。

目 录

单元一 绪论
一、汽车发展简史 …………………………………… 2
二、汽车的分类及车辆识别代号 …………………… 7
三、汽车总体构造和行驶原理 ……………………… 10
思考与练习 …………………………………………… 13

单元二 发动机的工作原理与总体构造
一、发动机基本工作原理 …………………………… 18
二、发动机总体构造和主要性能指标 ……………… 22
思考与练习 …………………………………………… 25

单元三 曲柄连杆机构
一、曲柄连杆机构的功用和组成 …………………… 28
二、曲柄连杆机构主要部件的构造 ………………… 28
思考与练习 …………………………………………… 38

单元四 配气机构
一、配气机构的功用和组成 ………………………… 42
二、配气机构主要部件的构造 ……………………… 43
三、配气相位及可变的配气相位 …………………… 53
思考与练习 …………………………………………… 55

单元五 汽油机燃料供给系统
一、汽油机燃料供给系统的功用和组成 …………… 60
二、汽油 ……………………………………………… 61
三、电控燃油喷射系统主要部件的构造 …………… 63
思考与练习 …………………………………………… 77

1

单元六　柴油机燃料供给系统

一、柴油机燃料供给系统的功用和组成 ·················· 80
二、柴油 ································· 82
三、柴油机燃烧室 ························ 84
四、柴油机燃料供给系统主要部件的构造 ·············· 86
思考与练习 ······························ 99

单元七　冷却系统

一、冷却系统的功用和组成 ·················· 104
二、冷却液 ································· 105
三、冷却系统主要部件的构造 ·············· 107
思考与练习 ······························ 111

单元八　润滑系统

一、润滑系统的功用和组成 ·················· 114
二、机油 ································· 115
三、润滑系统主要部件的构造 ·············· 117
四、曲轴箱强制通风系统 ·················· 122
思考与练习 ······························ 122

单元九　传动系统

一、传动系统概述 ························ 126
二、离合器 ································· 126
三、手动变速器 ·························· 131
四、自动变速器 ·························· 136
五、万向传动装置 ························ 164
六、驱动桥 ································· 169
思考与练习 ······························ 173

单元十　行驶系统

一、行驶系统概述 …………………………………180
二、车桥及车轮定位 ………………………………180
三、悬架 ……………………………………………186
四、车轮总成 ………………………………………195
五、车架 ……………………………………………201
思考与练习…………………………………………203

单元十一　制动系统

一、制动系统概述 …………………………………208
二、车轮制动器 ……………………………………210
三、液压制动传动装置 ……………………………215
四、汽车防抱死制动系统(ABS) ……………………218
五、汽车驱动防滑控制系统及电子稳定程序控制系统 ………223
思考与练习…………………………………………225

单元十二　转向系统

一、转向系统概述 …………………………………230
二、机械转向系统 …………………………………233
三、液压动力转向系统 ……………………………237
四、电子控制动力转向系统 ………………………240
思考与练习…………………………………………244

单元十三　发动机电气设备

一、蓄电池 …………………………………………248
二、充电系统 ………………………………………250
三、起动系统 ………………………………………251
四、点火系统 ………………………………………255
思考与练习…………………………………………260

单元十四　声光系统

一、喇叭 ……………………………………………………………264
二、照明与信号系统 ………………………………………………265
思考与练习 …………………………………………………………271

单元十五　刮水器和洗涤器系统

一、刮水器和洗涤器系统的功用和组成 …………………………274
二、刮水器的构造 …………………………………………………274
三、洗涤器的构造 …………………………………………………277
四、前照灯冲洗装置的构造 ………………………………………278
思考与练习 …………………………………………………………279

单元十六　组合仪表与报警装置

一、组合仪表 ………………………………………………………282
二、报警装置 ………………………………………………………284
思考与练习 …………………………………………………………285

单元十七　空调系统

一、空调系统概述 …………………………………………………288
二、制冷系统的组成与工作原理 …………………………………290
三、空调系统的采暖与通风 ………………………………………295
思考与练习 …………………………………………………………298

参考文献

单元一 绪 论

知识目标

1. 了解汽车工业的发展简史;
2. 掌握汽车定义及汽车的分类方法;
3. 了解车辆识别代号的意义;
4. 掌握汽车总体构造及汽车的总体布置形式;
5. 掌握汽车行驶的基本原理。

建议学时

2学时。

一、汽车发展简史

❶ 汽车的诞生

汽车是欧洲工业革命的产物,是随着内燃机的发明而产生的。1885 年,德国工程师卡尔·本茨在曼海姆制成一辆装有 0.6kW 汽油发动机的三轮汽车(图1-1),该车自身质量为254kg,装有三个实心橡胶轮胎的车轮,用钢管制成车架,发动机为单缸汽油机,最高时速为18km/h,这就是世界上公认的第一辆汽车。1886 年 1 月 29 日,本茨在德国取得了汽车专利证,所以,1886 年 1 月 29 日被公认为汽车的诞生日,同一年,德国另一位工程师戈特利布·戴姆勒在坎斯塔特,将一台0.8kW 汽油机装在一辆四轮马车上,并增加了转向传动装置,该车最高车速为14.4km/h,这是世界上第一辆装有汽油机的四轮汽车(图1-2、图1-3)。

图1-1 卡尔·本茨发明的三轮汽车

图1-2 戈特利布·戴姆勒发明的四轮汽车

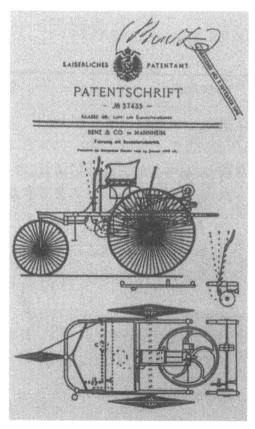

图1-3 第一辆汽车的专利证

因此,人们一般都把1886年作为汽车元年,本茨和戴姆勒则被公认为以内燃机为动力的现代汽车发明者,并被尊称为汽车工业的鼻祖和"世界汽车之父"。

❷ 世界汽车工业的发展

①汽车工业发展初期。汽车起源于欧洲,欧洲是汽车工业的摇篮。在汽车发展初期,法国人也作出了突出的贡献。1889年,法国人标致研制出齿轮变速器和差速器,并在1891年首先推出了发动机前置后轮驱动的布置形式;1891年法国人又研制成摩擦式离合器,1895年开始采用充气轮胎等,这使早期的汽车性能得到了较大提高。

欧洲早期著名的汽车公司有:奔驰汽车公司(成立于1887年)、戴姆勒汽车公司(成立于1890年)、奥迪汽车公司(成立于1899年)、标致汽车公司(成立于1889年)、雷诺汽车公司(成立于1898年)、菲亚特汽车公司(成立于1899年)和劳斯莱斯汽车公司(成立于1904年)等。

②汽车工业快速发展于美国。1908年10月,在美国的底特律,美国人亨利·福特推出了以自己名字命名的福特汽车(著名的T型车,图1-4)。

图1-4　早期的福特T型车

1913年,福特汽车公司还推出了世界第一条汽车生产线,开辟了汽车大批量、流水线生产的新时代,并从此奠定了美国汽车生产大国的地位。从20世纪初开始到20世纪70年代,美国的汽车工业一直遥遥领先,产量居世界之首。尽管欧洲和日本汽车产量偶尔超过美国,但美国汽车的产销量一直处于世界前列。美国曾经最著名的三大汽车公司有:福特汽车公司(成立于1903年)、通用汽车公司(成立于1908年)和克莱斯勒汽车公司(成立于1925年)。

③以欧洲为重心的汽车工业发展时期。欧洲的汽车公司针对美国车型单一、体积庞大、油耗高等弱点,开发了多姿多彩的新车型,实现了汽车产品多样化,如梅赛德斯·奔驰、宝马、雪铁龙、劳斯莱斯、美洲虎、甲壳虫和法拉利等车型。多样化的产品是欧洲汽车公司的最大优势,效益也得以实现。到1966年,欧洲汽车产量突破1000万辆,超过北美汽车产量,成为世界第二个汽车工业发展中心。

欧洲除早期成立的汽车公司外,又出现了许多著名的汽车公司,如宝马汽车公司(成立于1916年)、雪铁龙汽车公司(成立于1919年)、奔驰—戴姆勒汽车公司(成立于1926年,由原奔驰汽车公司和戴姆勒汽车公司合并而成)、沃尔沃汽车公司(成立于1927年)、法拉利汽车公司(成立于1929年)、保时捷汽车公司(成立于1931年)和大众汽车公司(成立于1937年)等。

④日本汽车工业发展。当1973年首次发生石油危机时,美国和欧洲等国家的汽车工业受到很大冲击,而日本大量研制生产了小型节油型汽车,各大汽车公司及时推出物美价廉

的汽车,使日本汽车产量快速增长,终于在1980年时汽车产量超过美国,坐上了"汽车王国"的宝座。日本汽车工业的快速发展,创造了世界汽车工业的发展奇迹。日本成为继美国、欧洲之后的世界上第三个汽车工业发展中心。

日本著名的汽车公司有:大发汽车公司(成立于1907年)、马自达汽车公司(成立于1920年)、日产汽车公司(成立于1933年)、丰田汽车公司(成立于1937年)、本田汽车公司(成立于1946年)、日野(成立于1942年)、五十铃(成立于1949年)、铃木(成立于1954年)等。

⑤韩国汽车工业的发展。20世纪70年代,较好的经济基础为韩国汽车工业的发展提供了良好的发展环境。1973年,在韩国政府实行"汽车国产化"政策的支持下,国产汽车产业迅猛发展。进入20世纪90年代后期,韩国汽车工业在西欧、美洲、东欧、亚洲和大洋洲建立了生产基地,实现了国内生产本地化、海外生产体系化和全球营销网络,成为世界汽车生产大国。

韩国著名的汽车公司有:起亚汽车公司(成立于1944年)、现代汽车公司(成立于1967年)、大宇汽车公司(成立于1972年)等。

3 我国汽车工业的发展

自中华人民共和国成立后,汽车工业迅速建立并发展。经过半个世纪的努力,我国汽车工业从无到有,形成了一个产品种类比较齐全、基本满足国内需求的工业体系。

我国汽车工业的发展历程大致划分为以下4个阶段。

①初创阶段(1953—1965年)。1953年7月15日,第一汽车制造厂在长春奠基。1956年7月13日,第一辆解放牌CA10型载货汽车下线(图1-5),1956年7月15日,第一批解放牌CA10型载货汽车下线。

1958年5月5日,一汽生产出第一辆东风CA71型车型(图1-6)。

图1-5　第一辆解放牌CA10型载货汽车　　　　图1-6　第一辆东风CA71型车型

1958年7月,一汽自行设计、研制了第一辆红旗牌CA72高级车型(图1-7)。

1958年3月10日,南京汽车制造厂生产出第一辆跃进牌NJ130型2.5t轻型载货汽车。同年6月,又试制出第一辆NJ230型1.5t越野汽车。

图1-7 一汽生产的红旗牌CA72型高级车型

1958年9月，上海汽车制造厂成功试制出第一辆凤凰牌车型（图1-8）。1964年12月，上海汽车制造厂开始生产上海牌SH760普通型车型（图1-9）。

图1-8 凤凰牌车型

图1-9 上海牌SH760型车型

1960年4月，济南汽车制造厂成功试制出黄河牌JN150型8t重型载货汽车。

1961年，北京汽车制造厂试制出第一辆北京BJ210型轻型越野汽车。1965年5月，北京汽车制造厂批量生产BJ212型越野汽车（图1-10）。

到1965年，全国形成五个汽车制造基地，汽车年产量约6万辆，全国累计生产汽车17万辆。

②成长阶段（1966—1978年）。1975年7月，第二汽车制造厂开始生产东风EQ240型2.5t越野汽车。1978年7月，第二汽车制造厂开始生产EQ140型5t载货汽车。

1971年7月，四川汽车制造厂开始批量生产红岩CQ261型越野汽车。

图1-10 北京BJ212型越野汽车

1978年3月，陕西汽车制造厂开始批量生产延安牌SX250型越野汽车。

1969年以后，上海、长春、本溪等地投入矿用自卸汽车的研制和生产；安徽、南阳、丹东等地开始研制和生产重型载货汽车。1969年7月，上海汽车底盘厂成功试制出上海SH380型32t和SH361型15t矿用自卸汽车。1971年12月，一汽成功试制出60t矿用自卸汽车。

借鉴一汽、二汽的经验，全国各地开始积极发展汽车工业，上海、四川、陕西、安徽等地相继建成整车制造厂、零部件厂，生产轻型载货汽车、轻型客车、改装车和专用汽车。

截至1978年，全国汽车产量达到15万辆。由于受国家综合经济实力及实行计划经济管理体制等诸多因素的影响，车型工业没有得到应有的发展。

③改革开放阶段（1979—1993年）。我国实行改革开放政策后，开始由计划经济向社会

主义市场经济过渡,在中央和地方共同努力下,形成了载货汽车比较完整的产品系列和生产布局,产量和品种大体满足国内市场需求。1987年、1988年,生产时间最长的三种载货汽车老产品开始换型,转产新解放、新跃进、新黄河。1989年6月,第一辆国产斯太尔重型载货汽车在济南汽车制造总厂诞生。原第二汽车制造厂在东风EQ140型载货汽车的基础上,又生产出东风EQ1092型、东风EQ1118型等新型载货汽车。

针对"缺重少轻,车型几乎空白"的局面,为适应市场需求的变化,汽车工业及时调整了产品结构,注重微型车、轻型车和重型车的产品开发,先后建立了1个微型车生产基地(天津汽车厂)、2个装配点(柳州拖拉机厂和国营伟建机械厂)和4个轻型车生产基地(东北、北京、南京和西南)。同时,在改革开放的形势下,我国汽车行业第一个合资企业——北京吉普汽车有限公司于1984年成立(与美国克莱斯勒公司合资)。其后,长安机器厂与日本铃木汽车公司、南京汽车公司与意大利菲亚特汽车公司、上海汽车集团与德国大众汽车公司、广州汽车厂与法国标致汽车公司、天津汽车公司与日本大发汽车公司、一汽与大众、二汽与雪铁龙等纷纷进行合作和合资,先后引进先进技术100多项,其中整车项目10多项,取得了显著成效。到1993年底,我国汽车年产量达129.7万辆,跃居世界第12位。

④快速、全面发展阶段(1994—2008年)。1994年我国颁布了《汽车工业产业政策》,标志着我国汽车工业进入了一个与国际汽车市场接轨的发展阶段。在此期间,随着国民经济的快速发展,经济体制进一步向市场经济转化,消费市场结构发生根本性的变化,我国汽车市场正由公款购买为主逐步转向多元化购买,其中私人购买已呈明显上升趋势,为汽车工业,尤其是乘用车工业的发展开辟了广阔的市场。

这个阶段,我国各个主要汽车集团公司纷纷与国外著名汽车公司"联姻"。国内汽车企业进一步改组兼并,初步形成了"3+6"格局,即一汽、东风、上汽三大汽车集团,加上广州本田、重庆长安、安徽奇瑞、沈阳华晨、南京菲亚特、浙江吉利6个独立骨干乘用车企业。初步完成了汽车产业的组织结构优化调整,汽车产量快速增长,实现了跨越式发展。

2001年我国汽车产量达到246.7万辆,2005年达到500万辆,2007年达到889.24万辆(世界排名第三),2008年达到934.5万辆(世界排名第二)。

⑤步入汽车大国行列阶段(2009年至今)。2009年我国汽车产销分别完成1379.10万辆和1364.48万辆,以300多万辆的优势,首次超越美国(美国新车销量为1043万辆),成为世界汽车产销第一大国,我国已成为全球主要的汽车消费市场。2009年销量超过百万的汽车企业集团达到五家,分别是上汽、一汽、东风、长安和北汽。

自2009年以来,我国连续8年成为世界最大的汽车生产国和第一大汽车市场,稳居世界第一汽车大国位置。2016年各主要汽车生产国产量情况,见表1-1。

2016年各主要汽车生产国产量情况 表1-1

序号	国家	乘用车产量	商用车产量	汽车总产量
1	中国	24420744	3698050	28118794
2	美国	3934357	8263780	12198137
3	日本	7873886	1330704	9204590
4	德国	5746808	315754	6062562
5	印度	3677605	811360	4488965

续上表

序　号	国　家	乘用车产量	商用车产量	汽车总产量
6	韩国	3859991	368518	4228509
7	墨西哥	1993168	1604294	3597462
8	西班牙	2354117	531805	2885922
9	加拿大	802057	1568214	2370271
10	巴西	1778464	377892	2156356

如今，我国的汽车工业已经成为国民经济的支柱产业，也成为全球汽车业的重要组成部分，随着全球汽车产业发展重心的转移，中国汽车工业将在新的竞争格局下扮演全新的角色。

尽管我国已连续8年全球汽车产销量第一，但仍然算不上是汽车大国。我国汽车工业在技术开发水平、品牌影响力等方面，与世界汽车强国还有一定差距。在当今国际经济全球化的大趋势下，世界汽车市场已趋于饱和，各国汽车制造商争夺世界汽车市场的竞争将更加激烈，我国汽车市场也是各国汽车制造商争夺的主要对象之一，我国汽车工业将面对国际和国内汽车市场竞争的双重考验，相信在不久的将来，我国汽车工业将会实现新的质的飞跃。

二　汽车的分类及车辆识别代号

1 汽车分类

汽车是指由动力驱动，具有4个或4个以上车轮的非轨道承载的车辆，主要用于载运人员或货物、牵引载运人员或货物的车辆以及特殊用途的车辆。

2002年3月1日我国实施的《汽车和挂车类型的术语和定义》(GB/T 3730.1—2001)将汽车按用途分为乘用车和商用车。

乘用车是指在其设计和技术特性上主要用于载运乘客及其随身行李和/或临时物品的汽车，包括驾驶人座位在内最多不超过9个座位。它也可以牵引一辆挂车。

商用车是指在设计和技术特性上用于运送人员和货物的汽车，并且可以牵引挂车（乘用车不包括在内）。

乘用车和商用车的详细分类，如图1-11所示。

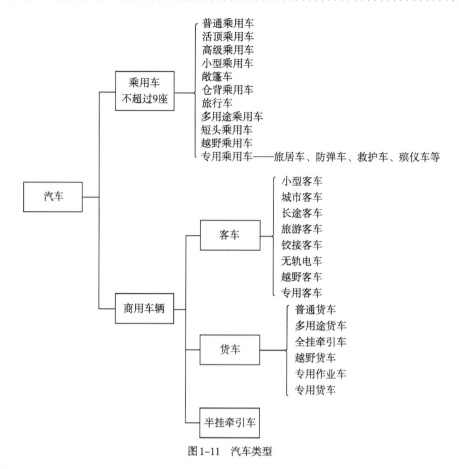

图1-11 汽车类型

2 车辆识别代号(VIN)

车辆识别代号(VIN),也称17位编码,是国际上通行的标识机动车辆的代码,是车辆制造厂为该车辆指定的一组字码,一车一码,具有在世界范围内对一辆车的唯一识别性。

❶ VIN 所在位置

VIN 应位于易于看到并且能防止磨损或替换的部位。卡罗拉乘用车 VIN 压印在乘员座椅下方(图1-12),此号码同时也压印在仪表板左上方(图1-13)。

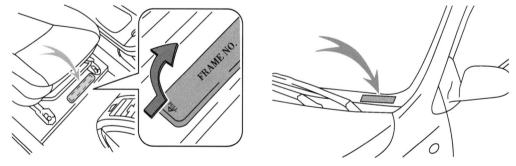

图1-12 卡罗拉乘用车 VIN 位置(1)　　　图1-13 卡罗拉乘用车 VIN 位置(2)

其他乘用车 VIN 的部位常见的还有仪表与前风窗玻璃左下角的交界处、发动机前横梁上、左前门边或立柱上和驾驶人左腿前方等。

❷ VIN 的组成

《道路车辆 车辆识别代号(VIN)》(GB 16735—2004)规定,车辆识别代号(VIN)由世界制造厂识别代号(WMI)、车辆说明部分(VDS)、车辆指示部分(VIS)三部分组成,共17位字码,如图1-14所示。

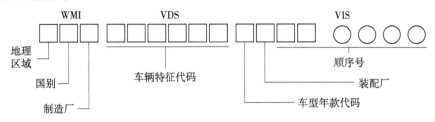

图1-14 车辆识别代号(VIN)示意图

①世界制造厂识别代号(WMI)。世界制造厂识别代号(WMI)是车辆识别代号(VIN)的第一部分,由3位字码组成,用以标识车辆的制造厂。当此代号被指定给某个车辆制造厂时,就能作为该厂的识别标志,世界制造厂识别代号(WMI)在与车辆识别代号(VIN)的其余部分一起使用时,足以保证30年之内在世界范围内制造的所有车辆的车辆识别代号(VIN)具有唯一性。

WMI代号的第一位字码是由国际代理机构分配的、用以标明一个地理区域的一个字母或数字字码,国际代理机构已经根据预期的需要为某一个地理区域分配了几个字码。例如:1~5代表北美、S~Z代表欧洲;A~H代表非洲、J~R代表亚洲、6和7代表大洋洲、8、9和0代表南美等。

WMI代号的第二位字码是由国际代理机构分配的、用以标明一个特定地区内的一个国家的一个字母或数字字码,国际代理机构已经根据预期的需要为某一个国家分配了几个字码。WMI代号应通过第一位和第二位字码的组合保证国家识别标志的唯一性。例如:10~19代表美国、1A~1Z代表美国、W0~W9代表德国、WA~WZ代表德国、L0~L9代表中国、LA~LZ代表中国等。

WMI代号和第三位字码是由国家机构指定的、用以标明某个特定的制造厂的一个字母或数字字码,WMI代号应通过第一位、第二位、第三位字码的组合保证制造厂识别标志的唯一性。例如:LFV代表一汽-大众汽车有限公司、LSG代表上海通用汽车有限公司、JHM代表日本本田技研工业股份有限公司、WDB代表德国戴姆勒-奔驰公司、WBA代表德国宝马汽车公司、KMH代表韩国现代汽车公司等。

②车辆说明部分(VDS)。车辆说明部分(VDS)是车辆识别代号(VIN)的第二部分,由6位字码组成,用以说明车辆的一般特征信息。

③车辆指示部分(VIS)。车辆指示部分(VIS)是车辆识别代号(VIN)的最后部分,由8位字码组成,其最后4位字码应是数字。车辆制造厂为区别不同车辆而指定的一组代码,这组代码连同车辆说明部分(VDS)一起,足以保证每个车辆制造厂在30年之内生产的每辆车辆的车辆识别代号具有唯一性。

车辆指示部分第1位字码应代表车辆生产年份,用阿拉伯数字1~9和大写的罗马字母A~Z(不包括字母I、O、Q、U、Z)表示,30年循环一次。2015年代码为F,2016年代码为G……

以此类推。VIS的第2位字码应代表装配厂,若无装配厂,制造厂可规定其他内容。VIS的第3~8位字码用来表示生产顺序号。

❸ 汽车VIN举例说明

上海大众汽车有限公司生产的车型VIN说明,见表1-2。

上海大众汽车有限公司生产的汽车车辆识别代号(VIN)　　　表1-2

位　置	说　明	位　置	说　明
1~3	全球制造识别,即上海大众汽车有限公司(LSV)	7~8	车辆等级
		9	检查位
4	车身/底盘形式	10	生产年份
5	发动机/变速器	11	装配厂
6	乘员保护系统	12~17	生产厂序号

三　汽车总体构造和行驶原理

❶ 汽车的总体构造

汽车通常由发动机、底盘、车身、电气设备4部分组成。汽车总体构造,如图1-15所示。

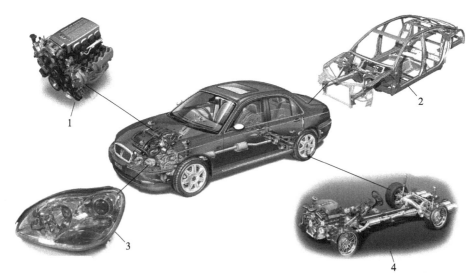

图1-15　汽车总体构造

1- 发动机;2- 车身;3- 电气设备;4- 底盘

①发动机。发动机是汽车的动力源,其功用是使供入其中的燃料燃烧而发出动力。现代汽车发动机主要采用的是往复活塞式内燃机,它一般由曲柄连杆机构、配气机构、燃料供给系统、冷却系统、润滑系统、点火系统(汽油发动机采用,柴油发动机没有)和起动系统等组成。

②底盘。底盘的功用是支承、安装汽车发动机及其各部件、总成,形成汽车的整体造型,并接受发动机的动力,使汽车产生运动并保证正常行驶。底盘由传动系统、行驶系统、转向系统和制动系统组成。

③电气设备。电气设备包括电源组(蓄电池、发电机和调节器)、发动机起动系统和点火系统(汽油机)、声光系统、仪表装置、刮水与洗涤系统以及空调系统等。在现代汽车上,电子化、智能化的程度也越来越高。现代汽车电子控制已从单一项目的控制,发展到多项内容复合的集中控制,逐渐形成一个整车电子控制。

④车身。车身是驾驶人工作的场所,也是装载乘客和货物的场所。汽车车身不仅要为驾驶人提供方便的操作条件、为乘客提供舒适安全的环境并保证货物完好无损,还要求其外形精致,给人以美的享受。

❷ 汽车的总体布置形式

为满足不同的使用要求,汽车的总体布置可有不同的形式。现代汽车按发动机相对于各总成的位置,有下列几种布置形式。

①发动机前置后轮驱动(FR)。发动机前置后轮驱动布置形式如图1-16所示,这是传统的布置形式,大多数货车和部分客车都采用这种形式。

②发动机前置前轮驱动(FF)。发动机前置前轮驱动布置形式如图1-17所示,这是现代大多数乘用车流行的布置形式,具有结构紧凑、整车质量小、地板低、高速时操纵稳定性好等优点。

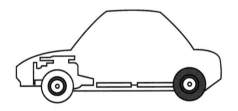
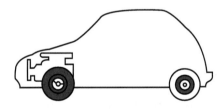

图1-16 发动机前置后轮驱动布置示意图　　图1-17 发动机前置前轮驱动布置示意图

③发动机后置后轮驱动(RR)。发动机后置后轮驱动布置形式如图1-18所示,这是目前大、中型客车流行的布置形式,具有室内噪声小、空间利用率高等优点。少数乘用车也采用这种布置形式。

④发动机中置后轮驱动(MR)。发动机中置后轮驱动布置形式如图1-19所示,这是方程式赛车和大多数跑车采用的布置形式。将功率和尺寸很大的发动机布置在驾驶人座椅与后轴之间,有利于获得最佳轴荷分配和提高汽车的性能。少数大、中型客车也采用这种布置形式,把卧式发动机安装在地板下面。

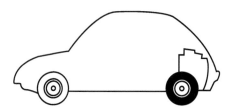
图1-18　发动机后置后轮驱动布置示意图

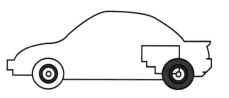
图1-19　发动机中置后轮驱动布置示意图

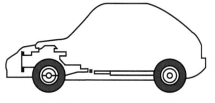
图1-20　四轮驱动布置示意图

⑤四轮驱动（4WD）。四轮驱动布置形式如图1-20所示，四轮驱动是指汽车4个车轮都是驱动轮，这是越野汽车特有的布置形式。通常发动机前置，在变速器之后的分动器将动力分别输送给全部驱动轮。

3 汽车行驶原理

❶ 汽车行驶阻力

要想使汽车行驶，必须对汽车施加一个驱动力以克服各种阻力。汽车行驶阻力包括滚动阻力、空气阻力、上坡阻力和加速阻力。

①滚动阻力（F_f）。车轮滚动时，轮胎与地面的接触区域会产生轮胎与支撑路面的变形（当弹性轮胎在硬路面上滚动时，轮胎的变形是主要的），由此而引起的地面对轮胎的阻力，就是滚动阻力。滚动阻力等于滚动阻力系数与车轮负荷的乘积。滚动阻力系数由试验确定。滚动阻力系数与路面性质、汽车行驶速度以及轮胎的构造、材料、气压等有关。

②空气阻力（F_w）。汽车直线行驶时受到的空气作用在行驶方向上的分力称为空气阻力F_w。空气阻力与汽车的形状、汽车正面投影面积有关，特别是与汽车和空气的相对速度的平方成正比。当汽车高速行驶时，空气阻力的数值将显著增加。

③上坡阻力（F_i）。当汽车上坡时，汽车重力沿坡道的分力表现为汽车上坡阻力。

④加速阻力（F_j）。汽车加速行驶时，需要克服其质量加速运动的惯性力，也就是加速阻力。

❷ 汽车的驱动力

为克服上述阻力，汽车必须有足够的驱动力。汽车驱动力的产生原理，如图1-21所示。发动机经由传动系统在驱动车轮上施加一个驱动力矩M_t，力图使驱动车轮旋转。在M_t作用下，驱动车轮和路面接触处对路面施加一个圆周力F_0，其方向与汽车行驶方向相反，大小为：

$$F_0 = \frac{M_t}{R}$$

式中：F_0——驱动车轮对路面施加的圆周力，N；

　　　M_t——驱动力矩，N·m；

　　　R——驱动车轮的滚动半径，m。

由于驱动车轮与路面的附着作用，在驱动车轮向路面施加力F_0的同时，路面会对驱动车轮施加一个大小相等、方向相反的反作用力F_t，F_t就是汽车行驶的驱动力（也称为汽车牵引力）。

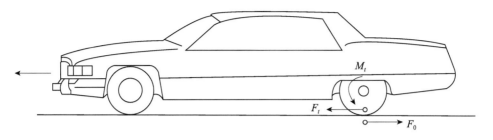

图 1-21 汽车驱动力的产生原理

❸ 驱动力与行驶阻力的关系

当驱动力逐渐增大到足以克服汽车所受到的阻力时,汽车便开始起步行驶。汽车起步后,其行驶情况取决于驱动力和行驶阻力之间的关系。当驱动力等于行驶阻力时,汽车将匀速行驶;当驱动力大于行驶阻力时,汽车将加速行驶;当驱动力小于行驶阻力时,汽车将减速行驶或静止不动。

但是汽车并不是在任何情况下都能产生足够的驱动力。驱动力的最大值固然取决于发动机的最大转矩和传动系统的传动比,但实际发出的驱动力还要受到轮胎与路面附着作用的限制。由附着作用所决定的阻碍车轮打滑的路面反力的最大值称为附着力,用 F_ϕ 表示。附着力与驱动车轮所承受垂直于地面的法向力 G 成正比,即

$$F_\phi = \phi G$$

式中:ϕ——附着系数,其数值与轮胎的类型及地面的性质有关;

G——其数值是汽车总重力 G_0 分配到驱动车轮上的那部分重力。

由此可见,附着力限制了驱动力的发挥,即

$$F_t \leq F_\phi = \phi G$$

在冰雪、泥泞等路面上行驶时,因 ϕ 值很小,附着力很小,汽车的驱动力受到附着力的限制而不能克服较大的行驶阻力,导致汽车减速甚至不能前进。此时,即使加大节气门开度或换入低速挡,车轮也只会滑转而驱动力仍不能增大。因此,普通载货汽车在冰雪路面上行驶时,往往在驱动车轮上绕装防滑链,以增大附着系数和附着力。全轮驱动的越野汽车为了提高附着系数,采用特殊花纹轮胎、镶钉轮胎等。另外,普通载货汽车的附着力只是分配到驱动车轮上的那部分汽车重力;而全轮驱动的越野汽车,其附着力则是全车的总重力,因而其附着力比普通载货汽车显著增大。

思考与练习

一、填空题

1. 2002 年 3 月 1 日我国正式实施《汽车和挂车类型的术语和定义》新标准,将汽车按用途分为_____和_____。

2. 车辆识别代号(VIN)由3个部分组成：第1部分是_____；第2部分是_____；第3部分是_____。

3. 汽车通常由_____、_____、_____、_____4部分组成。

4. 汽车常见的总体布置形式有_____、_____、_____和_____、_____。

二、选择题

1. 汽车的诞生年是指(   )。
   A. 1885年   B. 1886年
   C. 1908年   D. 1913年

2. 第一条汽车流水生产线出自的汽车公司是(   )。
   A. 奔驰汽车公司   B. 奥迪汽车公司
   C. 福特汽车公司   D. 通用汽车公司

3. 我国生产的第一辆车型品牌是(   )。
   A. 东风   B. 红旗   C. 上海   D. 凤凰

4. 现代大多数乘用车采用的布置形式是(   )。
   A. 发动机前置后轮驱动   B. 发动机前置前轮驱动
   C. 发动机后置后轮驱动   D. 发动机中置后轮驱动

5. 汽车行驶阻力中，与汽车行驶速度的二次方成正比的阻力是(   )。
   A. 滚动阻力   B. 空气阻力
   C. 上坡阻力   D. 加速阻力

三、判断题

1. 德国工程师卡尔·本茨研制出世界第一辆四轮汽车。　　　　　　(   )
2. 汽车工业诞生于美国。　　　　　　　　　　　　　　　　　　(   )
3. 日本汽车产量曾经超过美国。　　　　　　　　　　　　　　　(   )
4. 中国生产的第一辆车车型是第一汽车制造厂生产的红旗牌乘用车。(   )
5. 中国2008年汽车产销量首次超过1000万辆，世界排名第一。　　(   )
6. 2002年3月1日，我国正式实施《汽车和挂车类型的术语和定义》新标准，其中规定，客车座位数为9个或9个以上。　　　　　　　　　　　　　　　　　　　(   )

四、简答题

1. 2002年3月1日我国正式实施《汽车和挂车类型的术语和定义》新标准，其中将汽车分为哪几大类？各类基本定义内容是什么？

2. 车辆识别代号(VIN)由哪三大部分组成？各部分含义是什么？

3. 发动机的作用是什么？它由哪几大机构和系统组成？

4. 汽车常见的总体布置形式有哪几种？各种形式特点是什么？

5. 如图所示，分析汽车行驶原理。

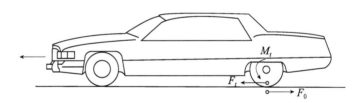

单元二 发动机的工作原理与总体构造

Chapter 2

知识目标

1. 掌握发动机的定义和发动机的基本术语含义；
2. 掌握四冲程汽油机和四冲程柴油机的工作原理；
3. 掌握工作循环的特点；
4. 掌握多缸四冲程发动机的工作原理；
5. 掌握发动机总成的构造特点。

建议学时

2学时。

一 发动机基本工作原理

1 发动机概念

发动机是将某一种形式的能量转换为机械能的机器。

汽车用发动机如图2-1所示,它是汽车的心脏,是汽车的动力源。汽车发动机一般是将液体燃料或气体燃料和空气混合后直接输入机器内部燃烧产生热能,热能再转变为机械能,因此又叫内燃机。现代汽车用发动机应用最广、数量最多的是水冷式四冲程往复活塞式内燃机。常见的车用发动机有汽油发动机和柴油发动机两种。

图2-1 丰田卡罗拉发动机

2 单缸发动机结构及常用术语

单缸四冲程汽油机的基本结构,如图2-2所示。汽缸体内的圆柱形腔体称为汽缸,内装有活塞,活塞通过活塞销、连杆与曲轴相连接。活塞在汽缸内做往复直线运动,通过连杆推动曲轴做旋转运动。汽缸盖上装有进气门和排气门,通过凸轮轴控制进气门和排气门的开启和关闭,实现向汽缸内充入新鲜可燃混合气并将燃烧后的废气排出汽缸。

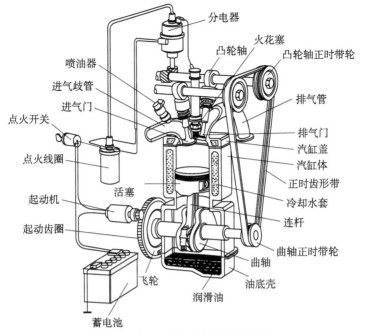

图 2-2 单缸四冲程汽油机结构示意图

发动机基本术语,如图 2-3 所示。

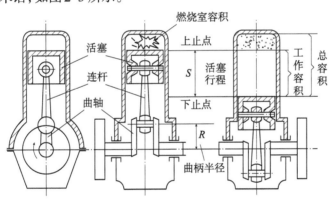

图 2-3 发动机基本术语

①上止点。上止点是指活塞离曲轴回转中心最远处,即活塞的最高位置。
②下止点。下止点是指活塞离曲轴回转中心最近处,即活塞的最低位置。
③活塞行程(S)。上止点与下止点之间的距离称为活塞行程。
④曲柄半径(R)。曲轴与连杆下端的连接中心至曲轴中心的距离(即曲轴的回转半径)称为曲柄半径。活塞行程为曲柄半径的两倍,即 $S=2R$。
⑤汽缸工作容积(V_h,L)。活塞从一个止点运动到另一个止点所扫过的容积称为汽缸工作容积或汽缸排量,即:

$$V_h = \frac{\pi D^2 S}{4} \times 10^{-6}$$

式中:D——汽缸直径,mm;
　　　S——活塞行程,mm。

⑥燃烧室容积(V_c, L)。活塞在上止点时,活塞顶与汽缸盖之间的容积称为燃烧室容积。

⑦汽缸总容积(V_a, L)。活塞在下止点时,活塞顶上方的容积称为汽缸总容积。显然,汽缸总容积是汽缸工作容积与燃烧室容积之和,即:

$$V_a = V_c + V_h$$

式中:V_c——燃烧室容积,L;
　　　V_a——汽缸工作容积,L。

⑧发动机排量(V_L, L)。多缸发动机各汽缸工作容积的总和称为发动机排量。即:

$$V_L = V_h i = \frac{\pi D^2 S i}{4} \times 10^{-6}$$

式中:V_h——汽缸工作容积,L;
　　　i——汽缸数目。

⑨压缩比(ε)。汽缸总容积与燃烧室容积之比称为压缩比,即:

$$\varepsilon = \frac{V_a}{V_c} = \frac{V_h + V_c}{V_c} = \frac{V_h}{V_c}$$

式中:V_a——汽缸总容积,L;
　　　V_h——汽缸工作容积,L;
　　　V_c——燃烧室容积,L。

压缩比表示活塞由下止点运动到上止点时,汽缸内的气体被压缩的程度。压缩比越大,压缩终了时汽缸内气体的压力和温度越高。目前,一般车用汽油机的压缩比为6~11,柴油机的压缩比一般为16~22。

⑩工作循环。在汽缸内进行的每一次将燃料燃烧的热能转变成机械能的一系列连续过程(进气、压缩、做功、排气)称为发动机的一个工作循环。

3 发动机的基本工作原理

❶ 四冲程汽油机的工作原理

四冲程汽油机每一个工作循环包括4个活塞行程,即进气行程、压缩行程、做功行程和排气行程,如图2-4所示。

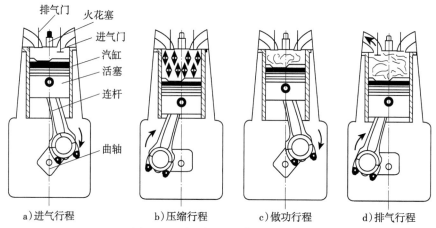

图2-4 四冲程汽油机工作原理示意图

①进气行程。在进气行程中,活塞在曲轴和连杆的带动下由上止点向下止点运行,这时进气门开启,排气门关闭。在活塞由上止点向下止点运动过程中,由于活塞上方汽缸容积逐渐增大,形成一定的真空。这样,可燃混合气通过进气门被吸入汽缸,直到活塞到达下止点时,进气行程结束。

②压缩行程。活塞在曲轴和连杆的带动下由下止点向上止点运动,此时进气门和排气门处于关闭状态。由于活塞上方汽缸容积逐渐减小,进入汽缸内的可燃混合气被压缩,温度和压力不断升高,直到活塞到达上止点时,压缩行程结束。

③做功行程。当活塞运动到接近压缩行程上止点附近时,火花塞跳火点燃汽缸内的可燃混合气。这时由于进气门和排气门均处于关闭状态,使缸内气体温度和压力同时升高,高温高压的气体膨胀,推动活塞由上止点向下止点运动,并通过连杆带动曲轴旋转输出机械能,直到活塞到达下止点时,做功行程结束。

④排气行程。在做功行程结束后,汽缸内的可燃混合气通过燃烧转变为废气。此时排气门开启,进气门关闭,活塞在曲轴和连杆的带动下由下止点向上止点运动,汽缸内的废气经排气门排出,直到活塞到达上止点时,排气行程结束。

排气行程结束后,进气门再次开启,又开始下一个工作循环。如此周而复始,发动机就连续运转。发动机工作时,需要连续不断地进行循环,在每个循环中都是依次完成进气、压缩、做功、排气4个活塞行程。

❷ 四冲程柴油机的工作原理

四冲程柴油机工作原理,如图2-5所示。与四冲程汽油机一样,四冲程柴油机每个工作循环也是由进气、压缩、做功和排气4个活塞行程组成。但由于柴油和汽油使用性能的不同,柴油机在可燃混合气的形成方式、着火方式等方面与汽油机有着较大的区别。这里主要介绍四冲程柴油机与四冲程汽油机工作原理的不同之处。

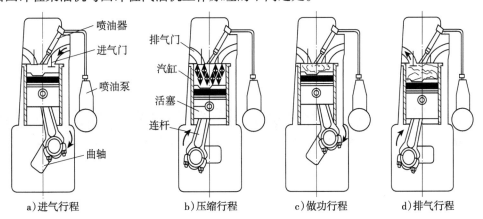

图2-5 四冲程柴油机工作原理示意图

①进气行程。柴油机在进气行程中进入汽缸的是纯空气,而不是可燃混合气。

②压缩行程。柴油机在压缩行程中压缩的是进气行程进入汽缸内的纯空气。由于柴油机压缩比高,压缩终了时缸内气体的温度和压力均高于汽油机。

③做功行程。柴油机做功行程与汽油机做功行程有很大区别。在压缩行程接近上止点时,喷油泵泵出的高压柴油经喷油器呈雾状喷入汽缸内的高温空气中,柴油迅速吸热、蒸发、扩散与空气混合形成可燃混合气。由于此时汽缸内的温度远高于柴油的自燃温度(约

500K),形成的可燃混合气自行着火燃烧,随后的一段时间内边喷油边混合边燃烧,汽缸内的温度和压力迅速升高,推动活塞下行做功。

④排气行程。柴油机的排气行程与汽油机的排气行程基本相同。

❸ 工作循环的特点

由上述单缸四冲程汽油机和单缸四冲程柴油机的工作原理可知,四冲程发动机工作循环具有以下特点。

①每完成一个工作循环曲轴旋转2圈(720°),每一行程曲轴旋转半圈(180°)。进气行程中进气门开启,排气门关闭;排气行程中排气门开启,进气门关闭;其余两个行程进气门和排气门均关闭。

②在4个活塞行程中,只有做功行程产生动力,其余3个活塞行程则是为做功行程做准备的辅助行程,都要消耗动力。虽然做功行程是主要的,但其他3个行程也是必不可少的。

③发动机起动时(第一个工作循环),必须借助外力带动曲轴旋转以完成进气、压缩行程,在混合气着火做功行程开始后,依靠曲轴和飞轮储存的能量,使发动机转入正常运转状态。

❹ 多缸四冲程发动机的工作原理

单缸四冲程发动机每个工作循环所经历的4个活塞行程中,只有做功行程为有效行程,其他3个行程为消耗机械功的辅助行程。这样,发动机曲轴在做功行程中转速快,在其他行程中转速慢。所以,一个工作循环中曲轴的转速是不均匀的。为了保证发动机运转平稳,现代汽车发动机都采用多缸四冲程发动机,应用最多的是四缸、六缸和八缸发动机。

多缸四冲程发动机每个汽缸所经历的工作循环与单缸四冲程发动机相同,但各缸的做功行程并非同时进行,而是按一定顺序进行。因此,对多缸四冲程发动机来说,曲轴每转两周,各缸分别做功一次,且各缸做功间隔角(以曲轴转角表示)保持一致。对于缸数为 i 的四冲程直列式发动机而言,做功间隔角为 $720°/i$。汽缸数越多,发动机工作越平稳,但结构也越复杂。

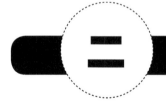

二 发动机总体构造和主要性能指标

❶ 发动机的总体构造

汽油发动机通常由两大机构、五大系统组成,而柴油机由两大机构、四大系统组成。两大机构是指曲柄连杆机构和配气机构,五大系统是指燃料供给系统、冷却系统、润滑系统、点火系统(柴油机无此系统)和起动系统。下面以凯越(1.6L)车型汽油发动机(图2-6和图2-7)为例,介绍四冲程汽油发动机的构造。

图 2-6 凯越(1.6L)车型汽油发动机纵剖图

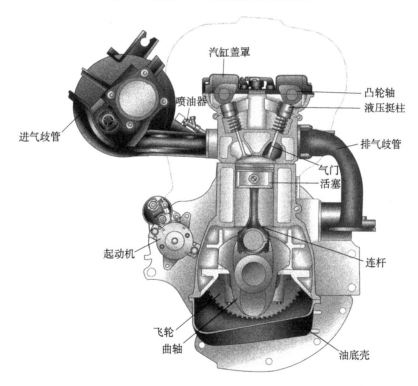

图 2-7 凯越(1.6L)车型汽油发动机横剖图

①曲柄连杆机构。曲柄连杆机构是发动机借以产生动力,并将活塞的往复直线运动转变为曲轴的旋转运动而输出动力的机构。

曲柄连杆机构主要由汽缸体、汽缸盖、活塞、连杆、曲轴和飞轮等组成。

②配气机构。配气机构的功用是根据发动机的工作需要,适时地打开进气门或排气门,使可燃混合气及时地充入汽缸,或使废气及时地从汽缸内排出;而在发动机不需要进气或排气时,则利用气门将进气通道或排气通道关闭,以保持汽缸密封。

配气机构主要由气门、气门弹簧、液压挺柱、凸轮轴、正时齿形带轮等组成。

③燃料供给系统。汽油机燃料供给系统的功用是向汽缸内供给已配好的可燃混合气（缸内喷射式发动机为空气），并控制进入汽缸内的可燃混合气的数量，以调节发动机的输出功率，最后将燃烧后的废气排出汽缸。

汽油机的燃料供给系由燃油箱、燃油滤清器、燃油泵、节气门体、喷油器、空气滤清器、进气歧管、排气歧管和排气消声器等组成。

④点火系统。汽油机点火系统的功用是按一定时刻向汽缸内提供电火花，及时点燃汽缸中被压缩的可燃混合气。

点火系统通常由电源（蓄电池和发电机）、点火开关、点火线圈、火花塞等组成。

⑤冷却系统。冷却系统的功用是利用冷却介质冷却高温零件，并通过散热器将热量散发到大气中去，以保证发动机正常工作。

水冷式冷却系统通常由水泵、散热器、风扇、节温器、水套等组成。

⑥润滑系统。润滑系统的功用是将清洁的润滑油分送至各个摩擦表面，以减小摩擦和磨损，并清洗、冷却摩擦表面，从而延长发动机的使用寿命。

润滑系统一般由机油泵、机油滤清器、集滤器、限压阀、润滑油道、油底壳等组成。

⑦起动系统。起动系统的功用是带动飞轮旋转以获得必要的动能和起动转速，使静止的发动机起动并进入自行运转状态。

起动系统包括起动机及其附属装置。

❷ 发动机的主要性能指标与特性

❶ 发动机的主要性能指标

发动机的主要性能指标有动力性指标（有效转矩和有效功率）和经济性指标（燃油消耗率）。

①有效转矩。发动机通过飞轮对外输出的转矩称为有效转矩，以 T_e 表示。有效转矩与外界施加于发动机曲轴上的阻力矩相平衡。

②有效功率。发动机通过飞轮对外输出的功率称为发动机的有效功率，用 P_e 表示，它等于有效转矩与曲轴转速的乘积，即

$$P_e = T_e \cdot n / 9550 \quad (\text{kW})$$

式中：T_e——有效转矩，N·m；

n——曲轴转速，r/min。

③燃油消耗率。发动机每发出1kW有效功率，在1h内所消耗的燃油质量（以g为单位），称为燃油消耗率，用 g_e 表示。很明显，燃油消耗率越低，经济性越好。

❷ 发动机特性

发动机的性能是随着许多因素而变化的，其变化规律称为发动机特性。

①发动机转速特性。发动机转速特性系指发动机的有效功率 P_e、有效转矩 T_e 和燃油消耗率 g_e 三者随曲轴转速 n 变化的规律。当节气门开到最大时，所得到的是总功率特性也称为发动机外特性（图2-8），它代表了发动机所具有的最高动力性能，在节气门其他开度情况下得到的特性称为部分特性。

由图2-8中可以看出，当曲轴转速为 n_2 时，发动机发出最大有效转矩 T_e。当转速达到 n_3 时，有效功率 P_e 达最大值。发动机最小燃油消耗率 g_e 的相应转速为 n_5，它的数值一般是介于最大有效转矩时转速和最大有效功率时转速之间。

要根据汽车实际工作情况来选择合适的发动机转速 n。如超车时一般选择发动机有效功率 P_e 最大值所对应的发动机转速，爬陡坡时选择发动机最大有效转矩 T_e 所对应的发动机转速，而一般情况下尽量选择最小燃油消耗率 g_e 所对应的发动机转速，以提高燃油经济性。

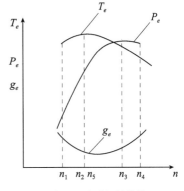

图2-8 发动机外特性

② 发动机工作状况。发动机工作状况（简称发动机工况）一般是用它的功率与曲轴转速来表征，有时也可用负荷与曲轴转速来表征。

发动机在某一转速之下的负荷就是当时发动机发出的功率与同一转速下所可能发出的最大功率之比，以百分数表示。在同一转速下，节气门开度愈大表示负荷愈大。

思考与练习

一、填空题

1. 四冲程汽油机每一个工作循环包括4个活塞行程，即_____、_____、_____和_____。

2. 四冲程柴油机在_____方式和_____方式等方面与四冲程汽油机有较大区别。

3. 汽油发动机一般由_____机构、_____机构、_____系统、_____系统、_____系统、_____系统和_____系统组成。

4. 四冲程发动机每完成一个工作循环曲轴旋转_____圈，每一个行程曲轴旋转_____圈，进气门在_____行程中打开，排气门在_____行程中打开，在_____行程和_____行程，进气门和排气门均关闭。

5. 发动机的主要性能指标有_____、_____和_____等。

二、选择题

1. 某发动机活塞行程为80mm，其曲轴的曲柄半径为（　　）mm。
   A. 20　　　　　B. 40　　　　　C. 80　　　　　D. 160

2. 柴油机用什么方法点燃燃油？（　　）
   A. 压缩能量　　B. 火花塞　　　C. 燃油喷射　　D. 点火器

3. 汽缸工作容积是指(　　)的容积。
　　A. 活塞运行到下止点时活塞上方　　B. 活塞运行到上止点时活塞上方
　　C. 活塞上、下止点之间　　D. 进气门从开到关所进空气
4. 发动机排量是指(　　)。
　　A. 一个汽缸的工作容积　　B. 多个汽缸的工作容积
　　C. 一个汽缸的总容积　　D. 多个汽缸的总容积
5. 汽油机由两大机构和五大系统组成，柴油机与汽油机相比，少了(　　)。
　　A. 曲柄连杆机构　　B. 燃料供给系统
　　C. 点火系　　D. 冷却系统
6. 六缸发动机的做功间隔角为(　　)。
　　A. 720°　　B. 360°　　C. 180°　　D. 120°

三、判断题

1. 现在汽车上常用的发动机是汽油发动机和柴油发动机两种。　　(　　)
2. 活塞行程等于曲柄半径的两倍。　　(　　)
3. 压缩比是指汽缸总容积与汽缸工作容积之比。　　(　　)
4. 车用汽油机的压缩比大于车用柴油机的压缩比。　　(　　)
5. 柴油机与汽油机的工作原理相同。　　(　　)
6. 汽车发动机主要由曲柄连杆机构、配气机构、燃料供给系统、起动系统、冷却系统和润滑系统组成。　　(　　)
7. 发动机在同一转速下，节气门开度愈大表示负荷愈小。　　(　　)

四、简答题

1. 四冲程汽油机每一个工作循环包括哪几个行程？各行程工作原理是什么？

2. 柴油机与汽油机的工作原理有何异同？

3. 为什么汽车发动机都采用多缸四冲程发动机？

4. 汽油发动机主要由哪几大机构和系统组成？各部分主要作用是什么？

单元三　曲柄连杆机构

Chapter 3

知识目标

1. 掌握曲柄连杆机构的组成和作用；
2. 熟悉机体组各组成件的功用及结构特点；
3. 熟悉活塞连杆组各组成件的功用及结构特点；
4. 了解燃烧室类型及结构特点；
5. 熟悉曲轴飞轮组各组成件的功用及结构特点；
6. 掌握多缸发动机曲拐布置形式与发火顺序。

建议学时

2学时。

一、曲柄连杆机构的功用和组成

曲柄连杆机构是往复活塞式内燃机将热能转变为机械能的主要机构，其功用是把燃气作用在活塞顶面上的压力转变为曲轴的转矩，向外输出动力。

曲柄连杆机构由机体组、活塞连杆组和曲轴飞轮组等组成。机体组主要包括汽缸盖罩、汽缸盖、汽缸垫、汽缸体及油底壳等；活塞连杆组主要包括活塞、活塞环、活塞销、连杆等；曲轴飞轮组主要包括曲轴、飞轮等。

二、曲柄连杆机构主要部件的构造

1 机体组

发动机的机体组（图3-1）主要由汽缸体、曲轴箱、汽缸盖、汽缸盖罩、汽缸垫、油底壳等组成。机体组是发动机的骨架，是发动机各机构和系统的装配基体。

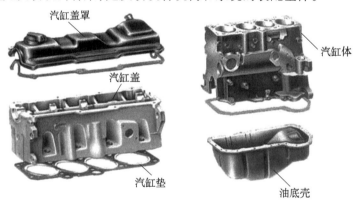

图3-1　机体组

1 汽缸体

水冷发动机的汽缸体和曲轴箱常制成一体，而且多缸发动机的各个汽缸也合铸成一个整体（图3-2），称为汽缸体—曲轴箱，简称汽缸体。汽缸体上半部有若干个为活塞在其中运动导向的圆柱形空腔,称为汽缸。下半部为支撑曲轴的曲轴箱,其内腔为曲轴旋转的空间。

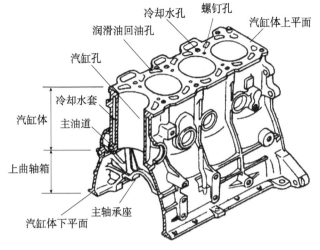

图3-2 水冷发动机的汽缸体

1 汽缸的排列方式

根据汽缸排列形式不同,汽缸体分直列式、V形式、对置式等形式。

①直列式(图3-3)。各汽缸排成一直列的称为直列式汽缸排列,其特点是机体的宽度小而高度和长度大,一般只用于六缸以下的发动机,通常把采用直列式汽缸排列的发动机称为直列式发动机。

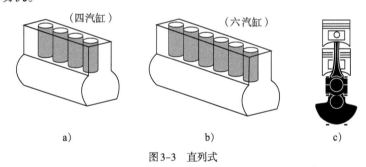

图3-3 直列式

②V形式(图3-4)。两列汽缸排成V形的称为V形式汽缸排列,V形式发动机汽缸体宽度大,而长度和高度小,形状比较复杂。但汽缸体的刚度大,质量和外形尺寸较小,多用于六缸以上大功率发动机上,通常把此种发动机称为V形发动机。V形的打开角度被称为V形汽缸夹角,为了平衡,V6发动机的汽缸夹角最好为90°,V8发动机的汽缸夹角最好为60°。

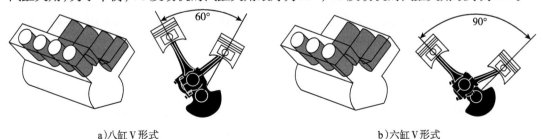

a)八缸V形式　　　　　　　　　　b)六缸V形式

图3-4 V形式

③对置式(图3-5)。对置式发动机是指两列汽缸水平相对排列,其优点是重心低,而且对置式发动机的平衡性较好。

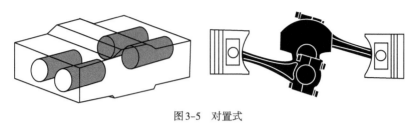

图3-5 对置式

2 汽缸体的冷却

汽车发动机多采用水冷的方式(图3-2),利用水套中的冷却液流过高温零件的周围而带走多余的热量。风冷发动机一般将汽缸体与曲轴箱分开铸造,为增强散热效果,在汽缸体与汽缸盖的外表面铸有散热片,如图3-6所示。

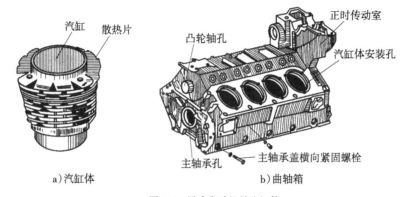

图3-6 风冷发动机的汽缸体

3 汽缸套

某些车型发动机采用合金铸铁无汽缸套式的汽缸体,即不镶嵌任何汽缸套,在汽缸体上直接加工出汽缸。这可以缩短汽缸中心距,使汽缸体的尺寸和质量减小,刚度大,工艺性好。但是为了保证汽缸的耐磨性,整个汽缸体必须采用耐磨的合金铸铁制造,成本较高。

现代汽车多采用在汽缸体内镶入耐磨性较好的汽缸套,延长汽缸的使用寿命。根据是否与冷却液相接触,汽缸套分为干式汽缸套和湿式汽缸套。

①干式汽缸套。汽缸套的外表面不直接与冷却液接触的称为干式汽缸套,如图3-7a)所示。

②湿式汽缸套。湿式汽缸套的外表面则与冷却液接触,如图3-7b)所示。大多数湿式汽缸套装入后,其顶面一般高出汽缸体0.05~0.15mm,这样在紧固汽缸盖螺栓时,可将汽缸垫压得更紧,以保证汽缸的密封性,防止漏水、漏气。

2 汽缸盖

汽缸盖用来封闭汽缸的上部,并与活塞顶、汽缸壁共同构成燃烧室。汽缸盖内有与汽缸体相通的冷却水套、燃烧室、火花塞座孔(汽油机)或喷油器座孔(柴油机)、进气道和排气道等。上置凸轮轴式发动机的汽缸盖上还有用以安装凸轮轴的轴承座。图3-8所示为发动机的汽缸盖分解图。

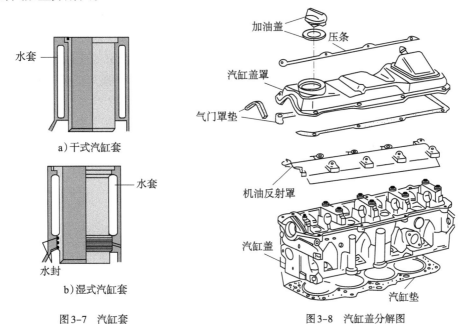

图3-7 汽缸套

图3-8 汽缸盖分解图

汽油机的燃烧室是指,当活塞位于上止点时,由活塞顶部及汽缸盖上相应的凹部所组成的空间。汽油机常用燃烧室,如图3-9所示。

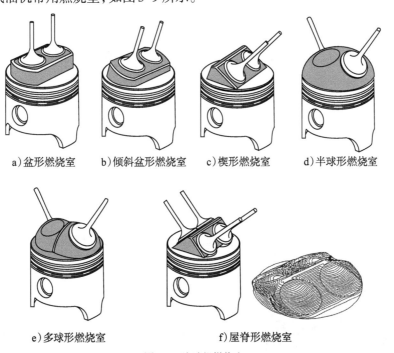

图3-9 汽油机燃烧室

① 盆形燃烧室。由于断面形状像澡盆,由此得名。盆形燃烧室上面有进气门、排气门,弯曲的进气歧管和排气管,容易产生进气涡流,但进气效率较低。

② 倾斜盆形燃烧室。燃烧室上部是倾斜的,能产生较大的压缩比。

③楔形燃烧室。从前面看，它的形状为楔形。进气门和排气门是直立的，燃烧室具有可以产生高压缩比、容易形成进气涡流等优点。其燃烧室表面积大，可以防止异常燃烧，但热损失大。

④半球形燃烧室。在燃烧室容积相同的情况下，半球形燃烧室的表面积最小，因此具有良好的热效率。火花塞置于燃烧室最高点，因此能让火焰快速扩张并充满整个燃烧室，能防止爆震。

⑤多球形燃烧室。进气门和排气门大，易形成进气涡流，是由两个半球组合而成的。但由于表面积增大，热效率比半球形燃烧室差。

⑥屋脊形燃烧室。形状像三角房屋的屋顶一样。屋脊形燃烧室容积小、燃料经济性好、输出功率大，能产生强烈的进气涡流，是高压缩比、高性能的燃烧室。

3 汽缸垫

汽缸体与汽缸盖间装有汽缸垫（图3-10），用来保证汽缸体与汽缸盖接合面间的密封，防止气体、冷却液和润滑油等的泄漏。汽缸垫有金属—石棉汽缸垫和纯金属汽缸垫等结构形式。

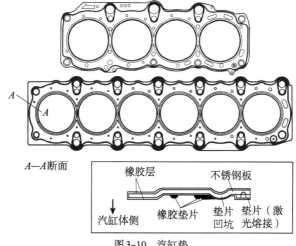

图3-10　汽缸垫

4 汽缸盖罩

汽缸盖罩（图3-8）位于汽缸盖上部，起封闭及防尘作用，一般由薄钢板冲压而成，其上设有注油口。

5 油底壳

油底壳（图3-11）的作用是储存机油并封闭曲轴箱。一般为薄钢板冲压而成。在有的发动机上，为达到良好的散热效果，采用了铝合金铸造的油底壳，在油底壳的底部还铸有散热片。为保证发动机纵向倾斜时机油泵仍能吸到机油，油底壳中部或后部做得较深。有时在油底壳中还设有

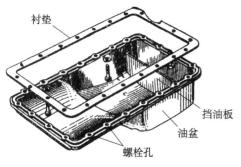

图3-11　油底壳

挡油板,以减轻油面波动。底部装有磁性的放油螺栓,以吸附润滑油中的铁屑,减轻发动机的磨损。

❷ 活塞连杆组

活塞连杆组主要由活塞、活塞环、活塞销和连杆等部件组成,如图3-12所示。

❶ 活塞

活塞的主要功用是承受汽缸中的燃烧压力,并将此力通过活塞销和连杆传给曲轴。此外,活塞还与汽缸盖、汽缸壁共同组成燃烧室。

活塞是由活塞顶部、活塞头部和活塞裙部三部分组成,如图3-13所示。

①活塞顶部是燃烧室的组成部分,其形状与选用的燃烧室的形式有关。汽油机活塞顶有平顶、凹顶和凸顶等形式,如图3-14所示。

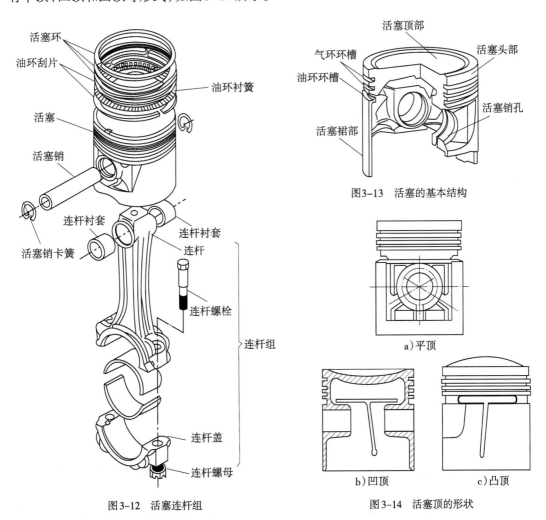

图3-12 活塞连杆组

图3-13 活塞的基本结构

图3-14 活塞顶的形状

②活塞头部是指活塞顶至最下面一道活塞环槽之间的部分,其作用是承受气体压力、

防止漏气、将热量通过活塞环传给汽缸壁。活塞头部切有若干环槽,用以安装活塞环。上面的 2~3 道槽用来安装气环,下面的一道用来安装油环。油环槽的底部钻有若干小孔,以使油环从汽缸壁上刮下的多余润滑油经此流回油底壳。

③活塞环槽以下的所有部分称为活塞裙部,其作用是引导活塞在汽缸中作往复运动,并承受侧压力。考虑轻量化和防止热膨胀,有些活塞裙部开了细长的一字形、T形或U形槽。热膨胀的时候这些槽会变窄。

❷ 活塞环

活塞环包括气环和油环两种,如图 3-15 所示。

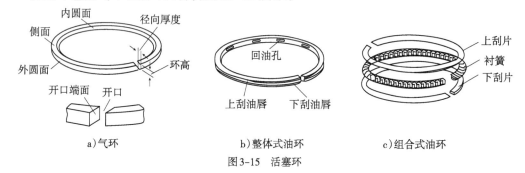

图 3-15 活塞环

①气环又称为压缩环,其作用是保证活塞与汽缸壁间的密封,防止汽缸中的高温、高压燃气大量漏入曲轴箱,同时它还将活塞头部的热量传导给汽缸壁。一般发动机上每个活塞装有 2~3 道气环。

②油环的作用是刮除汽缸壁上多余的机油,并在汽缸壁布油。通常发动机的每个活塞装有 1 道油环,也有个别发动机活塞在裙部上还装有 1 道油环。

❸ 活塞销

活塞销的功用是连接活塞和连杆小头,将活塞所承受的气体压力传给连杆。活塞销常见的结构形式,如图 3-16 所示。

图 3-16 活塞销的结构

活塞销与活塞销座孔和连杆小头衬套孔的连接配合方式有两种,即全浮式和半浮式(图 3-17)。

①全浮式活塞销能在连杆小头衬套孔和活塞销座孔内做自由转动,可以保证活塞销沿圆周磨损均匀,因此应用较普遍。为防止活塞销轴向窜动而损坏汽缸壁,在活塞销座两端装

有弹性卡环来限位。

②半浮式活塞销是用螺栓将活塞销夹紧在连杆小头孔内，这时活塞销只在活塞销孔内转动，在连杆小头孔内不转动。因而连杆小头孔内不装衬套，活塞销座孔孔内也不装挡圈。

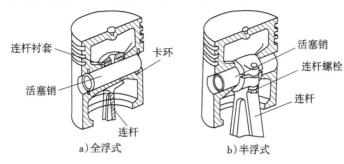

图3-17　活塞销的连接方式

4 连杆

连杆的功用是将活塞承受的力传给曲轴，推动曲轴转动，将活塞的往复运动转变为曲轴的旋转运动。

连杆的结构如图3-18所示，连杆由连杆小头、杆身和连杆大头组成。连杆小头用来安装活塞销以连接活塞，在全浮式连接的连杆小头孔内压有减磨的青铜衬套或铁基粉末冶金衬套。工作时，活塞销和衬套之间有相对转动，为了保证其间润滑，在连杆小头和衬套上钻有集油孔或铣出集油槽，用于收集发动机运转时被溅上来的机油，以便润滑。有的发动机连杆小头采用压力润滑，在连杆杆身内钻有纵向的压力油道。

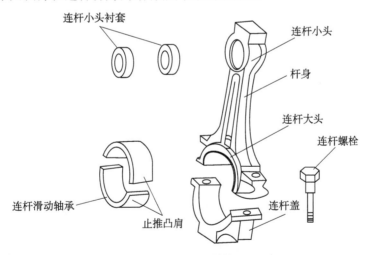

图3-18　连杆的结构

3 曲轴飞轮组

曲轴飞轮组主要由曲轴、飞轮、正时齿轮或正时链轮、传动带轮及曲轴扭转减振器等组成，图3-19所示为发动机的曲轴飞轮组结构图。

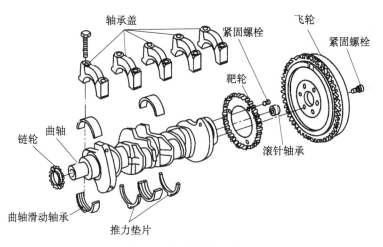

图 3-19　发动机曲轴飞轮组

1 曲轴

曲轴的主要功用是将活塞连杆组传来的气体压力转变为转矩,然后通过飞轮输出。另外,还用来驱动发动机的配气机构以及其他辅助装置(如发电机、风扇、水泵、转向油泵等)。

曲轴一般由主轴颈、连杆轴颈、曲柄、平衡块、前端轴和后端凸缘等组成,如图 3-20 所示。一个连杆轴颈和它两端的曲柄及相邻两个主轴颈构成一个曲拐。曲拐的数目取决于发动机的汽缸数目及其排列方式,直列发动机的曲拐数等于汽缸数,而 V 形和对置式发动机的曲拐数为汽缸数的一半。

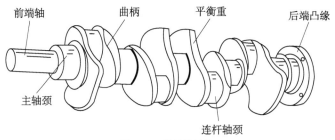

图 3-20　曲轴的结构

曲轴前端第一道主轴颈之前的部分,装有驱动其他装置的机件(正时齿轮、传动带轮)及其起动爪、止推垫片及扭转减振器等。曲轴后端最后一道主轴颈之后的部分,在其后端为安装飞轮的凸缘盘。

曲轴的形状及各曲拐的相对位置取决于汽缸数、汽缸排列形式和发动机的工作顺序。在选择各缸的工作顺序时,应使各缸的做功间隔力求均衡,即发动机每完成一个工作循环,各缸都应发火做功一次。对于缸数为 i 的四冲程发动机,其发火间隔角为 $720°/i$,连续做功的两缸相距尽可能远些,以减轻主轴承负荷和避免进气行程中发生抢气现象;V 形式发动机左右两列应交替发火。

① 四冲程直列四缸发动机的发火间隔角为 $720°/4=180°$。四个曲拐在同一个平面内,如图 3-21 所示。发动机的工作顺序为 1-3-4-2 或 1-2-4-3。

②四冲程直列六缸发动机的发火间隔角为720°/6=180°。六个曲拐互呈120°，如图3-22所示。发动机的工作顺序多为1-5-3-6-2-4。

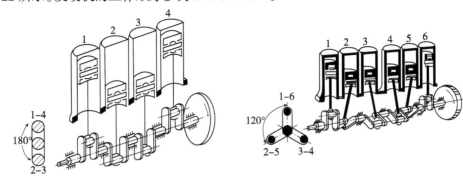

图3-21 直列四缸发动机的曲拐布置　　图3-22 直列六缸发动机的曲拐布置

③四冲程V形式八缸发动机的发火间隔角为720°/8=90°。四个曲拐互呈90°，如图3-23所示。发动机的工作顺序为1-8-4-3-6-5-7-2。

2 扭转减振器

在曲轴的前端加装扭转减振器（图3-24），作用是吸收曲轴扭转振动的能量，衰减扭转振动，避免发生共振。

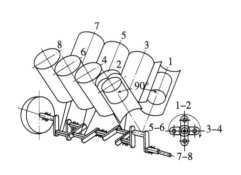 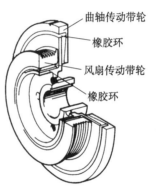

图3-23 四冲程V形式八缸发动机的曲拐布置　　图3-24 扭转减振器

3 飞轮

飞轮是一个转动惯量很大的圆盘，其主要功用是储存做功行程的一部分能量，以克服辅助冲程的阻力，使曲轴均匀旋转，使发动机具有克服短时超载的能力。此外，飞轮又常作为汽车传动系统中摩擦离合器的主动盘。

发动机飞轮的构造，如图3-25所示。飞轮的外缘上镶有齿圈，起动时起动机上的齿轮与之啮合，供发动机起动用。

飞轮上通常刻有第一缸点火正时记号，以便调整和检验点火（喷油）正时和气门间隙。如图3-26a）所示，解放CA6102型发动机飞轮的正时记号是 $\dfrac{\text{上止点}}{1-6}$，当该记号与飞轮壳上的刻线对准时，

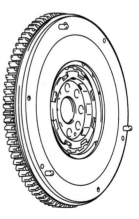

图3-25 飞轮的构造

即表示1、6缸的活塞在上止点位置；如图3-26b)所示，东风EQ6100发动机有两处记号，一处是飞轮上的一个钢球与飞轮壳上的刻线对准时，另一处是当曲轴传动带轮上的小缺口和正时齿轮盖上的突筋对准时，都表示1、6缸活塞在上止点位置，如图3-26c)所示，奥迪A6四缸发动机在曲轴带轮上刻有凹槽，当凹槽对准正时齿轮壳上的箭头时，则表示1、4缸的活塞在上止点位置。

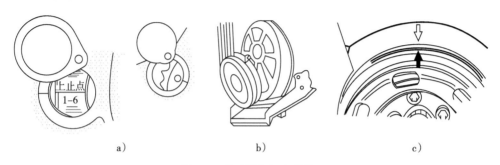

图3-26 发动机点火正时标记

思考与练习

一、填空题

1. 曲柄连杆机构主要由_____、_____和_____三部分组成。
2. 机体组主要包括_____、_____、_____、_____和_____等。
3. 活塞连杆组主要包括_____、_____、_____和_____等。
4. 曲轴飞轮组主要包括_____、_____、_____、_____和_____等。
5. 汽缸体的冷却方式通常有_____和_____等方式。

二、选择题

1. 曲轴滑动轴承属于( )。
   A. 机体组 B. 活塞连杆组 C. 曲轴飞轮组
2. 在常见汽缸排列形式中，机体高度最小的是( )形式。
   A. 直列式 B. V形式 C. 对置式
3. ( )承受气体压力、防止漏气、将热量通过活塞环传给汽缸壁。
   A. 活塞顶部 B. 活塞头部 C. 活塞裙部
4. 某四冲程四缸发动机，发火次序为1-3-4-2，当1缸处于压缩行程时，4缸进行的是( )冲程。
   A. 进气 B. 压缩 C. 做功 D. 排气

三、判断题

1. 曲柄连杆机构是发动机实现热功转换的主要机构。（ ）
2. 汽缸盖的功用是封闭汽缸体上部，并与活塞顶构成燃烧室。（ ）
3. 活塞的功用主要是将燃料燃烧放出的热量传递给汽缸。（ ）
4. 活塞主要由顶部、头部和裙部3部分组成，在活塞裙部有活塞销座。（ ）
5. 连杆的功用是将活塞承受的气体压力传给曲轴。（ ）
6. 曲轴的功用是保证发动机平衡。（ ）
7. 只要飞轮与飞轮壳体上的记号对准时，一缸活塞一定处于压缩上止点。（ ）

四、简答题

1. 曲柄连杆机构有何功用？

2. 为何有些发动机要镶汽缸套？汽缸套结构形式有几种？各有何特点？

3. 活塞由几部分组成？有何结构特点？

4. 活塞环有几种？各有何功用？

5. 活塞销与活塞销座孔和连杆的连接方式有几种？

6. 飞轮有何功用？其结构特点有哪些？

单元四　配气机构

知识目标

1. 掌握配气机构的功用、组成和工作原理；
2. 掌握气门组的各部件的功用和结构特点；
3. 掌握气门传动组的各部件的功用和结构特点；
4. 掌握配气相位意义；
5. 了解可变配气相位的功用和工作原理。

建议学时

4学时。

一、配气机构的功用和组成

配气机构的功用是按照发动机每一汽缸内所进行的工作循环或发火次序的要求,定时开启和关闭各汽缸的进、排气门,使新鲜可燃混合气(汽油机)或空气(柴油机)得以及时进入汽缸,废气得以及时从汽缸中排出。进入汽缸内的可燃混合气或空气对发动机性能的影响很大。进气量越多,发动机的转矩越大、功率越高。

配气机构如图4-1所示,配气机构由气门组和气门传动组组成。气门组包括气门、气门座、气门导管和气门弹簧等部件。气门传动组主要包括凸轮轴、凸轮轴正时带轮、正时齿形带、张紧轮、液压挺柱等部件。

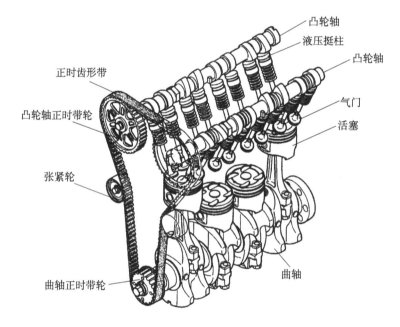

图4-1 配气机构

发动机工作时,曲轴通过曲轴正时带轮、正时齿形带、凸轮轴正时带轮驱动凸轮轴旋转,当凸轮轴转到凸轮的凸起部分顶到液压挺柱时,通过液压挺柱压缩气门弹簧,使气门离座,即气门开启。当凸轮凸起部分离开液压挺柱时,气门便在气门弹簧力的作用下上升而落座,气门关闭。

由于四冲程发动机每完成一个工作循环,曲轴旋转2周,而各缸进、排气门各开启1次,完成一次进气和排气,此时凸轮轴只旋转1周,因此,曲轴与凸轮轴的转速比为2:1,即凸轮轴正时带轮的齿数是曲轴正时带轮齿数的2倍。

二、配气机构主要部件的构造

1. 气门组

气门及其相关零件称为气门组,气门组的作用是实现汽缸的密封。配置一根气门弹簧的标准型气门组,如图4-2所示。

1. 气门

1 气门结构

气门的功用是与气门座相配合,对汽缸进行密封。气门由头部和杆部两部分组成(图4-3),头部用来封闭汽缸的进、排气道,杆部用来为气门的运动起导向作用。

①气门头部。气门头部的形状有平顶、喇叭形顶和球面顶,如图4-4所示。使用最多的是平顶气门头部,进、排气门均可采用。喇叭形顶头部多用于进气门,球面顶气门头部适用于排气门。

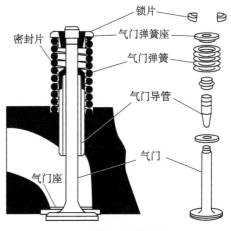

图4-2 气门组

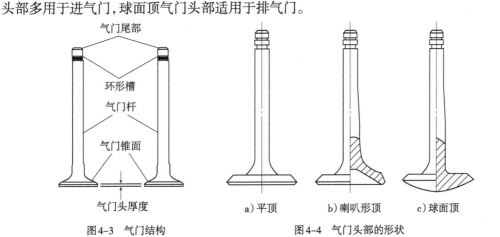

图4-3 气门结构　　图4-4 气门头部的形状

气门头部与气门座圈接触的工作面,是与杆部同心的锥面,通常将这一锥面与气门顶部平面的夹角称为气门锥角,如图4-5所示,一般做成30°或45°。

考虑到进气阻力比排气阻力对发动机性能的影响大得多,为尽量减小进气阻力,一般进气门的尺寸略大于排气门的尺寸,这是因为进气是利用活塞下移产生的真空来实现的,进气门大些,可提高进气效率;而排气是通过活塞上升将废气排出的,排气门即使小一些也不会造成太大的影响。

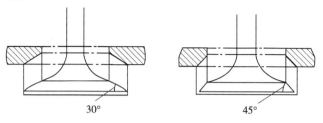

图 4-5 气门锥角

② 气门杆。气门杆为圆柱形,在气门导管中不断地上下往复运动。气门杆尾部结构取决于气门弹簧座的固定方式,常见的结构形式如图 4-6 所示。

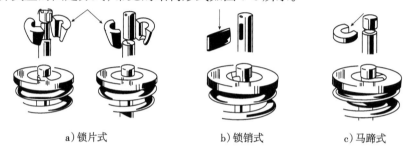

a) 锁片式　　　　b) 锁销式　　　　c) 马蹄式

图 4-6 气门弹簧座的固定方式

2 气门数

在短时间内能够将尽量多的气体吸入和排出,在很大程度上影响着发动机的整体性能。从气门在有限制的燃烧室表面积中所占的面积来看,与具有两个气门的汽缸相比,进、排气门越多,则气门面积之和就越大,进、排气效率越高,而且可以使单个气门的体积减小,质量减轻。但气门数越多,结构越复杂,成本越高。

① 2 气门式(图 4-7)。每个汽缸采用一个进气门和一个排气门,一般进气门比排气门大些。桑塔纳 2000GSi 车型 AJR 发动机即采用此种形式。

② 3 气门式(图 4-8)。每个汽缸有 2 个进气门和 1 个排气门,排气门大对排出高温气体有利,能提高发动机排气性能。

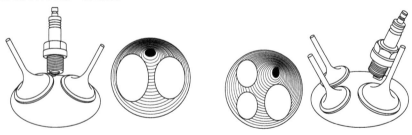

图 4-7　2 气门式的结构形式　　　　图 4-8　3 气门式的结构形式

③ 4 气门式(图 4-9)。每个汽缸有 2 个进气门和 2 个排气门,两套凸轮轴装置分别控制一组进、排气门的开闭。凯越(1.6L)车型发动机、卡罗拉(1.6L)车型发动机即采用 4 气门结构形式。

④ 5气门式。每个汽缸有3个进气门和2个排气门,并以梅花形分布,如图4-10所示。捷达王车型 EA113 型发动机即采用5气门结构形式。

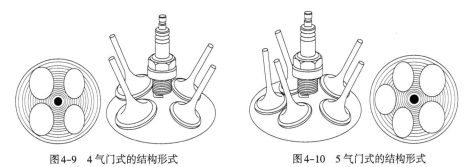

图4-9　4气门式的结构形式　　　　图4-10　5气门式的结构形式

2 气门座

汽缸盖上的进、排气道与气门锥面相接合的部位称为气门座(图4-11),气门座的锥角和气门锥角相同,一般也是30°或45°。气门座不仅有密封作用,还起到了冷却气门的作用。

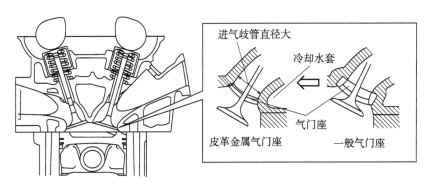

图4-11　气门座

3 气门导管

气门导管(图4-12)的功用是为气门的运动导向,保证气门做直线往复运动,使气门与气门座能正确贴合。气门杆与气门导管之间一般留有0.05~0.12mm的间隙,使气门杆能在导管中自由运动。

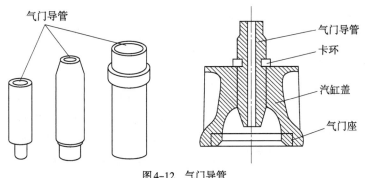

图4-12　气门导管

4 气门弹簧

气门弹簧的功用保证气门及时落座并与气门座或气门座圈紧密贴合,同时也可防止气门在发动机振动时因跳动而破坏密封。

气门弹簧多为圆柱形螺旋弹簧,如图4-13a)所示,安装时,气门弹簧的一端支撑在汽缸盖上,而另一端则压靠在气门杆尾端的弹簧座上,弹簧座用锁片固定在气门杆的末端;为了防止弹簧发生共振,可采用变螺距的圆柱形弹簧,如图4-13b)所示;大多数高速发动机是一个气门装有同心安装的内、外两根气门弹簧,如图4-13c)所示,这样不但可以防止共振,而且当一根弹簧折断时,另一根仍可维持工作。此外,还能减小气门弹簧的高度。当装用两根气门弹簧时,气门弹簧的螺旋方向和螺距应各不相同,这样可以防止折断的弹簧圈卡入另一个弹簧圈内。

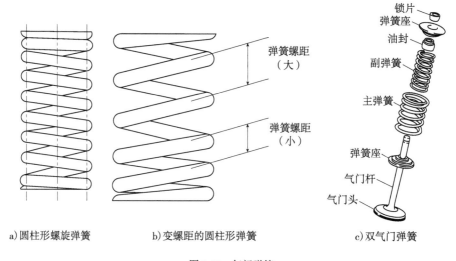

图4-13 气门弹簧

❷ 气门传动组

气门传动组的作用是使气门按发动机配气相位规定的时刻及时开、闭,并保证规定的开启时间和开启高度。由于配气机构的布置形式多样,气门传动组的差别也很大。

❶ 凸轮轴

1 凸轮轴结构

凸轮轴主要由各缸进气凸轮和排气凸轮、凸轮轴轴颈等组成,如图4-14所示。进气凸轮和排气凸轮用于使气门按一定的工作次序和配气相位的要求及时开、闭,并保证气门有足够的升程。

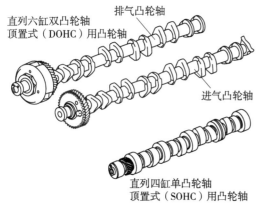

图4-14 凸轮轴的结构

2 凸轮轴驱动方式

凸轮轴的旋转是依靠曲轴带动的,凸轮轴的驱动方式有以下4种:

①链条驱动式(图4-15)。凸轮轴位于汽缸盖上,由曲轴带动的曲轴链轮,通过正时链条驱动凸轮轴上的链轮旋转,从而带动凸轮轴旋转。链条导槽和链条张紧装置将张力传递至链条,以调节链条的张紧度。卡罗拉(1.6L)车型发动机即采用链条驱动形式。

②正时齿形带驱动式(图4-16)。由于正时齿形带是由强度大、不易变形的纤维和橡胶制成,具有质量小、无噪声,不需要润滑等优点,所以被广泛使用。凯越(1.6L)车型发动机、桑塔纳2000GSi车型AJR发动机即采用此种形式。

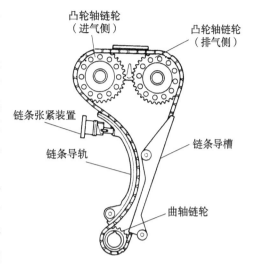

图4-15 链条驱动式

③齿轮驱动式(图4-17)。齿轮驱动式是在曲轴和凸轮轴之间用齿轮将曲轴的旋转传递到凸轮轴的驱动形式,具有传动准确性更优、高速时可靠性高等优点;但制造精度高、成本高,现在仅限于应用在赛车使用的发动机。

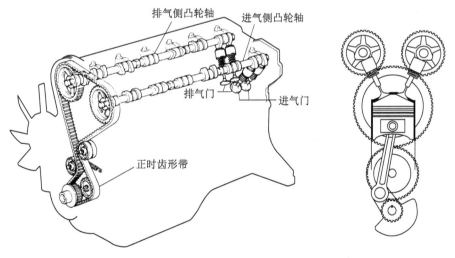

图4-16 正时齿形带驱动式　　　图4-17 齿轮驱动式

④辅助齿轮驱动式(图4-18)。汽缸盖上一侧的凸轮轴由曲轴通过一根链条或一根正时齿形带来驱动,另一侧的凸轮轴由安装在凸轮轴上的齿轮来驱动,这种方式称为辅助齿轮驱动式。

3 凸轮轴安装位置与配气机构类型

根据凸轮轴安装位置的不同,可将配气机构分成以下4种类型。

❶下置凸轮轴配气机构(图4-19)

下置凸轮轴配气机构是指进、排气门安装在汽缸盖上,而凸轮轴安装在汽缸体下部的配气机构。

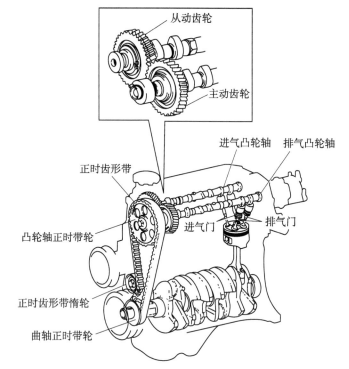

图4-18 辅助齿轮驱动式

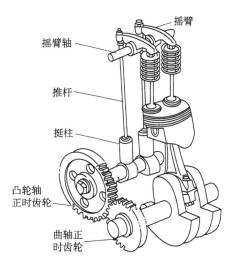

图4-19 下置凸轮轴配气机构

发动机工作时,曲轴通过正时齿轮驱动凸轮轴正时齿轮和凸轮轴旋转。当凸轮的凸起部位顶起挺柱时,经推杆和气门间隙调整螺钉推动摇臂绕摇臂轴摆动,压缩气门弹簧使气门开启。当凸轮的凸起部离开挺柱时,气门在气门弹簧力的作用下逐渐关闭。

凸轮轴下置式配气机构特点是凸轮轴与曲轴位置靠近,可以简单地用一对齿轮传动,需要较长推杆、摇臂和摇臂轴等零部件,整个机构的刚度差。多用于转速较低的发动机,如货车用的柴油机等。

❷ 中置凸轮轴配气机构(图4-20)

中置凸轮轴配气机构是指进、排气门安装在汽缸盖上,而凸轮轴安装在汽缸体中上部的配气机构。中置凸轮轴配气机构的凸轮轴一般采用链条传动或正时齿形带传动,采用短推杆或省去推杆,但需要摇臂和摇臂轴。

❸ 单顶置凸轮轴式配气机构(SOHC)

单顶置凸轮轴式配气机构(Single Over Head Camshaft, SOHC)是通过一根凸轮轴驱使进、排气门动作,其特征为气门和凸轮轴都设置在汽缸盖上。凸轮轴由正时链条或正时齿形带驱动,不需要推杆,摇臂和摇臂轴可有可无。

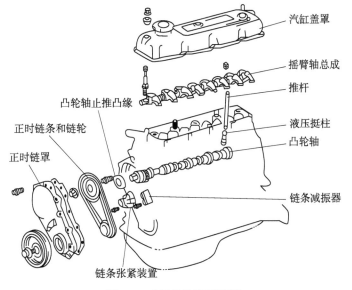

图 4-20 中置凸轮轴配气机构

① 单顶置凸轮轴、无摇臂和摇臂轴配气机构，如图 4-21 所示。凸轮轴通过液压挺柱直接驱动气门开启，无推杆和摇臂总成，气门排成一列。桑塔纳 2000GSi 车型 AJR 发动机配气机构即为此种形式。

② 单顶置凸轮轴、单摇臂和摇臂轴配气机构，如图 4-22 所示。凸轮轴通过摇臂直接驱动气门开启，气门排成两列。

通常在发动机冷态装配时，在气门与其传动机构中，留有适当的间隙，以补偿气门受热后的膨胀量，这一预留间隙通常称为气门间隙。为了能够检查与调整气门间隙，一般在摇臂（或挺柱）上装有调整螺钉及其锁紧螺母。

图 4-21 单顶置凸轮轴、无摇臂和摇臂轴配气机构

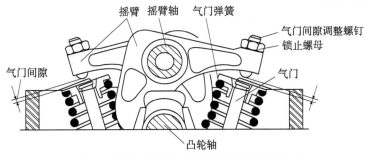

图 4-22 单顶置凸轮轴、单摇臂和摇臂轴配气机构

③ 单顶置凸轮轴、双摇臂和摇臂轴配气机构，如图 4-23 所示。凸轮轴分别通过进气摇臂和排气摇臂驱动进气门和排气门开启，由于进、排气门排成两列，所以驱动进、排气门的进气摇臂和排气摇臂分别安装在各自的摇臂轴上。

④ 单顶置凸轮轴、有摇臂、无摇臂轴配气机构，如图 4-24 所示。凸轮轴位于摇臂上方，

采用浮动式摇臂（只有摇臂而无摇臂轴），在摇臂上设有滚动轴承；摇臂与液压挺柱采用球面接触，并作为摇臂摆转的支点，气门排成一列。液压挺柱可以自动调整气门间隙（使气门间隙为0），减少了噪声，但结构复杂。

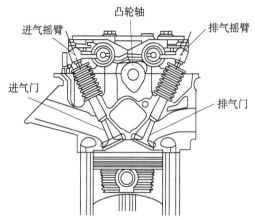

图4-23 单顶置凸轮轴、双摇臂和摇臂轴配气机构　　图4-24 单顶置凸轮轴、有摇臂、无摇臂轴配气机构

❹ 双顶置凸轮轴式配气机构（DOHC）

如图4-25所示，双顶置凸轮轴式（Double Over Head Camshaft，DOHC）进、排气门分别由各自的凸轮轴控制（气门排成两列），凸轮轴直接驱动气门，也可通过摇臂间接驱动气门，具有摇臂长度短、质量小，以及驱动气门的相关部件易于适应高转速等优点。另外，由于进、排气凸轮轴是彼此相互独立的，所以增大了气门配置的自由度，火花塞可以设置在两根凸轮轴之间，即燃烧室的正中央。凯越（1.6L）发动机、卡罗拉（1.6L）发动机的配气机构即为此种形式。

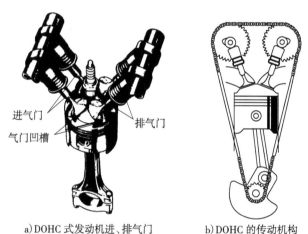

a）DOHC式发动机进、排气门　　b）DOHC的传动机构

图4-25 双凸轮轴顶置式配气机构（DOHC）

❹ 凸轮轴正时定位

如采用一对正时齿轮传动，小齿轮和大齿轮分别用键安装在曲轴和凸轮轴的前端，其传动比为2∶1。在装配曲轴和凸轮轴时，必须将齿轮正时标记对准，如图4-26所示，以保证正确的配气相位和点火时刻。

凸轮轴顶置式发动机的正时记号通常有两处，一处为曲轴正时记号，一处为凸轮轴正时记号。安装时，两处都必须对正，如图4-27和图4-28所示。

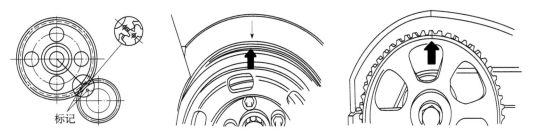

图4-26 汽油机正时齿轮机构　图4-27 曲轴正时带轮上的正时标记对齐　图4-28 凸轮轴位置正时标记

❷ 挺柱

挺柱的作用是将凸轮的推力传递给推杆或气门杆，并承受凸轮轴旋转时所施加的侧向力。挺柱可分为普通挺柱和液压挺柱两种。

❶ 普通挺柱

配气机构采用的普通挺柱有筒式和滚轮式两种结构形式，如图4-29所示。筒式挺柱中间为空心，在挺柱圆周钻有通孔，便于筒内收集的机油流出，对挺柱底面及凸轮加以润滑；滚轮式挺柱可以减轻磨损，但结构较复杂，质量较大，多用于大缸径柴油机的配气机构上。

❷ 液压挺柱

乘用车发动机普遍采用液压挺柱，液压挺柱的长度能自动调整，故不需要预留气门间隙，也没有气门间隙调整装置。如图4-30所示，液压挺柱由挺柱体、油缸、柱塞、单向球阀、单向球阀弹簧和柱塞弹簧等部件组成。

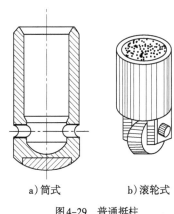

a) 筒式　　b) 滚轮式

图4-29 普通挺柱

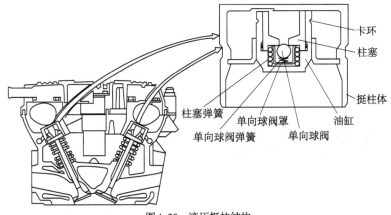

图4-30 液压挺柱结构

液压挺柱的工作原理如图4-31所示。当凸轮轴转动，凸轮的凸起部分与挺柱顶面接触时，挺柱在凸轮推动力作用下向下移动，高压腔内的机油被压缩，单向球阀在压力差和单向球阀弹簧的作用下关闭，高、低压油腔被分隔开。由于液体的不可压缩性，整个挺柱如同一个刚体一样下移推开气门并保证气门升程。

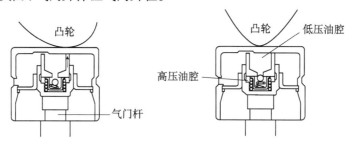

图4-31 液压挺柱的工作原理

当挺柱开始上行返回时,在弹簧向上顶压和凸轮下压的作用下,高压油腔继续封闭,液压挺柱仍可认为是一个刚体,直至上行到凸轮处于基圆位置即气门关闭时为止。此时,汽缸盖主油道中的机油经量孔、斜油孔和挺柱体上的环形油槽再次进入挺柱的低压油腔,由于挺柱不再受凸轮推动力和气门弹簧力的作用,高压油腔中的机油与复位弹簧推动柱塞上行,高压油腔的油压下降,单向球阀打开,低压油腔中的机油流入高压油腔,使两腔连通充满机油。这时,液压挺柱的顶面仍然和凸轮表面紧贴,从而起到了补偿气门间隙的作用。

当气门受热膨胀时,柱塞和油缸做轴向相对运动,高压油腔中机油可经过油缸与柱塞间缝隙被挤入低压油腔。因此使用液压挺柱时,可以不预留气门间隙。

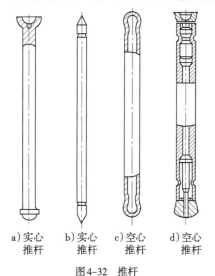

a) 实心推杆　b) 实心推杆　c) 空心推杆　d) 空心推杆

图4-32 推杆

3 推杆

在凸轮轴下置式或中置式的配气机构中,凸轮轴经挺柱传来的运动和作用力要通过推杆传递给摇臂。推杆可采用实心的,也可以采用空心的。推杆的结构形式,如图4-32所示。

4 摇臂

摇臂的功用是将凸轮轴(或推杆)传来的力作用到气门杆尾部,推开气门。摇臂实际上是利用杠杆原理工作的,SOHC和DOHC的不同之处在于摇臂轴位置不同,如图4-33所示。

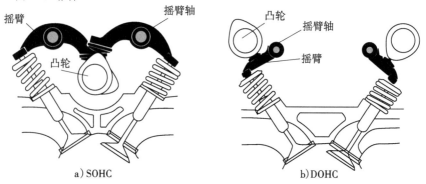

a) SOHC　　　　　　b) DOHC

图4-33 摇臂

三 配气相位及可变的配气相位

1 配气相位

用曲轴转角表示的进、排气门实际开闭时刻和开启持续时间,称为配气相位。通常用相对于上、下止点曲拐位置的曲轴转角的环形图来表示,这种图形称为配气相位图,如图4-34所示。

理论上,当曲拐处在上止点时,进气门开启,下止点时关闭;排气门则当曲拐在下止点时开启,上止点时关闭。进气时间和排气时间各占180°曲轴转角。但实际上发动机转速很高,活塞每一行程历时相当短,短的时间势必会造成进气不足和排气不净,从而使发动机功率下降。因此,现代发动机都采取延长进、排气时间的方法。

①进气门早开和晚关。在排气行程接近终了,活塞到达上止点之前,进气门便开始开启,直到活塞越过了下止点以后,进气门才关闭。进气门提前开启的目的是:为了保

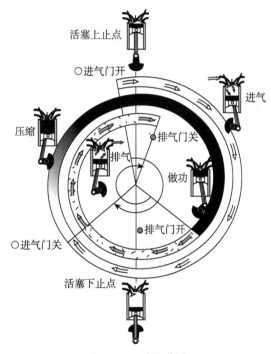

图4-34 配气相位图

证进气行程开始时进气门已开大,减小进气阻力,新鲜气体能顺利地充入汽缸;进气门迟后关闭目的是:由于活塞到达下止点时,汽缸内压力仍低于大气压力,且气流还有相当大的惯性,可以利用气流惯性和压力差继续进气。

②排气门早开和晚关。在做功行程接近终了,活塞到达下止点之前,排气门便开始开启。直到活塞越过上止点后,排气门才关闭。排气门提前开启的目的是:当做功行程活塞接近下止点时,汽缸内的气体压力对做功的作用已经不大,但仍比大气压力高,可利用此压力使汽缸内的废气迅速地自由排出;排气门迟后关闭的目的是:由于活塞到达上止点时,汽缸内的残余废气压力高于大气压力,加之排气时气流有一定的惯性,仍可以利用气流惯性和压力差把废气排放得更干净。

③气门叠开。由于进气门在上止点前即开启,而排气门在上止点后才关闭,这就出现

了在一段时间内,进、排气门同时开启的现象,这种现象称为气门叠开。由于新鲜气流和废气流的流动惯性都比较大,在短时间内是不会改变流向的,因此只要气门叠开角选择适当,就不会有废气倒流入进气管和新鲜气体随同废气排出的可能性。

❷ 可变配气相位

现代发动机有些具有可变的配气相位,进气门的开启和关闭时间可调节。发动机转速高时,增大进气门的升程,提前开启和延迟关闭进气门,提高发动机的功率;发动机转速低时,减少进气门的升程,延迟开启和提前关闭进气门,提高发动机的转矩,以满足发动机对经济性、稳定性和减少排放污染物的要求。

奥迪A6、上海帕萨特B5车型装备的ANQ5发动机可变气门正时机构的结构,如图4-35所示。它有3个进气门,排列位置错开,打开的时间也不同(中间的气门先打开),使发动机吸入的新鲜空气产生旋涡,加速和优化混合气的雾化,提高发动机的功率和转矩。

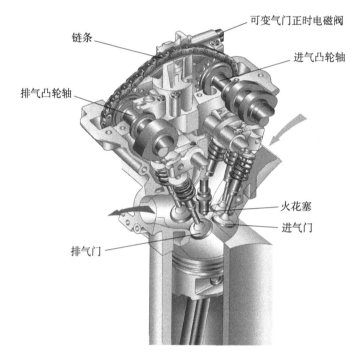

图4-35　ANQ5发动机配气机构

曲轴通过齿形带首先驱动排气凸轮轴旋转,排气凸轮轴通过链条驱动进气凸轮轴旋转,在两轴之间设置一个可变气门正时调整器,在内部液压缸的作用下,调整器可以上升和下降,以调整发动机进气凸轮轴的位置。液压缸的油路与汽缸盖上的油路连通,工作压力由可变气门正时电磁阀控制,而可变气门正时电磁阀由ECU进行控制。排气凸轮轴位置是不可调的。可变气门正时调整器结构,如图4-36所示。

可变气门正时调整器工作原理示意图,如图4-37所示。图4-37a)所示为功率位置,即高速状态。为了充分利用进气流的惯性,进气迟关角增大,链条的上部较长,而下部较短。

排气凸轮轴首先要拉紧下部链条成为紧边，进气凸轮轴才能被排气凸轮轴带动。就在下部链条由松变紧的过程中，排气凸轮轴已转过了一个角度，进气凸轮才开始动作，进气门关闭得较迟，从而使发动机在高速时产生高功率。

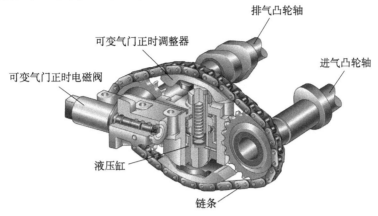

图 4-36　ANQ5 发动机可变气门正时调整器结构

图 4-37b) 所示为转矩位置，即低速状态。通过可变气门正时调整器向下的运动来缩短上部链条而加长下部链条。由于排气凸轮轴受到正时传动带制约不能转动，从而使进气凸轮轴偏转一个角度，较早关闭进气门，使发动机在中速和低速范围内能产生高转矩。

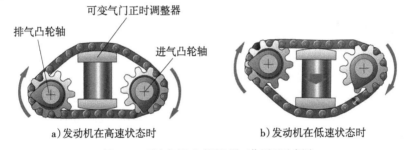

a) 发动机在高速状态时　　　　b) 发动机在低速状态时

图 4-37　可变气门正时调整器工作原理示意图

卡罗拉车型发动机采用的是双重智能可变气门正时机构（双 VVT-i），即智能进、排气可变气门正时系统，不仅能够调节进气门的开闭时间，还能调节排气门的开闭时间。

本田车系的某些发动机采用可变气门配气相位和气门升程电子控制系统（VTEC），可同时控制气门开闭时间和凸轮的升程。

思考与练习

一、填空题

1. 气门组一般由_____、_____、_____ 和_____等部件组成。

2. 气门头部的形状有_____、_____和_____。
3. 常见的气门弹簧座的固定方式_____、_____和_____。
4. 凸轮轴驱动方式有_____、_____、_____和_____。
5. 凸轮轴安装位置有_____、_____、_____和_____。

二、选择题

1. 四冲程发动机的曲轴与凸轮轴的转速比为(　　)。
　　A. 1∶2　　　　B. 1∶1　　　　C. 2∶1　　　　D. 1∶4
2. 气门的(　　)部位与气门座接触。
　　A. 气门杆　　B. 气门锥面　　C. 气门侧面　　D. 气门导管
3. 当机油泄漏到排气流中时,说明气门的以下哪个部分磨损了？(　　)
　　A. 气门导管　　B. 气门头部　　C. 气门座　　D. 气门弹簧
4. 使用4气门发动机的原因是(　　)。
　　A. 可使更多的燃油和空气进入发动机　　B. 可得到更好的润滑
　　C. 使发动机预热得更快　　　　　　　　D. 使发动机冷却得更快
5. 采用双气门弹簧或变螺距弹簧的主要作用是(　　)。
　　A. 提高弹簧的疲劳强度　　　　　　　　B. 防止气门弹簧产生共振
　　C. 提高弹簧的使用寿命　　　　　　　　D. 防止弹簧折断
6. 若气门间隙过大时,则气门开启量(　　)。
　　A. 不变　　　　B. 变小　　　　C. 变大
7. 安装曲轴正时齿轮和凸轮轴正时齿轮时,应注意:(　　)。
　　A. 总是按照制造厂的规范对齐正时　　B. 不用担心两个齿轮的正确正时
　　C. 将两个齿轮彼此按90°分开　　　　　D. 将两个齿轮彼此按180°分开
8. 排气门在活塞位于(　　)开启。
　　A. 做功行程之前　　　　　　　　B. 做功行程将要结束时
　　C. 进气行程开始前　　　　　　　D. 进气行程开始后
9. 关于可变气门正时错误的说法是(　　)。
　　A. 气门升程上可变的　　　　　　B. 气门打开的周期是固定的
　　C. 在低转速对可获得最大转矩　　D. 每套进气门和排气门有三个凸轮

三、判断题

1. 配气机构的功用是关闭进、排气门,防止汽缸漏气。　　　　　　　　　　(　　)
2. 按气门的安装位置,配气机构分为下置式、侧置式和顶置式三种类型。　　(　　)
3. 气门头部的作用是与气门座配合,对汽缸进行密封。　　　　　　　　　　(　　)
4. 气门弹簧的功用是关闭或开启气门。　　　　　　　　　　　　　　　　　(　　)
5. 凸轮轴的功用是利用凸轮使各缸进、排气门关闭。　　　　　　　　　　　(　　)
6. 装用液压挺柱的配气机构必须有气门间隙。　　　　　　　　　　　　　　(　　)
7. 发动机配气机构均必须用摇臂总成改变传动方向。　　　　　　　　　　　(　　)

8. 配气相位指发动机进、排气门实际开启或关闭的时刻和开启持续时间，通常用曲轴转角来表示配气相位。（　　）

9. 气门间隙的功用是补偿气门受热后的膨胀量。（　　）

10. 只要转动曲轴对正点火正时标记，即说明一缸处于压缩上止点位置。（　　）

四、简答题

1. 配气机构有何功用？配气机构主要由哪些部件组成？

2. 凸轮轴的驱动方式有几种？

3. 按凸轮轴的安装位置，配气机构分几种类型？

4. 气门弹簧有何功用？有几种类型？

5. 凸轮轴有何功用？

6. 装用液压挺柱有何优点？

7. 什么是配气相位?

8. 为何设气门间隙?

单元五　汽油机燃料供给系统

Chapter 5

知识目标

1. 掌握电控燃油喷射系统的组成和工作原理；
2. 掌握汽油选用的原则、汽油环保和安全注意事项；
3. 掌握空气供给系统的组成、工作原理及各部件的功用；
4. 掌握排气系统的组成、工作原理及各部件的功用；
5. 掌握燃油供给系统的组成、工作原理及各部件的功用；
6. 掌握电子控制系统的组成、工作原理及各部件的功用。

建议学时

8学时。

一、汽油机燃料供给系统的功用和组成

汽油机燃料供给系统的功用是根据发动机各工况的不同要求,配制一定数量和浓度的可燃混合气并将其供入汽缸,使之在压缩终了时点火、燃烧而膨胀做功,最后将燃烧后的废气排入大气中。

汽油机燃料供给系统一般采用电子控制燃油喷射式燃料供给系统,一般简称为"电控燃油喷射系统"。电控燃油喷射系统由空气供给系统、排气系统、燃油供给系统和电子控制系统组成。桑塔纳2000GSi车型AJR发动机Motronic M3.8.2电控燃油喷射系统,如图5-1所示。

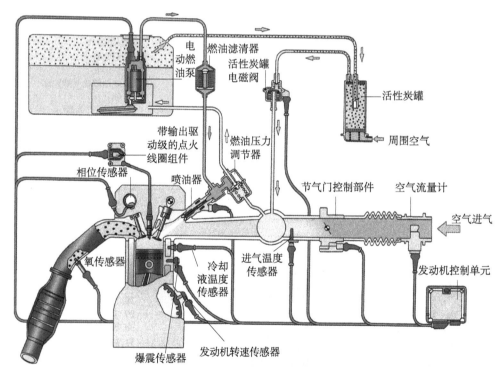

图5-1 桑塔纳2000GSi型车型AJR发动机Motronic M3.8.2电控燃油喷射系统示意图

驾驶人通过踩踏加速踏板来控制节气门开度,从而控制发动机汽缸的进气量,空气经空气滤清器、空气流量计、节气门进入进气总管,再分配到各缸进气歧管,然后进入各汽缸。空气流量计检测进入汽缸的空气量,节气门位置传感器检测节气门开度,这两个信号作为燃油喷射的主要信息输入控制单元(ECU),由ECU计算出主喷油量,再根据冷却液温度传感器、进气温度传感器、氧传感器、爆震传感器等输入的信息,ECU对主喷油量进行必要的修正,确定出实际喷油量。

燃油从燃油箱中被燃油泵吸出，先由燃油滤清器将杂质滤除后再通过输油管、燃油分配管等输送到各个喷油器。喷油器则根据ECU发出的指令，将计量后的燃油喷入各进气歧管中与流入发动机内的空气进行混合，形成可燃混合气，供入汽缸燃烧做功，最后将废气通过排气管、排气消声器等排入大气中。

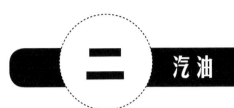

二　汽油

❶ 汽油主要性能指标

汽油机使用的燃料是汽油，汽油是由石油提炼而得到的密度小又易于挥发的液体燃料，汽油由多种碳氢化合物组成，基本成分碳的体积百分数为85%，氢的体积百分数为15%。汽油的主要性能指标有蒸发性、抗爆性和热值。

❶ 蒸发性

汽油中必须含有足够比例的高蒸发性的成分，以得到良好的冷起动性能，其蒸发性的好坏将影响发动机正常工作。当温度较高时，蒸发性过高的汽油易在油路中蒸发形成"气阻"，当温度较低时，蒸发性过低的汽油会有一部分不能蒸发、燃烧，并滞留在汽缸壁上，不仅使燃油消耗量增加，而且会稀释润滑油，导致汽缸加快磨损，影响发动机寿命，所以车用发动机的汽油蒸发性要求适中。

❷ 抗爆性

汽油的抗爆性是指汽油在汽缸中避免产生爆燃的能力（也称抗自燃的能力）。爆燃是一种非正常燃烧，与发动机温度、压缩比、燃油特性等有关，在压缩行程终了时产生，它将造成发动机过热、排气冒烟、功率下降、油耗增加，并伴有明显的敲缸声，甚至损坏机件。

汽油的抗爆性评价指标是辛烷值。辛烷值高，汽油抗爆性好；反之，汽油抗爆性差。

❸ 热值

汽油的热值是指单位质量(1kg)的汽油完全燃烧后所产生的热量。汽油的热值约为44000kJ/kg。

❷ 汽油的选用

我国车用汽油分类主要以辛烷值为基础,测定辛烷值的方法有马达法和研究法。目前,我国市面上的汽车的常用无铅汽油分为90号、93号、97号等标号,它们是按照研究法的辛烷值(RON)的大小来划分的,这种汽油不仅含铅量更低,而且还有少量的清洁油路的添加剂。90号、93号、97号汽油除了抗爆性不同外,其他的性能如清洁性、杂质是一样的,属于同一档次的油。压缩比高的发动机选用辛烷值高的汽油,反之,可选用辛烷值低的汽油。汽油标号越高,其抗爆性越好,但价格也越贵。

桑塔纳2000GSi车型要求必须使用RON 90以上汽油;卡罗拉(1.6L)车型要求选择93号或更高级的优质无铅汽油。

随着我国对于环境保护标准要求的不断提高,近年来一些大城市相继出现了89号、92号和95号的新汽油标号,分别替代了之前的90号、93号和97号汽油,新标号的汽油与旧标号的汽油相比可以有效降低机动车排放污染。

❸ 环保和安全注意事项

❶ 环境保护

①汽油是对水有污染的物质,禁止将汽油直接排入下水道,作业时只能在防渗的地面上进行。

②汽油非常易燃,会引起火灾和爆炸,进行接触汽油的工作时,必须禁止明火和吸烟,存放汽油必须远离火源。

③有汽油溢出时,必须立即用吸附剂进行处理。

④用专用的容器收集污染过的燃油、燃油滤清器,并妥善保管和回收利用。

⑤沾上汽油的物品,不得作为生活垃圾处理。

❷ 安全措施

①汽油会刺激人的皮肤,可以致癌,应避免皮肤、眼睛或衣服接触到汽油。

②沾上汽油的衣服或鞋子,必须立即更换。

③皮肤接触到汽油后,立即用肥皂水清洗。

④汽油溅入眼睛后,用水彻底冲洗,不适时立即就医。

⑤人体吸入汽油蒸气后,不可催吐,应呼吸新鲜空气,并立即就医。

三 电控燃油喷射系统主要部件的构造

电控燃油喷射系统由空气供给系统、排气系统、燃油供给系统和电子控制系统等组成。

1 空气供给系统

空气供给系统的作用是为发动机可燃混合气的形成提供必要的空气,并计量和控制燃油燃烧时所需要的空气量。空气供给系统如图5-2所示,空气经空气滤清器、空气流量计、节气门体进入进气总管,再分配到各缸进气歧管。在进气歧管内(或进气门处),空气与喷油器喷出的燃油混合后被吸入汽缸内燃烧。

1 空气滤清器

空气滤清器是用来滤清空气中所含的尘土,以减少汽缸、活塞、活塞环等零件的磨损,延长发动机的使用寿命。

空气滤清器的种类很多,图5-3所示为纸质干式空气滤清器,它是通过用树脂处理的纸质滤芯对空气进行过滤。纸质滤芯的寿命取决于纸面大小(通常成波折状以提高过滤面积)及空气本身的清洁程度,一般可连续使用10000~50000km。纸质滤芯不能清洗,脏污时可用压缩空气吹去灰尘,严重时必须更换。纸质干式滤清器质量小、结构简单、安装及维护方便、滤清效果好,因此在汽车上得到广泛应用。

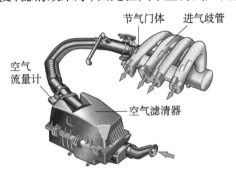

图5-2 空气供给系统

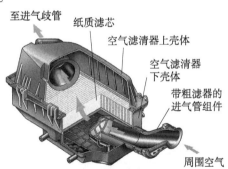

图5-3 纸质干式空气滤清器

2 节气门体

节气门体(图5-4)是安装调节控制吸入发动机的空气的节气门部件,节气门体主要由节气门、用于检测节气门开闭状态的节气门位置传感器、节气门定位电位计、节气门定位器(电动机)、节气门电位片和怠速开关等组成。汽车在正常行驶时,空气流量由节气门控制,而节气门则是驾驶人通过加速踏板操纵。

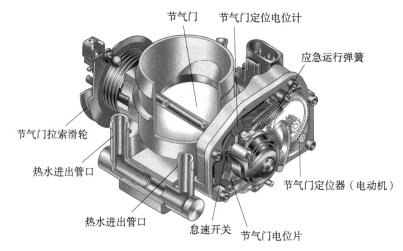

图5-4 节气门体

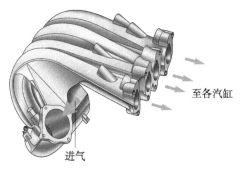

图5-5 进气歧管的结构

3 进气歧管与稳压箱

进气歧管的结构,如图5-5所示。进气歧管的功用是将空气或可燃混合气引入汽缸,并保证进气充分及各缸进气量均匀一致。进气歧管多用铝合金或铸铁制造,有些也采用复合塑料制作。有些车型进气歧管前还设有稳压箱(也称共鸣腔、谐振腔),稳压箱的功用是消除进气压力脉动,保证各缸混合气分配均匀。

4 可变进气系统

为提高进气效率,一些汽油机电控燃油喷射系统中采用了可变进气系统。可变进气系统结构如图5-6所示,其工作原理如图5-7所示。

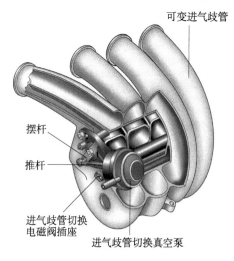

图5-6 可变进气系统的结构

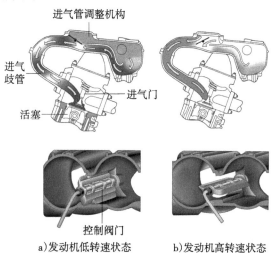

图5-7 可变进气系统工作原理

发动机在低转速时,进气控制阀门关闭,气流需经过较长的进气歧管进入汽缸,这样可利用进气的流动惯性来提高进气效率,使发动机在低转速下获得较大的转矩;而在高转速时,则是通过打开控制阀门来减小进气阻力,气流经过较短的进气歧管进入汽缸,从而提高进气效率,可获得较高的最大输出功率。

5 废气涡轮增压系统

废气涡轮增压是指利用发动机排出的高温高压废气能量,驱动涡轮做高速旋转,带动同轴上的压气机,对燃烧所需的空气进行预压缩。这样,在发动机排量和转速不变的情况下,增加了流入发动机的空气量,提高了进气效率,因而可提高发动机的功率。

可调叶片式涡轮增压系统如图5-8所示,它包括同轴的涡轮与压气机叶轮。涡轮与压气机叶轮上有很多叶片,从汽缸排出的废气直接推动涡轮旋转,带动压气机叶轮旋转,把吸入的空气增压,送入汽缸。由于利用高温废气进行增压,涡轮增压器温度较高,经压缩的空气也温度较高,使进气密度减少,对提高进气效率不利,因此,需要在压缩空气出口到进气歧管之间安装冷却器(中冷器),冷却压缩空气,提高其密度。

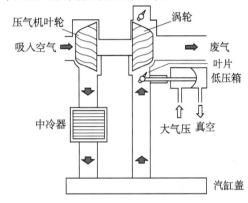

图5-8 可调叶片式涡轮增压系统

可调叶片式涡轮增压系统能够在发动机整个范围内调整进气增压的压力。当发动机转速低时,叶片开度减小,减小废气流通截面,使废气流速增加,提高废气涡轮转速,增加进气压力;当发动机转速高时,叶片开度增大,增加废气流通截面,使废气流速降低,维持废气涡轮转速在正常范围内,保证进气压力的稳定。

2 排气系统

排气系统(图5-9)主要由排气歧管、排气消声器等组成,电控燃油喷射系统汽油机的排气系统多带有三元催化转换器。

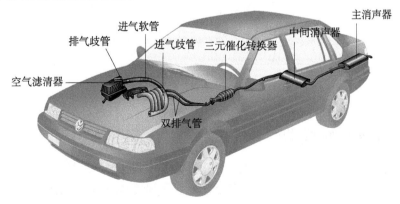

图5-9 排气系统

1 排气歧管

从汽缸盖上各缸的排气孔到各缸独立管的汇集处的管道总成叫排气歧管(图5-10)。排气歧管一般都采用成本低,耐热性、保温性较好的铸铁制成。

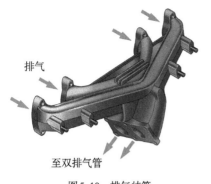

图5-10 排气歧管

2 排气消声器

排气消声器的作用是消除废气中的火星及火焰,降低排气噪声。

排气消声器有吸收、反射两种基本的消声方式,如图5-11所示。吸收式消声器是通过废气在玻璃纤维、钢纤维和石棉等吸声材料上的摩擦而减少其能量。反射式消声器则是多个串联的谐调腔与长度不同的多孔反射管相互连接在一起,废气在其中经过多次反射、碰撞、膨胀、冷却而降低压力,减轻振动。

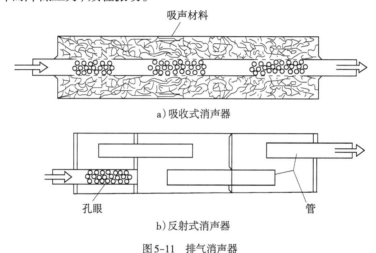

图5-11 排气消声器

汽车上实际使用的排气消声器,多数是综合利用不同的消声原理组合而成的,如图5-12所示。

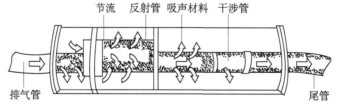

图5-12 组合式消声器

3 三元催化转换器

三元催化转换器结构如图5-13所示,其内部为一个圆柱形反应柱,反应柱由很多孔径较小的直管组成,反应柱的所有表面都用白金系列催化剂镀膜。这种催化剂可将一氧化碳(CO)和碳氢化合物(HC)通过氧化反应变成对人体无害的二氧化碳(CO_2)和水(H_2O),将氮氧化合物

(NO_x)还原成氮气(N_2)和氧气(O_2)。为了使尾气达到一定的环境保护标准,大多数汽油发动机都配备了三元催化转换器。

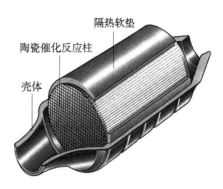

图 5-13 三元催化转换器

3 燃油供给系统

燃油供给系统的作用是供给发动机燃烧过程所需的燃油。燃油供给系统结构如图5-14所示,主要由燃油泵、燃油滤清器、油压脉动阻尼器、燃油压力调节器和喷油器等组成。

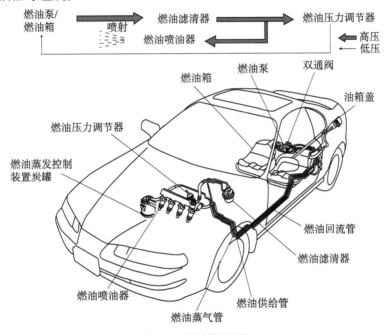

图 5-14 燃油供给系统

燃油从燃油箱中被电动燃油泵吸出,先由燃油滤清器将杂质滤除后再通过输油管送到各个喷油器。喷油器则根据 ECU 发出的指令,将计量后的燃油喷入各进气歧管并与流入发动机内的空气进行混合,形成可燃混合气。发动机在正常工况喷油量只取决于各喷油器通电时间长短。

此外,利用燃油压力调节器可将喷油压力控制在一定的范围内,而将多余的燃油从燃油压力调节器经回油管送回燃油箱。为了消除电动燃油泵泵油时或喷油器喷油时引起管路中的油压产生微小扰动,在有些发动机的燃油供给系统中还装有油压脉动阻尼器,用于吸收管路中油压波动时的能量,以便抑制管路中油压的脉动,提高系统的喷油精度。

1 燃油箱

燃油箱(图5-15)是用来储存燃油的,其容积大小与车型和发动机排量有关,其形状随车型不同而各异,这主要是为了适应在车上的布置安装。

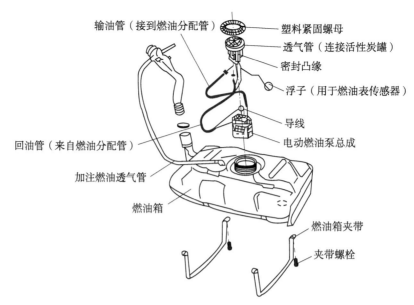

图 5-15 带附件的燃油箱

挥发性好的汽油会在燃油箱内挥发,为防止将挥发的汽油蒸气排到大气中会污染环境,因此设置了燃油箱蒸发排放控制装置(图5-16),将活性炭罐与燃油箱相连接,挥发的汽油蒸气被吸附在活性炭上。发动机工作时,活性炭罐电磁阀通电打开,被吸附在活性炭上的汽油蒸气即可被吸入汽缸并燃烧。

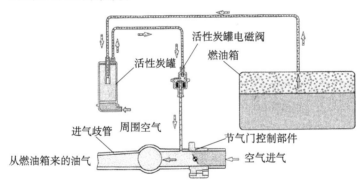

图 5-16 燃油箱蒸发排放控制装置

❷ 电动燃油泵

电动燃油泵的作用是把燃油从油箱内吸出并通过喷油器供给发动机各汽缸。

在电控燃油喷射系统中最常用的是内置式电动燃油泵,即电动燃油泵安装在燃油箱内。内置式电动燃油泵不易发生气阻和漏油现象,对泵的自吸性能要求较低,故应用广泛。内置式电动燃油泵主要有叶片式和滚柱式两种。

①叶片式电动燃油泵。叶片式电动燃油泵结构和工作原理,如图5-17所示。叶轮是一个圆平板,在平板的圆周上加工有小槽,形成泵油叶片。当叶轮旋转时,圆周上小槽内的燃油随同叶轮一同高速旋转。由于离心力的作用,使出油口处压力增高,而在进油口处产生真空,从而使燃油在进油口处被吸入,在出油口处被排出,这样周而复始地完成燃油的输送。

叶片式电动燃油泵运转噪声小,油压脉动小,泵油压力高,叶片磨损小,使用寿命长。

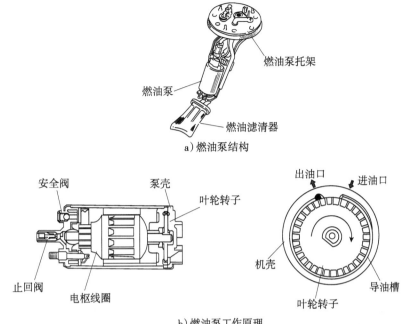

图5-17 叶片式电动燃油泵

②滚柱式电动燃油泵。滚柱式电动燃油泵如图5-18所示。转子偏心地安装在泵体内,滚柱装在转子的凹槽中。在永磁电动机的驱动下,当转子旋转时,滚柱在离心力的作用下紧压在泵体的内表面上,同时在惯性力的作用下,滚柱总是与转子凹槽的一个侧面贴紧,从而形成若干个封闭的工作腔。

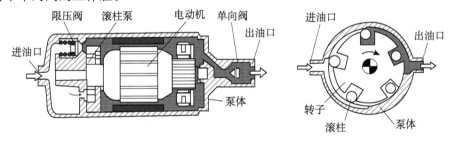

图5-18 滚柱式电动燃油泵

在电动燃油泵工作过程中,进油口一侧的工作腔容积增大,成为低压吸油腔,燃油经进油口被吸入工作腔内。在出油口一侧的工作腔容积减小,成为高压压油腔,高压燃油从压油腔经出油口流出。电动燃油泵转子每转一圈,其排出的燃油就要产生与滚柱数目相同的压力脉动,故在出口处装有油压缓冲器,以减小出口处的油压脉动和运转噪声。

单向阀的作用主要用于防止燃油倒流,并可保持管路残余压力,以便发动机下次容易起动,并可防止由于温度较高时,油路产生气阻现象。若电动燃油泵输出压力超过400kPa时,安全阀会自动打开,高压燃油可回至电动燃油泵的进油室,并在电动燃油泵内循环,以此可避免由于油路堵塞而引起管路油压过高造成管路破裂或电动燃油泵损坏等现象。滚柱式电动燃油泵运转时噪声大,油压脉动也大,而且泵体内表面和转子容易磨损。

3 燃油滤清器

燃油滤清器(图5-19)可清除燃油中的杂质,防止堵塞喷油器等部件,减轻运动部件的磨损。

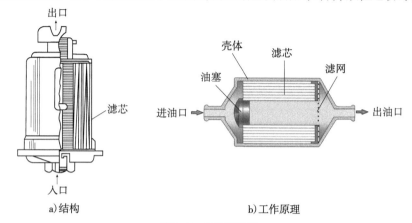

图5-19 燃油滤清器

燃油滤清器与普通的滤清器一样,采用过滤形式,壳体内有一个纸滤芯。滤芯的形式通常有两种,即菊花形和涡卷形。燃油滤清器的滤芯应根据车辆行驶里程、使用的燃油质量情况及时更换,以确保发动机稳定行驶,提高可靠性。

4 燃油分配管

燃油分配管(图5-20)的功用是将燃油均匀、等压地输送给各缸喷油器。由于它的容积较大,故有储油蓄压、减缓油压脉动的作用。

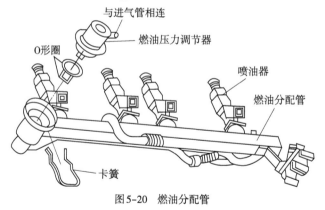

图5-20 燃油分配管

5 燃油压力调节器

燃油压力调节器一般安装在燃油分配管上,其作用是根据进气歧管内的绝对压力的变化来调节系统油压(燃油分配管油压),保持喷油器的喷油绝对压力恒定,使喷油器的燃油喷射量只取决于喷油器的开启时间。

燃油压力调节器(图5-21)外部为金属壳体,壳体内部由橡胶膜片分为弹簧室和燃油室两部分。弹簧室内有一个带预紧力的螺旋弹簧,它作用在膜片上。在膜片上安装有一个阀,用以控制回油。另外,它还通过一根真空管与进气歧管相连。

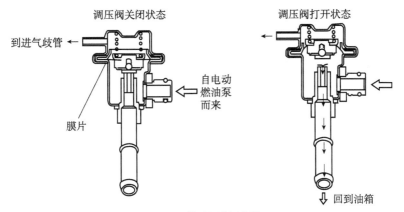

图5-21 燃油压力调节器

当系统油压超过规定值时,燃油压力克服弹簧压力,将膜片向上压,打开阀门,与回油通道接通,燃油流回燃油箱,系统压力降低,系统油压又回到规定值。

如果进气歧管真空度变大,为了维持燃油分配管内部与进气歧管内部的压力差恒定,就必须降低系统油压。把进气歧管真空度引入弹簧室,能够减少膜片上方螺旋弹簧的作用力,进而减少打开阀门的压力,使系统油压下降到规定值。

当电动燃油泵停止工作时,在膜片和螺旋弹簧力的作用下使阀门关闭,保持油路中的残余压力。

❻ 电磁喷油器

电磁喷油器(简称喷油器)是发动机电控燃油喷射系统的一个重要的执行元件,它接收ECU送来的喷油脉冲信号,准确地计量燃油喷射量,同时,将燃油喷射后雾化。

轴针式电磁喷油器(图5-22)它安装在燃油分配管上,主要由轴针、针阀、衔铁、复位弹簧及电磁线圈等组成。针阀与衔铁制成整体结构,针阀上端安装有复位弹簧。当电磁喷油器停止工作时,弹簧弹力使针阀复位,阀针关闭,轴针压靠在阀座上起到密封作用,防止燃油泄漏。滤网用于过滤燃油中的杂质,O形密封圈起到密封作用,上部密封圈防止燃油泄漏,下部密封圈防止漏气。

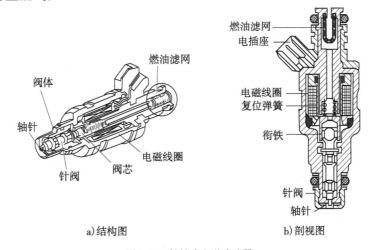

a) 结构图　　b) 剖视图

图5-22 轴针式电磁喷油器

当电磁线圈通电时,电磁吸力使针阀克服复位弹簧的弹力,针阀与轴针上移,阀门打开,燃油便从喷孔喷出。由于燃油压力较高,因此喷出的燃油得到良好雾化。当电磁线圈断电时,电磁吸力消失,针阀与轴针在复位弹簧作用下复位,阀门关闭,喷油停止。

4 电子控制系统

电子控制系统的功用是根据发动机运转状况和车辆运行状况确定汽油最佳喷射量和最佳点火提前角。此外,还可进行怠速控制、排放控制和故障自诊断等。电子控制系统由传感器、电子控制单元(ECU)、执行器组成,桑塔纳2000GSi车型AJR发动机电控燃油喷射系统各部件安装位置如图5-23所示,其控制图如图5-24所示。

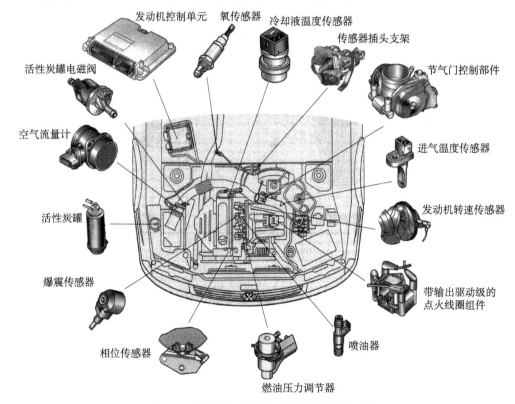

图5-23 电控燃油喷射系统各组件的安装布置图

电子控制系统的核心是ECU,ECU根据发动机中各种传感器送来的信号控制喷油时间、点火正时等。传感器监测发动机的实际工况,计量各种信号并传输给ECU,ECU输出的各种控制指令由执行器执行。

1 传感器

传感器是用来测量或检测反映发动机运行状态下的各种物理量、电量和化学量等,并将它们转换成计算机能接受的电信号后再送给ECU。常用的传感器主要有空气流量计、进气歧管绝对压力传感器、发动机转速与曲轴位置传感器、温度传感器、节气门位置传感器、氧传感器、爆震传感器等。另外,还有各类开关、继电器等。

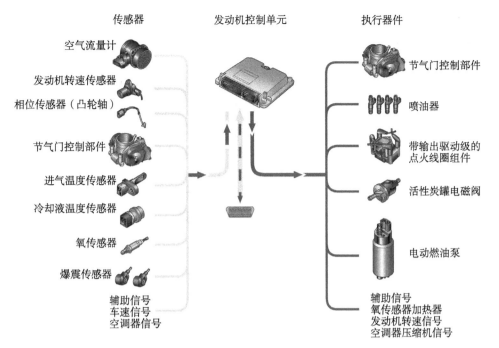

图5-24 桑塔纳2000GSi车型AJR发动机电控燃油喷射系统控制图

❶ 空气流量计

空气流量计是测量发动机进气量,是用来确定基本喷油量的主要依据之一。空气流量计设置在空气滤清器与节气门体之间,也有安装在空气滤清器上,还有将空气流量计与节气门体作成一体安装在发动机上。目前,常用的是热线式空气流量计和热膜式空气流量计。

①热线式空气流量计。热线式空气流量计的结构如图5-25所示,热线是圆筒内保持100℃的电线,由于进入发动机的空气会冷却热线,测量出热线保持100℃所需的电流,就可以算出空气流量。

这种空气流量计可以直接测量进气空气的质量流量,无需进行进气温度和大气压力修正,无运动部件,进气阻力小,响应特性较好,可正确测出急减速时空气进气量。

②热膜式空气流量计。热膜式空气流量计(图5-26)的结构和工作原理与热线式基本相同,只是将发热体由热线式改为热膜式,热膜是由发热金属铂固定在薄的树脂膜上构成。这种结构可使发热体不直接承受空气流动所产生的作用力,增加了发热体的强度,提高了使用寿命,它的金属网用于产生微观紊流,以使测量信号稳定。由于这些优点,它的应用更为广泛。

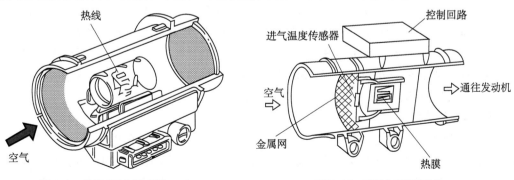

图5-25 热线式空气流量计　　　图5-26 热膜式空气流量计

❷ 进气歧管绝对压力传感器

电控燃油喷射系统可通过进气歧管压力和发动机转速推算发动机进气量。进气歧管压力的测定靠绝对压力传感器完成。进气歧管绝对压力传感器种类较多，按其信号产生原理可分为半导体压敏电阻式、电容式、膜盒传动的可变电感式和表面弹性波式等。

半导体压敏电阻式压力传感器如图5-27所示，它是利用半导体的压电效应原理制成的，这种传感器是将硅片的周边固定在基座上，再将整体封入一壳体内，并在壳体内形成真空，当通道口与进气管相连接时，进气管内的压力就会使传感器内的膜片产生压力，此时由应变电阻组成的电桥电路就会输出与进气管内压力成比例的电压。由于基准压力是真空的压力，使用这种压力传感器可以测定出绝对压力。该传感器具有体积小、精度高、成本低和可靠性、抗振性好等特点，在现代汽车上得到了广泛应用。

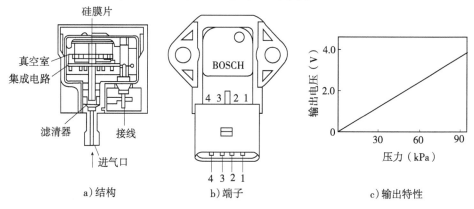

图5-27 半导体压敏电阻式压力传感器

由于压力传感器结构和测量原理的要求，压力传感器安装在振动较小的车身处，用一根橡胶管作为取气管与进气总管相连。

❸ 发动机转速与曲轴位置传感器

发动机转速与曲轴位置传感器是提供发动机的转速、曲轴转角位置及汽缸行程位置信号，以此确定发动机的基本喷油时刻、喷油量及点火时刻。发动机转速与曲轴位置传感器可分为磁电式、光电式和霍尔式。此外，就其安装部位来看，有的安装在曲轴前端，有的安装在凸轮轴前端或分电器内以及飞轮上。车型不同，所采用的结构形式有所不同，所以也有曲轴位置传感器或凸轮轴位置传感器之说，两者的原理和结构形式基本相同，只是安装位置有所区别而已。

磁电式曲轴转速传感器(图5-28)负责采集曲轴转角位置和发动机转速信号。在曲轴上有一个靶轮，靶轮上有60个齿，传感器对它进行扫描。当靶轮经过传感器时，产生一个交变电压信号，其频率随发动机转速变化而变化，控制单元根据交变电压的频率识别发动机的转速。在靶轮上有一处缺两个齿，感应传感器扫描到该处，1缸活塞处于上止点前72°，它是作为控制单元识别曲轴转角位置的基准标记。

❹ 温度传感器

温度传感器有冷却液温度传感器、进气温度传感器与排气温度传感器等，这些传感器多数采用的是负温度系数的热敏电阻式温度传感器，即热敏电阻的阻值随温度的升高而减小。

冷却液温度传感器(图5-29)用来检测发动机冷却液温度，该值用于喷油量和点火时刻的修正。当发动机冷却液温度改变时,传感器向控制单元输送的信号电压也发生改变,从而可获得冷却液的温度状态。

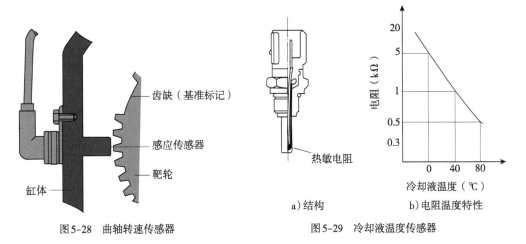

图5-28 曲轴转速传感器　　　图5-29 冷却液温度传感器

❺ 节气门位置传感器

节气门位置传感器通常装在节气门体上,可同时把节气门开度、急速、大负荷等信号转换成电压信号送至ECU中,以便控制系统根据发动机的各种工况对其喷油量及点火提前角进行最优控制。

线性输出型节气门位置传感器的结构如图5-30a)所示,在传感器上安装了两个与节气门联动的电刷触头,其中一个电刷触头在印刷电路基片上的滑片电阻上滑动,利用电阻值的变化,测得与节气门开度对应的线性输出电压,根据输出的电压值,可知节气门的开度。另一个电刷触头在节气门关闭时与急速触点IDL接触。IDL信号主要给ECU提供急速信号,用于断油控制和点火提前角修正。节气门开度输出信号V_{TA}则使ECU对喷油量进行控制,随着节气门开度的增大,节气门开度输出电压线性增大,如图5-30b)所示。

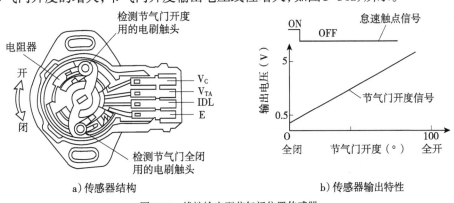

图5-30 线性输出型节气门位置传感器

❻ 氧传感器

氧传感器(图5-31)是用锆元素制成的元件,其内外表面涂上一层白金作为电极,内外表面分别与外界空气和废气接触。如果废气中没有氧气,氧化锆内外表面电极间的电动势就会迅速增大,根据这种变化,来准确地检测出可燃混合气是否达到了理论可燃混合气浓度,并向ECU提供可燃混合气浓度的反馈信号,以此控制可燃混合气浓度在理想范围之内。

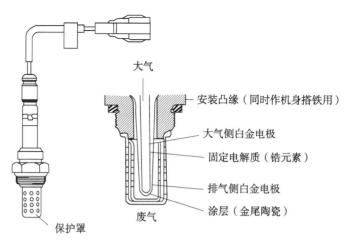

图5-31 氧传感器

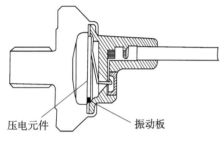

图5-32 爆震传感器的结构

❼ 爆震传感器

爆震传感器(图5-32)是利用受压后电压改变的压电元件来检测发动机是否发生爆震的传感器，它可有效地抑制发动机爆震现象的发生。爆震传感器将检测出来的爆震程度传给ECU，ECU可及时对发动机的点火提前角进行反馈控制，来实现发动机点火时刻的闭环控制。

❷ 控制单元

电子控制单元常用ECU表示。在发动机控制系统中，ECU的主要功能是根据发动机运转状况和车辆运行状态对发动机进行精确的控制。

ECU的主要部件是微型电子计算机(简称微机)，可实现多功能的高精度集中控制。ECU的基本结构如图5-33所示，主要由输入回路、A/D转换器(模拟信号/数字信号转换器)、微机和输出回路组成，是对燃油喷射、点火正时、怠速、进气及排放等进行综合控制的发动机管理系统。

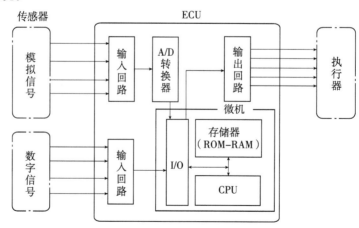

图5-33 发动机电子控制装置的基本结构

①输入回路。输入回路对各种输入信号进行预处理,一般包括去杂波,把正弦波转换成矩形波及电平转换等。

②A/D 转换器。由于微机只能识别数字信号,A/D 转换器将模拟信号转换成数字信号后,才能输至微机中进行处理。

③微机。微机主要由中央处理器(CPU)、存储器、输入/输出装置等组成。微机的功能是根据发动机工作的需要,把各种传感器送来的信号用内存的程序(微机处理的顺序)和数据进行运算处理,并把处理结果(如燃油喷射控制信号、点火控制信号等)送往输出回路。

④输出回路。输出回路是微机与执行元件之间的连接桥梁,其主要功用是将微机的处理结果放大,生成可以驱动执行元件工作的控制信号。输出回路一般采用的是功率晶体管,根据微机的指令通过功率晶体管的导通与截止来控制执行元件的搭铁回路。控制喷油器的输出回路如图 5-34 所示,当功率晶体管导通时,喷油器通电喷油;当功率晶体管截止时,喷油器断电停油。

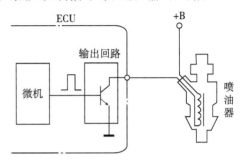

图 5-34 控制喷油器的输出回路

思考与练习

一、填空题

1. 汽油的主要性能指标有_____、_____和_____。
2. 电控燃油喷射系统主要由_____、_____、_____和_____组成。
3. 燃油供给系统主要由_____、_____、_____、_____和_____等组成。
4. 电控燃油喷射系统中常用的传感器有_____、_____、_____、_____、_____、_____等。

二、选择题

1. 以下是电控燃油喷射发动机执行器的是(　　)。
   A. 曲轴位置传感器　　　　　　B. 节气门位置传感器
   C. 空气流量计　　　　　　　　D. 活性炭罐电磁阀
2. 对喷油量起决定性作用的是(　　)。
   A. 空气流量计　　　　　　　　B. 冷却液温度传感器
   C. 氧传感器　　　　　　　　　D. 节气门位置传感器

3. 在电控燃油喷射系统中，喷油器的喷油量主要取决于喷油器的( )。
　　A. 针阀升程　　　　　　　　B. 喷孔大小
　　C. 内外压力差　　　　　　　D. 针阀开启的持续时间
4. 可变进气系统通过改变( )达到进气增压效果。
　　A. 进气通道截面积　　　　　B. 压力波传播路线长度
　　C. 废气流动路线　　　　　　D. 进气管长度
5. 负温度系数的热敏电阻其阻值随温度的升高而( )。
　　A. 升高　　　B. 降低　　　C. 不受影响　　　D. 先高后低

三、判断题

1. 目前大多数电动燃油泵是装在燃油箱内部的。　　　　　　　　　　( )
2. 电动油泵中的单向阀能起到一种保护作用，当油压过高时能自动减压。( )
3. 燃油压力调节器作用是使燃油分配管内压力保持不变，不受节气门开度的影响。( )
4. 空气流量计的作用是测量发动机的进气量，ECU 根据空气流量计的信号确定基本喷油量。( )
5. 进气歧管绝对压力传感器与空气流量计的作用是相当的，所以一般车上，这两种传感器只装一种。( )

四、简答题

1. 汽油机采用电控燃油喷射系统有哪些优点？

2. 空气供给系统由哪些部件构成？它们的作用是什么？

3. 可变进气系统作用和原理是什么？

4. 燃料供给系统由哪些部件构成？各部件的作用是什么？

5. 燃油压力调节器的作用是什么？

6. 电控燃油喷射中使用的温度传感器有哪几种？基本工作原理是什么？

单元六 柴油机燃料供给系统

Chapter 6

知识目标

1. 掌握柴油机燃料供给系统的功用、组成和工作原理；
2. 了解柴油的使用性能指标，掌握柴油的选用原则；
3. 掌握柴油机燃烧室的结构特点；
4. 掌握柴油机燃料供给系统主要部件的结构特点、功用以及工作原理。

建议学时

6学时。

一 柴油机燃料供给系统的功用和组成

柴油机燃料供给系统的功用是根据柴油机不同工况,定时、定压、定量地把柴油按一定规律喷入汽缸,与吸入汽缸的清洁空气迅速地混合燃烧,并将燃烧后生成的废气排到大气中。

柴油机燃料供给系统一般由燃油供给装置(包括柴油箱、柴油粗滤器、输油泵、柴油细滤器、喷油泵、调速器、喷油器及油管等)、空气供给装置(包括空气滤清器、进气管和进气道等)、混合气形成装置(燃烧室)和废气排出装置(包括排气道、排气管和排气消声器等)组成。

图6-1所示是装有柱塞式喷油泵的燃油供给装置示意图。发动机工作时,输油泵经吸油管将柴油自柴油箱内吸出,并将柴油压力提高到0.15~0.30MPa,再经柴油滤清器滤去杂质后送至喷油泵,喷油泵将柴油压力进一步提高至10MPa以上,通过出油阀、高压油管泵入喷油器,喷油器再将柴油以雾状喷入燃烧室并与空气混合后自行着火燃烧。输油泵供给的多余柴油以及喷油器顶部回油孔流出的少量柴油,都经回油管流回柴油箱。

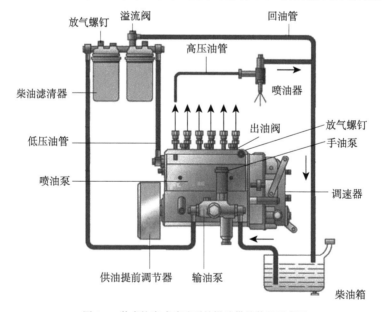

图6-1 装有柱塞式喷油泵的燃油供给装置示意图

图6-2所示为装有转子分配式喷油泵的柴油机燃油供给装置示意图,它是由凸轮驱动的一级输油泵将燃油从燃油箱内吸出后产生一定的压力,通过燃油滤清器滤清后输送到二级输油泵,再由二级输油泵将压力提高到40~50kPa后输送到分配泵,由分配泵将压力进一步提高到50MPa以上,并按发动机工作顺序将高压燃油送到各个汽缸的喷油器喷入燃烧

室,多余的燃油流回燃油箱。

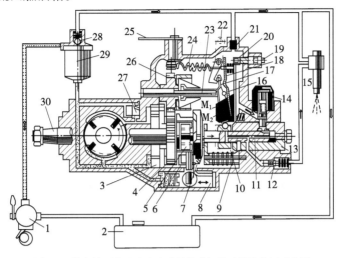

图6-2 装有转子分配式喷油泵的柴油机燃油供给装置示意图

1—一级输油泵;2—燃油箱;3—二级输油泵;4—调速器驱动齿轮;5—联轴器;6—滚轮及滚轮座;7—端面凸轮;8—供油提前调节器;9—分配柱塞复位弹簧;10—油量控制滑套;11—分配柱塞;12—出油阀;13—分配套筒;14—电磁式断油阀;15—喷油器;16—张紧杠杆限位销钉;17—起动杠杆;18—张紧杠杆;19—全负荷供油量调节螺钉;20—校准杆;21—溢油节流孔;22—停机手柄;23—调速套筒;24—调速弹簧;25—调速控制杆;26—飞块总成;27—调压阀;28—溢流阀;29—燃油细滤器;30—分配泵驱动轴

图6-3所示为电子控制泵喷嘴燃油系统。泵喷嘴就是将泵油柱塞和喷油器合成一体,安装在缸盖上。电子控制泵喷嘴压力目前可达200MPa,它的驱动机构必须采用顶置式凸轮驱动机构。电子控制泵喷嘴系统主要由泵喷嘴、驱动摇臂机构、电子控制单元(ECU)、各种传感器等组成。电子控制泵喷嘴系统的最大特点是:燃油压力升高仍然是机械式的,喷油始点和终点由电磁阀控制,即喷油量和喷油时间是由电磁阀控制的。

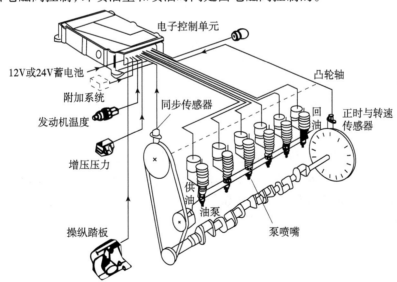

图6-3 电子控制泵喷嘴燃油系统

大容量齿轮式供油泵将燃油从燃油箱吸出,燃油被加压后经高效滤清器滤除杂质后,供入汽缸盖上的主供油管内;主供油管和汽缸盖上的各个喷油器之间由支管连接。溢出燃油通过连接各喷油器的溢油管经调压阀排出到汽缸盖外部。

ECU 直接安装在发动机机体上，它根据安装在飞轮以及凸轮相关部位的两个转速传感器检测到的发动机转速和曲轴转角、加速踏板位置传感器信号及其他的传感器信号进行最佳燃油喷射控制。ECU 打开或关闭泵喷嘴的电磁阀，控制喷油量和喷油时间。

二 柴油

❶ 柴油的使用性能指标

柴油是由石油中提炼出来的碳氢化合物，其中各成分质量分别是碳 87%、氢 12.6%、氧 0.4%。柴油的使用性能指标主要是发火性、蒸发性、黏度和凝点。

❶ 发火性

发火性是指柴油的自燃能力。柴油机工作时，柴油被喷入燃烧室后，并非立即着火燃烧，而要经过一段时间的物理和化学准备，这个准备时间称为备燃期。备燃期过长，在燃烧开始前燃烧室内积存的柴油过多，致使燃烧开始后汽缸内压力升高过快，使柴油机工作粗暴；反之，备燃期短，会使发动机工作柔和，而且可在较低温度下发火，有利于起动。柴油的发火性用十六烷值表示，十六烷值越高，发火性越好。但十六烷值过高的柴油喷入燃烧室后，还来不及与空气充分混合就着火，使柴油在高温下裂解分离出大量的游离碳，造成油耗、烟度上升。因此，一般汽车用柴油的十六烷值应在 40~50。

❷ 蒸发性

蒸发性是指柴油汽化的特性，是通过蒸馏试验来确定的，需要测量馏程为 50%、90% 及 95% 馏出温度。同一相对蒸发量的馏出温度越低，越有利于可燃混合气的形成与燃烧，越有利于起动，但同时也会使柴油机工作粗暴。若燃料中重馏分含量过多，则会造成雾化不良，汽化缓慢，使燃烧不完全而产生严重的积炭现象。

❸ 黏度

黏度决定柴油的流动性。黏度过大的柴油，流动阻力也过大，难以沉淀、滤清，影响喷雾质量；黏度过小的柴油，将增加精密偶件工作表面间的柴油漏失量，并加剧这些表面的磨损，因此应选用黏度合适的柴油。

4 凝点

凝点是表示柴油冷却到开始失去流动性的温度。柴油的凝点应比柴油机最低工作温度低3~5℃以上，凝点过高将造成油路堵塞。

2 柴油的选用

汽车柴油机应选用十六烷值较高、蒸发性较好、凝点和黏度合适、不含水分和机械杂质的柴油。

柴油按其所含重馏分的多少分为重柴油和轻柴油。汽车用柴油机都是高转速的，因此，应采用轻柴油。我国汽车用轻柴油的牌号是根据凝点编定的，常见的柴油牌号和选用原则见表6-1。

常见的柴油牌号和选用原则   表6-1

轻柴油牌号	适用地区温度范围
5 号柴油	适用于风险率为10%的最低气温在8℃以上的地区使用
0 号柴油	适用于风险率为10%的最低气温在4℃以上的地区使用
-10 号柴油	适用于风险率为10%的最低气温在-5℃以上的地区使用
-20 号柴油	适用于风险率为10%的最低气温在-14℃以上的地区使用
-35 号柴油	适用于风险率为10%的最低气温在-29℃以上的地区使用
-50 号柴油	适用于风险率为10%的最低气温在-44℃以上的地区使用

一汽-大众公司建议使用捷达柴油车型的用户，定期使用该公司推荐的燃油添加剂，零件号：N 052 FVW 00，以满足高速柴油机的要求，延长发动机的寿命。

3 环保和安全注意事项

1 环境保护

①柴油是对水有污染的物质，不能将柴油直接排入下水道，作业时只能在防渗的地面上进行。
②进行接触柴油的工作时，必须远离火源。
③有柴油溢出时，必须立即用吸附剂进行处理。
④用专用的容器收集污染过的柴油和柴油滤清器，并妥善保管和回收利用。
⑤沾上柴油的物品，不得作为生活垃圾处理。

2 安全措施

①皮肤、眼睛或衣服应避免接触到柴油。
②衣服或鞋子沾上柴油后，必须立即更换。
③皮肤接触到柴油后，立即用大量肥皂水冲洗。

④柴油溅入眼睛后,应立即用清水冲洗,并立即就医。
⑤误食柴油后,应立即大量饮水,并尽快去医院治疗。

三 柴油机燃烧室

由于柴油机可燃混合气的形成和燃烧主要是在燃烧室内进行的,所以燃烧室的形状对可燃混合气的形成和燃烧有着直接的影响。柴油机燃烧室按结构形式分为两大类:统一式燃烧室和分隔式燃烧室。

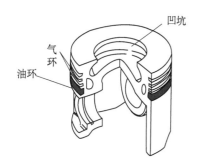

图6-4 统一式燃烧室

1 统一式燃烧室

统一式燃烧室的结构特点是只有一个燃烧室,位于活塞顶面与汽缸盖底面之间,喷油器直接向燃烧室内喷射15~30MPa的高压柴油,借助油束形状与燃烧室形状的合理匹配,以及空气的涡流运动,迅速形成可燃混合气燃烧,故这种燃烧室又称为直喷式燃烧室。

统一式燃烧室主要集中在活塞顶的凹坑内,如图6-4所示,常见的活塞顶的凹坑形状如图6-5所示。统一式燃烧室要求燃油的喷射压力高,一般与孔式喷油器配合使用。

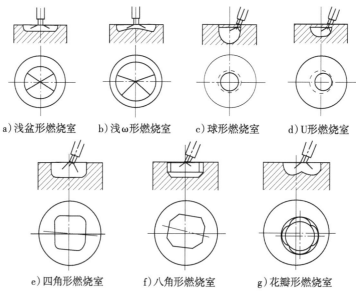

图6-5 统一式燃烧室活塞顶凹坑形状

❷ 分隔式燃烧室

分隔式燃烧室由两部分组成，即主燃烧室和副燃烧室。主燃烧室位于活塞顶与汽缸盖底面之间，副燃烧室位于汽缸盖内。主、副燃烧室之间用一个或几个直径较小的通道相连。燃油则是喷入到副燃烧室内的。分隔式燃烧室常见的结构形式有涡流室式和预燃室式两种。

①涡流室式燃烧室。涡流室式燃烧室（图6-6）的副燃烧室多为球形或锥形。涡流室与主燃烧室用一个或数个通道连通。在压缩行程中，空气从汽缸内被挤入涡流室时，形成强烈的有规则的涡流运动，喷入涡流室内的燃油，在强烈的空气涡流作用下迅速与空气混合形成可燃混合气。着火后大部分柴油在涡流室内燃烧，未来得及燃烧的部分燃油在做功行程初期与高压燃气一起通过切向通道喷入主燃烧室，形成二次涡流，使之进一步与空气混合燃烧。

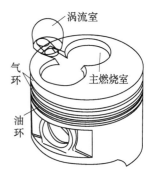

图6-6 涡流室式燃烧室

涡流室式燃烧室的优点是能形成强烈的涡流运动，对柴油喷雾质量要求低，可以采用喷油压力较低的轴针式喷油器。为了保证冷机起动，一般设置电热塞等起动辅助装置。

②预燃室式燃烧室。预燃室式燃烧室（图6-7）的预燃室多是长体结构，连通预燃室与主燃烧室的通道面积较小，且不与预燃室相切。燃料通过喷油器喷入预燃室，预燃室着火后温度、压力迅速上升，利用这部分燃料的燃烧能量将集中于下部通道口附近已预热的燃油高速喷向主燃烧室。预燃室式燃烧室要求的喷射压力比统一式燃烧室低，一般也与轴针式喷油器配合使用，发动机起动时一般需要电热塞先预热。

电热塞结构，如图6-8所示。在起动前先通电预热分隔式燃烧室的副燃烧室，使起动着火容易，起动后断电。在电阻丝表面镀上一层具有一定绝缘性、传热性好、耐高温的氧化镁或氧化铝。电热塞温度为600~900℃，因此能很快地将副燃烧室预热。

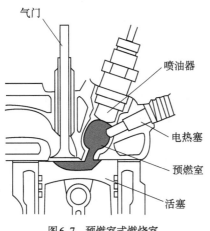

图6-7 预燃室式燃烧室

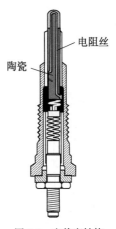

图6-8 电热塞结构

四、柴油机燃料供给系统主要部件的构造

1 输油泵

输油泵的功用是保证低压油路中柴油的正常流动,克服柴油滤清器和管路中的阻力,并以一定的压力向喷油泵输送足够量的柴油,输油量应为全负荷最大耗油量的3~4倍。输油泵的结构形式很多,常见的有活塞式、转子式、滑片式和齿轮式等。活塞式输油泵工作可靠,目前应用广泛。

活塞式输油泵的安装位置如图6-9所示,其结构示意图如图6-10所示。

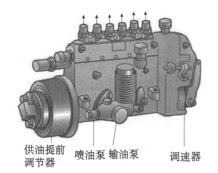

图6-9 活塞式输油泵的安装位置

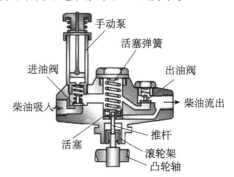

图6-10 活塞式输油泵结构示意图

活塞式输油泵的工作原理如图6-11所示,凸轮轴转动时,轴上的偏心轮及活塞弹簧使活塞做往复运动。如图6-11a)所示,当偏心轮转到最低点时,活塞在活塞弹簧的作用下向下运动,这时,活塞上腔的容积增大,压力降低,产生一定的真空度,出油阀被关闭,进油阀被吸开,柴油便被吸入活塞上腔;同时,活塞下腔容积减小而压力增加,下腔的燃油从通道经出油阀送往柴油细滤器。

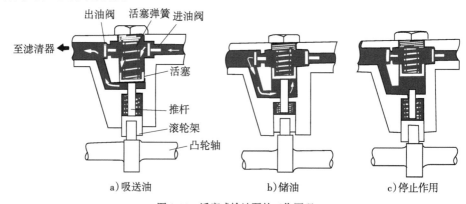

图6-11 活塞式输油泵的工作原理

如图6-11b)所示,当偏心轮由最低点转到最高点时,滚轮、滚轮架通过推杆推动活塞上移,活塞上腔的容积减小,油压升高,进油阀关闭,出油阀打开,燃油被压出并经过通道进入活塞下腔,补充因活塞上移而产生的真空。上述的压油动作连续不断,使柴油在压力下经滤清器,送往喷油泵。

当输油泵的供油量远远大于喷油泵的需要量,或柴油滤清器阻力过大时,输出油路及泵腔下方油压升高,当油压与活塞弹簧弹力平衡时,活塞即停在某一位置而不能回到下止点,使活塞泵油的有效行程减小,从而减少了输油量,并限制了压力的进一步升高,这样就实现了输油量与供油压力的自动调节,如图6-11c)所示。

为了便于起动或排出低压油路中的空气,输油泵外侧装有手油泵,可使用手油泵泵油,使低压油路充满柴油。

❷ 柴油滤清器

柴油滤清器有粗、细之分。柴油粗滤器一般安装在输油泵之前,用来清除柴油中颗粒较大的杂质,滤芯有纸质式、金属缝隙式、片式和网式等。柴油细滤器一般安装在输油泵之后,用来清除柴油中的微小杂质,它的滤芯有毛毡式、金属网式和纸质式等。目前,很多柴油机中设有两级滤清器,也有的只设有单级滤清器。

纸质滤芯柴油滤清器如图6-12所示,来自输油泵的柴油从进油口进入滤清器壳体与纸质滤芯之间的间隙,然后经过滤芯过滤之后,由中心杆经出油口流出。在滤清器盖上设限压阀,当油压超过标准时,限压阀打开,多余的柴油由进油口经限压阀直接返回柴油箱。

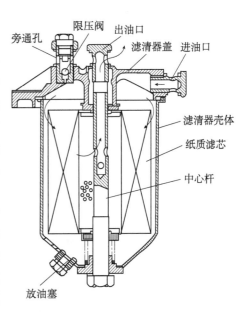

图6-12 纸质滤芯柴油滤清器

❸ 喷油泵

❶ 功用与分类

喷油泵又称为高压油泵,它的功用是根据发动机的不同工况,定时、定量地向喷油器输送高压柴油。喷油泵的结构形式较多,车用柴油机的喷油泵按作用原理不同,可分为如下3类。

①柱塞式喷油泵。这种喷油泵应用的历史较长,性能良好,工作可靠,为目前大多数汽车柴油机所采用。

②转子分配式喷油泵。这种喷油泵只有一对柱塞偶件,依靠转子的转动实现燃油的增压与分配,它具有体积小、质量小、成本低、使用方便等优点。转子分配泵又分为径向压缩式和轴向压缩式两种。径向压缩式分配泵部件配合精度要求高,结构复杂,近年来较少应用。

③泵喷嘴(喷油泵—喷油器)。将喷油泵和喷油器合为一体,直接安装在发动机汽缸盖上,可以消除高压油管带来的不利影响。但要求在发动机上另加驱动机构。在电控柴油供给系统中常采用泵喷嘴。

2 柱塞式喷油泵

柱塞式喷油泵的每个汽缸都需要有一套泵油机构,几个相同的泵油机构装置(分泵)在同一泵体上就构成了多缸发动机的柱塞泵。柱塞泵一般固定在柴油机机体一侧的支架上,由柴油机曲轴通过齿轮驱动,齿轮轴和喷油泵的凸轮轴用联轴器连接,调速器安装在喷油泵的后端。

柱塞式喷油泵的结构如图6-13所示,它是由分泵、油量调节机构、传动机构、供油提前角调节装置和泵体等部分组成。

1 分泵

如图6-13所示,分泵主要是由柱塞偶件(柱塞和柱塞套)、柱塞弹簧、出油阀偶件(出油阀和出油阀座)、出油阀弹簧等组成。柱塞上部的圆柱表面铣有斜槽,斜槽底部与柱塞顶面有孔道相通。柱塞套装入喷油泵体的座孔中,柱塞套上有进油孔,此孔与泵体内

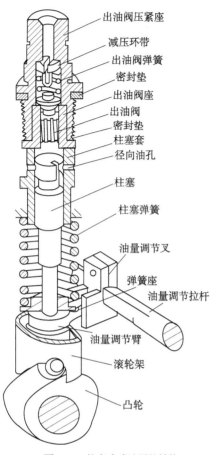

图6-13 柱塞式喷油泵的结构

的低压油腔相通。柱塞弹簧通过上支座支撑于泵体上,弹簧下端通过下支座支撑在柱塞上,装配时有预紧力,依靠弹簧力柱塞压紧在滚轮架的上端面上。柱塞由喷油泵凸轮轴上的凸轮驱动,并在柱塞弹簧的作用下,在柱塞套内做往复运动。此外,它还可以绕自身轴线在一定角度范围内转动。出油阀偶件位于柱塞套的上面,两者接合平面要求密封。

分泵的工作原理,如图6-14所示。当柱塞向下移动时(图6-14a),燃油自低压油腔经柱塞套上的油孔被吸入并充满泵腔,在柱塞自下止点上移的过程中,开始有一部分燃油被从泵腔挤回低压油腔,直到柱塞上部的圆柱面将两个油孔完全封闭为止,此后柱塞继续上升(图6-14b),泵腔内的燃油压力迅速增高,当此压力增高到足以克服出油阀弹簧的作用力时,出油阀即开始上移。当出油阀的圆柱形环带离开出油阀座时,高压燃油便自泵腔通过高压油管流向喷油器。当柱塞继续上移至如图6-14c)所示位置时,斜槽同油孔开

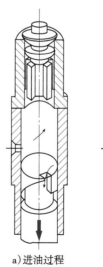
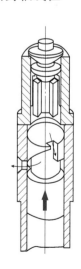

a)进油过程　b)压油过程　c)回油过程

图6-14 分泵的工作原理

始接通,于是泵腔内的油压迅速下降,出油阀在出油阀弹簧的作用下迅速复位,喷油泵停止供油。在柱塞上移的整个行程中,并非全部供油。柱塞由下止点到上止点所经历的行程为柱塞行程,它的大小取决于驱动凸轮的轮廓。而喷油泵只是在柱塞完全封闭油孔之后到柱塞斜槽和进油孔开始接通之前的这一部分柱塞行程内才泵油,称为柱塞的有效行程。显然,喷油泵每次的泵油量取决于柱塞的有效行程的大小。因此,欲使喷油泵能随发动机工况不同而改变供油量,只需改变柱塞有效行程即可,一般是通过改变柱塞斜槽和柱塞套油孔的相对角位置来实现的。

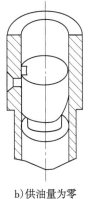

a) 增大供油量　　b) 供油量为零

图 6-15　供油量的调节

如将柱塞按图6-15a)中箭头方向转动一个角度,柱塞有效行程就会增加,供油量也增加;反之供油量则减少。当柱塞转到如图6-15b)所示位置时,柱塞根本不可能封闭油孔,因而有效行程为零,即喷油泵处于不泵油状态。

出油阀的结构与工作原理,如图6-16所示。出油阀的上部呈圆锥形,与出油阀座相应的锥面配合。锥面下有一个短的圆柱面,称为减压环带,其作用是在喷油泵停止供油后迅速降低高压油管中的燃油压力,使喷油器能够立即停止喷油。出油阀的尾部与出油阀座内孔做滑动配合,为出油阀的运动导向,尾部开有纵切槽,形成十字形断面,以构成油流通路。当柱塞上升到封闭柱塞套进油孔时,泵腔内油压升高,克服出油阀弹簧预紧力后,出油阀开始上升,出油阀的密封锥面离开出油阀座,但此时还不能立即供油,直到减压环带完全离开出油阀座的导向孔时,才有燃油进入高压管路,使管路油压升高;当柱塞下落时,出油阀在出油阀弹簧的作用下开始复位,当减压环带一经进入导向孔,泵腔与出油孔便被切断,于是燃油停止进入高压油管;出油阀再继续下降直到与密封锥面贴合时,由于出油阀体本身所让出的容积,使高压油管内的压力迅速降低,喷油就可以立即停止,故可避免喷油器发生滴漏现象。

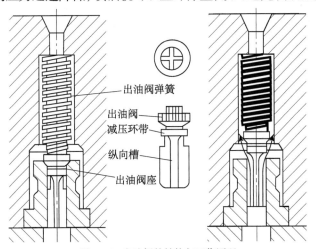

图 6-16　出油阀的结构与工作原理

2 油量调节机构

油量调节机构的作用是根据柴油机负荷和转速的变化相应地改变喷油泵的供油量并保证各缸的供油量一致。由喷油泵的工作原理可知,喷油泵的供油量可通过转动柱塞以改变柱塞的有效行程的办法来改变。油量调节机构一般有拨叉式和齿条齿圈式两种形式。

①拨叉式油量调节机构(图6-17)。在柱塞的下端压套着调节臂,调节臂的端头插入固定在供油拉杆的拨叉的凹槽内。拨叉数与分泵数相同,供油拉杆装在泵体的导向套管中,其轴向位置受驾驶人或调速器控制。移动供油拉杆,柱塞就相对柱塞套转动,从而调节供油量。

②齿条齿圈式油量调节机构(图6-18)。柱塞下端有条状凸块伸入控制套筒的缺口内,控制套筒则套在柱塞套的外面,控制套筒的上部用紧固螺钉紧锁住一个齿圈,齿圈与供油齿条相啮合,供油齿条的轴向位置由驾驶人或调速器控制。移动供油齿条时,齿圈连同控制套筒带动柱塞相对于不动的柱塞套转动,以改变供油量。当需要调整某个缸的供油量时,先松开齿圈的紧固螺钉,然后转动控制套筒,并带动柱塞相对于齿圈转动一个角度(即相对柱塞套),再将齿圈固定。

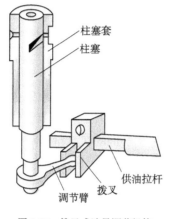

图6-17 拨叉式油量调节机构

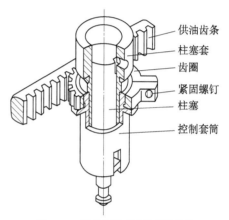

图6-18 齿条齿圈式油量调节机构

3 传动机构

传动机构由喷油泵凸轮轴和滚轮传动部件组成。滚轮传动部件(图6-19)的功用是将凸轮的旋转运动转变为自身的往复直线运动,推动柱塞上行供油。此外,滚轮传动部件还可以用来调整各分泵的供油提前角,为了保证供油提前角的正确性,滚轮传动部件的高度一般都是可调的。

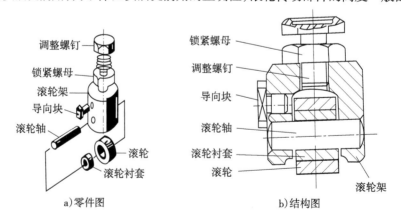

图6-19 滚轮传动部件结构

4 供油提前角调节装置

供油提前角是指喷油泵开始泵油至活塞到达上止点之间的曲轴转角,这个角度应随柴油机转速的变化而变化。多数柴油发动机都根据常用工况确定一个最佳供油提前角,这个最佳供油提前角是通过联轴器的结构来保证的;当柴油机转速发生变化时,再通过供油提前角调节装置来改变发动机曲轴和喷油泵凸轮轴之间的相位角,从而得到最佳供油提前角。

联轴器(图6-20)又称连接器,它用来连接喷油泵凸轮轴与其驱动轴。锁紧螺栓将主动盘固定在驱动轴上,两个连接螺钉穿过主动盘上的弧形孔A将主动盘和中间凸缘盘连接在一起,中间凸缘盘和从动盘上两个矩形凸块B、C分别插入十字胶木盘的矩形切口中,从动盘用键和喷油泵凸轮轴连接,从而将动力传到凸轮轴。若旋松连接螺钉,沿弧形孔A转动主动盘即可调节主动盘和中间凸缘盘之间的角度,从而调节了供油提前角。

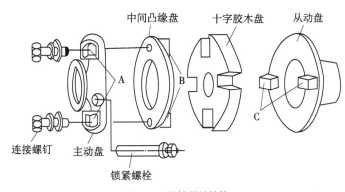

图6-20 联轴器的结构

供油提前角调节装置的功用是在柴油机整个工作转速范围内使喷油泵供油提前角随柴油机转速升高而自动相应提前。供油提前角调节器位于联轴器和喷油泵之间,常见的机械离心式供油提前角调节装置的结构如图6-21所示。

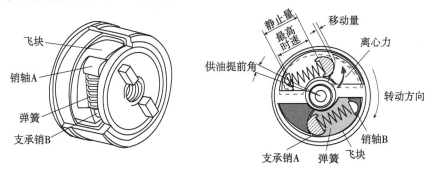

图6-21 机械离心式供油提前角调节装置

飞块一端套在从动盘的支承销B上,并以支承销为转动中心,另一端的曲面与主动盘上的销轴A相接触。当柴油机转速增大时,作用在飞块上的离心力增大,飞块位置发生变化导致主动盘与从动盘,即柴油机曲轴和喷油泵凸轮轴之间的相对角度变大,从而使供油提前角变大。

3 转子分配式喷油泵

1 结构特点

除了直列式柱塞泵以外,在轻型汽车的柴油机上,较多地应用转子分配式喷油泵。这种泵不仅往复泵油,同时又连续旋转配油,并配有适当的调速器对供油时间、油量和供油过程进行控制。下面以 VE 型转子分配泵为例简述其结构与工作特点, VE 型转子分配泵是一种轴向压缩式单柱塞泵,结构如图 6-22 所示,结构示意图如图 6-23 所示。VE 型转子分配泵的左端为传动轴及滑片式输油泵(二级输油泵),中间由传动齿轮、滚轮及滚轮座、平面凸轮等组成,右端有控制套筒、柱塞、电磁阀等。泵的上部为调速器,下部为供油提前角调节器。

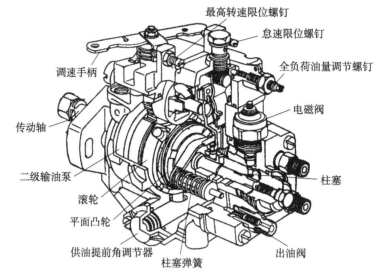

图 6-22　VE 型转子分配泵结构图

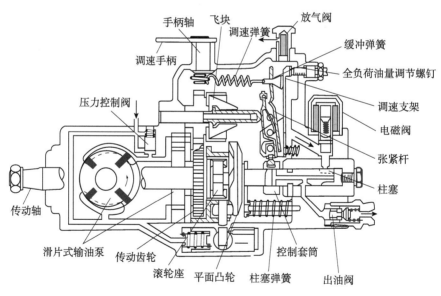

图 6-23　VE 型转子分配泵结构示意图

VE 型转子分配泵由一个泵油元件向多个汽缸供油,柱塞的外形与作用如图 6-24 所示。

2　VE型转子分配泵的工作过程

①进油过程(图 6-25)。滚轮由平面凸轮的凸起部分移到最低位置时,柱塞弹簧由右向

左推移,在柱塞接近终点位置时,柱塞上部的进油槽与柱塞套筒上的进油孔相通,柴油经电磁阀下部的油道流入柱塞右端的压油腔内。

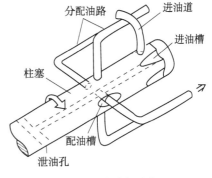

图6-24 柱塞与油路

②压油与配油过程(图6-26)。随着滚轮由平面凸轮的最低处向凸起的部分移动,柱塞在旋转的同时,也自左向右运动。当进油孔关闭后,柱塞即开始压缩压油腔内的燃油使之压力升高,此时柱塞上的配油孔与柱塞套上的出油孔之一相通,高压油即经出油孔和出油阀流向喷油器。

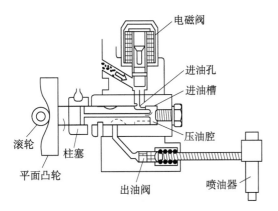

图6-25 进油过程

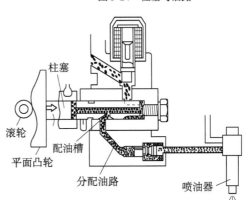

图6-26 压油与配油过程

③供油结束(图6-27)。柱塞在平面凸轮的推动下继续右移,柱塞左端的泄油孔与分配泵内腔相通时,高压油立即经泄油孔流入泵内腔中,柴油压力立即下降,供油停止。从柱塞上的配油槽与出油孔相通起,至泄油孔与分配泵内腔相通止,为有效供油过程。

④压力平衡过程(图6-28)。供油结束后,柱塞继续旋转,当柱塞上的压力平衡槽与分配油路相通时,分配油路中的柴油与分配泵内腔油压相同,这样可以保证各缸供油的均匀性。

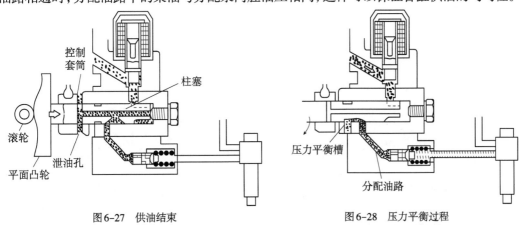

图6-27 供油结束

图6-28 压力平衡过程

3 电磁式停油装置

VE型转子分配泵采用电磁阀控制停油。电磁阀装在柱塞套筒进油孔的上方,如图6-29所示。柴油机起动时,电磁阀的线路接通,从蓄电池来的电流经过电磁线圈,可以上下活动的阀门被电磁线圈吸起，并压缩弹簧，使进油道开启。当需要柴油机停车时，只需切断电源，电磁线圈内磁力消失，阀门在弹簧力的作用下下落，将进油道关闭，进油停止，柴油机即停止工作。

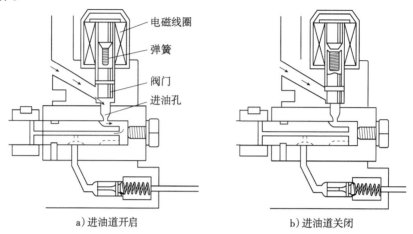

a) 进油道开启　　　　　　　　b) 进油道关闭

图6-29　电磁阀停油装置

4 泵喷嘴

1 结构特点

泵喷嘴的结构和安装位置如图6-30所示，喷射凸轮安装在控制气门打开和关闭的凸轮轴上，其上升段为陡峭的直线(有利于快速提高喷油压力)，而下降段较平缓(有利于在喷油结束以后向高压油腔缓慢进油，避免在燃油中产生气泡)。泵喷嘴电磁阀位于泵喷嘴的中部，由柴油机电子控制系统控制。泵喷嘴电磁阀针阀用于接通和切断高压油腔与低压油道之间的通道。收缩活塞的上部为圆台，实际上是两个阀门，圆台的锥面用来开启和关闭高压油腔与收缩活塞腔之间的通道，而圆台的底面则用来开启和关闭收缩活塞腔与针阀复位弹簧腔之间的通道。

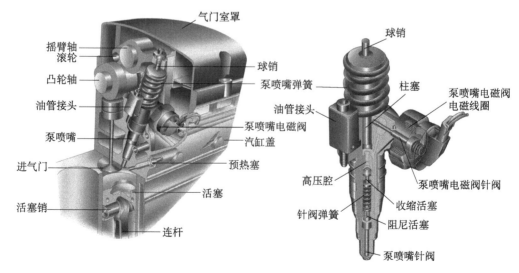

图6-30　泵喷嘴的结构和安装位置

2 泵喷嘴的工作过程

泵喷嘴（图6-31）的喷油过程可分为预喷油和主喷油两个阶段，也可以分为预喷油、预喷油结束、主喷油、主喷油结束以及高压油腔进油5个过程。喷油时间和喷油量由收缩活塞、喷油针阀、针阀复位弹簧、阻尼活塞与泵喷嘴电磁阀共同控制。

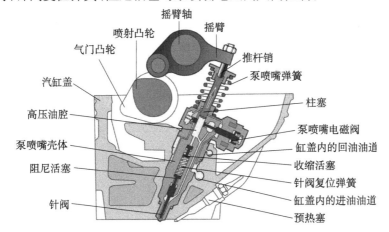

图6-31 泵喷嘴的结构

①预喷油（图6-32）。当凸轮的直线段与摇臂接触时，电子控制系统向泵喷嘴电磁阀供电，使泵喷嘴电磁阀针阀向左移动，切断高压油腔与低压油道之间的通道，与此同时，柱塞在摇臂的作用下，克服泵喷嘴弹簧的弹力而向下运动，使高压油腔中的油压迅速上升。当油压上升到18MPa时，燃油在喷油针阀中部锥面上产生的向上推力大于针阀复位弹簧的弹力，顶起喷油针阀，开始预喷油。

②预喷油结束（图6-33）。预喷油开始后，针阀继续向上运动，当凸轮转过喷油行程的1/3时，针阀的阻尼活塞下端进入阻尼活塞孔内，针阀顶部的燃油就只能通过细小的缝隙流向针阀复位弹簧腔内。这样，在针阀的顶部形成了一个所谓的"液压垫圈"，阻止针阀继续向上运动，使燃油的预喷量受到限制。随着柱塞的继续向下运动，高压油腔里的油压继续上升，当油压达到规定值时，收缩活塞在高压燃油的作用下向下运动后，高压油腔的体积突然增大，燃油压力瞬间下降。此时，针阀中部锥面上的向上推力随之下降，针阀在针阀复位弹簧的作用（由于受收缩活塞的压缩而弹力增大）下复位，预喷油结束。

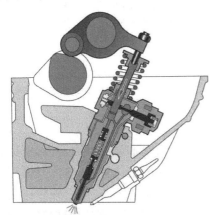

图6-32 预喷油开始

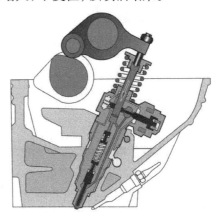

图6-33 预喷油结束

③主喷油(图6-34)。预喷油结束后,柱塞继续向下运动,导致高压油腔内的油压迅速上升。当油压上升到大于预喷油的油压(30MPa)时,针阀上移,主喷油开始。由于高压油腔内燃油油压上升的速度极快,所以高压油腔内的油压继续上升,直到205MPa左右。

④主喷油结束(图6-35)。当电子控制系统停止向泵喷嘴电磁阀供电时,泵喷嘴电磁阀针阀在泵喷嘴电磁阀复位弹簧的作用下向右移动,接通高压油腔与低压油道。这时,高压油腔内的燃油经泵喷嘴电磁阀流向低压油道,高压油腔里的燃油压力下降,针阀在针阀复位弹簧的作用下复位,收缩活塞则在针阀复位弹簧的作用下关闭高压油腔与针阀复位弹簧腔之间的油道,主喷油结束。

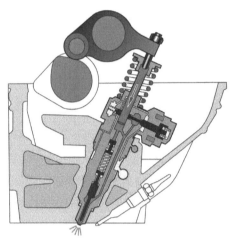

图6-34　主喷油开始　　　　　　　　　图6-35　主喷油结束

⑤高压油腔进油(图6-36)。当凸轮的下降段与摇臂接触时,柱塞在泵喷嘴弹簧的作用下向上运动,高压油腔因体积增大而产生真空。这时,低压油道(与进油管相连接)内的燃油经泵喷嘴电磁阀流向高压油腔,直到充满高压油腔为止,从而为下一次喷油做好准备。

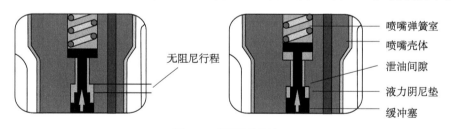

图6-36　高压油腔进油

4 调速器

调速器的作用是根据柴油机负荷的变化,自动地调节喷油泵的供油量,以保证柴油机在各种工况下稳定运转。喷油泵的一个显著特点是在加速踏板位置一定时,其循环供油量会随曲轴转速的变化而变化。当曲轴转速增加时,循环供油量增加,使曲轴转速进一步增加,循环供油量再增加,相互作用的结果将造成转速上升过快而出现超速现象(这种现象被称为"飞车")。这不仅会造成燃烧恶化和排气冒烟,严重时会因运动件的惯性力过大而造成机器损坏。当曲轴转速降低时,循环供油量减少,这样当柴油机在急速工况下工作时,发动机易熄火。为避免飞车和急速熄火现象的发生,车用柴油机一般都装有调速器,它可根据负荷的变化自动调节供油量,以达到稳定急速、限制超速或保证发动机在工作转速范围内的任一选定的转速下稳定工作的目的。

目前,在车用柴油机上应用最广泛的是机械离心式调速器,其结构示意图如图6-37所示,工作原理如图6-38所示。

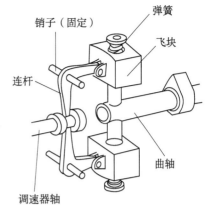

图6-37 调速器结构示意图

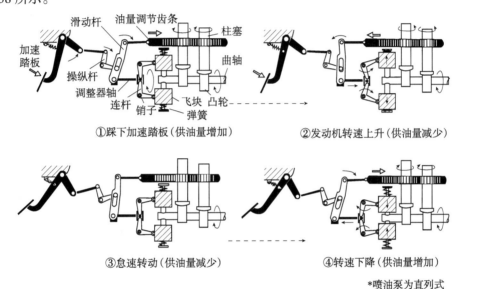

图6-38 调速器工作原理

①踩下加速踏板,滑动杆推动油量调节齿条,使柱塞逆时针转动,供油量增加。

②继续踩下加速踏板,供油量增加使发动机转速上升,离心力使飞块向外张开,通过调速器轴使滑动杆向后运动,带动油量调节齿条向后运动,使柱塞顺时针转动,供油量减少,防止发动机飞车。

③急速转动时喷射量少。

④转速下降时飞块的离心力减少,飞块向内收缩,使供油量增加,防止发动机熄火。

5 喷油器

喷油器的功用有两个:一是使一定数量的燃油得到良好的雾化,促进燃油着火和燃烧;二是使燃油的喷射按燃烧室类型合理分布,使燃油与空气得到迅速而完善的混合,形成均匀的可燃混合气。喷油器常见的形式有两种:孔式喷油器和轴针式喷油器。

1 孔式喷油器

孔式喷油器主要用于统一式燃烧室中,燃油的喷射状况主要由针阀体下部喷孔的大小、方向和数目来控制,并与燃烧室的形状、大小及空气涡流情况相适应。喷孔数目一般为1~8个,喷孔直径为0.2~0.8mm。

孔式喷油器的结构如图6-39所示,主要由针阀、针阀体、顶杆、调压弹簧及喷油器体等零部件组成。针阀中部的锥面位于针阀体的环形油腔内以承受油压,称为承压锥面;针阀下端的锥面与针阀体上相应的内锥面配合,起密封作用,称为密封锥面。调压弹簧通过顶杆,将针阀的密封锥面压紧在针阀体的内锥面上,使喷孔关闭。

柴油机工作时,喷油泵供给的柴油经进油管接头、油道进入针阀体下部的环形油腔内。当油压升高到作用在针阀承压锥面上的轴向力大于调压弹簧的预紧力时,针阀开始向上移动,喷油器喷孔被打开,高压柴油通过喷孔喷入燃烧室,如图6-40a)所示。当喷油泵停止供油时,油压突然下降,针阀在调压弹簧的作用下及时复位,将喷孔关闭,如图6-40b)所示。喷油器的喷油压力与调压弹簧的预紧力有关,预紧力越大,喷油压力越高。调压弹簧的预紧力可通过调压螺钉来调整。喷油器工作时,会有少量柴油从针阀和针阀体的配合表面之间的间隙漏出,这部分柴油对针阀起密封作用,并沿顶杆周围的空隙上升,最后通过回油管螺栓进入回油管,流回柴油箱。

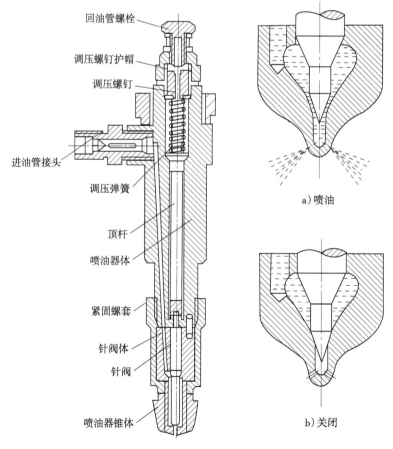

图6-39 孔式喷油器的结构 图6-40 孔式喷油器工作原理

❷ 轴针式喷油器

轴针式喷油器如图6-41所示,与孔式喷油器相比不同之处就是针阀下端的密封锥面以下还延伸出一个倒锥形或圆柱形的轴针,轴针伸出喷孔外,使喷孔成为圆环状的狭缝。这样,喷油时喷雾将呈空心的锥状或柱状。

如图6-42所示,轴针式喷油器与孔式喷油器的工作原理基本相同。轴针式喷油器一般只有一个喷孔(孔径为1~3mm),喷孔与轴针之间有微小的间隙(0.02~0.06mm)。当轴针刚升起时,由于轴针仍在喷孔中,喷出油量较少,直到轴针完全离开喷孔时,喷油量才达到最大;当喷油快结束时,情况正好相反。这样,在备燃期内喷入燃烧室的油量较少,从而使发动机工作比较平稳。圆锥形轴针的喷油器在开始喷油时的喷油量比圆柱形轴针的喷油量更少,同时,不同角度的轴针还可以改变喷雾锥角的大小,以满足与燃烧室相配合的要求。因此,它适用于对喷雾质量要求不高的涡流室式燃烧室和预燃室式燃烧室。

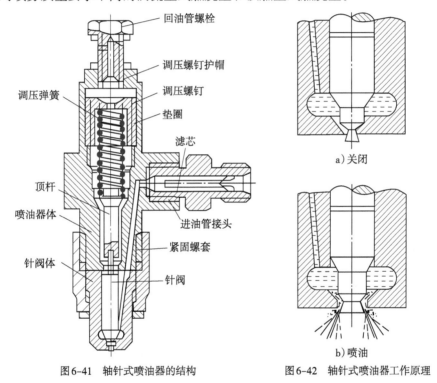

图6-41 轴针式喷油器的结构　　图6-42 轴针式喷油器工作原理

思考与练习

一、填空题

1. 柴油机燃料供给系统一般由＿＿＿＿＿＿＿＿＿＿、＿＿＿＿＿＿＿＿＿＿、＿＿＿＿＿＿＿＿＿＿和＿＿＿＿＿＿＿＿＿＿组成。

2. 电子控制泵喷嘴系统主要由_____、_____、_____和_____等组成。

3. 柴油的使用性能指标主要有_____、_____、_____和_____。

4. 分隔式燃烧室常见的结构形式有_____和_____两种。

5. 柱塞式喷油泵主要由_____、_____、_____、_____和_____等部分组成。

6. 柱塞式喷油泵油量调节机构一般有_____和_____两种形式。

7. 喷油器主要有_____和_____两种结构形式。

二、选择题

1. 柴油机混合气是在( )内完成的。
   A. 进气管　　　　B. 燃烧室　　　　C. 化油器　　　　D. 喷油器

2. 喷油器工作间隙泄漏的极少量柴油经( )流回柴油箱。
   A. 回油管　　　　B. 高压油管　　　C. 低压油管　　　D. 喷油管

3. 柴油的牌号是根据( )编定的。
   A. 发火性　　　　B. 蒸发性　　　　C. 黏度　　　　　D. 凝点

4. 某地最低气温为0℃,这个地区的柴油机应选择柴油的牌号为( )。
   A. 10号柴油　　　B. 5号柴油　　　 C. 0号柴油　　　 D. -10号柴油

5. 常见的喷油泵喷油压力最高的是( )。
   A. 柱塞式喷油泵　B. 转子分配式喷油泵　C. 泵喷嘴

6. 喷油泵的泵油量取决于柱塞的有效行程,而改变有效行程可采用( )。
   A. 改变喷油泵凸轮轴与曲轴的相对角位移
   B. 改变滚轮挺柱体的高度
   C. 改变柱塞斜槽与柱塞套筒油孔的相对角位移
   D. 改变出油阀弹簧弹力

7. 旋进喷油器端部的调压螺钉,喷油器喷油开启压力( )。
   A. 不变　　　　　B. 升高　　　　　C. 降低　　　　　D. 忽高忽低

三、判断题

1. 柴油与空气在进气管中混合并进入汽缸中燃烧。　　　　　　　　　　( )
2. 柴油的发火性用十六烷值表示,车用柴油的十六烷值越高越好。　　　( )
3. 统一式燃烧室要求燃油的喷射压力高,一般与孔式喷油器配合使用。　( )
4. 涡流室式燃烧室的柴油机,在起动时一般用电热塞加热。　　　　　　( )
5. 柴油机输油泵的供油量可以自动调整。　　　　　　　　　　　　　　( )
6. 柴油机输油泵的作用是给喷油器提供高压柴油。　　　　　　　　　　( )
7. 喷油泵中柱塞和柱塞套、出油阀和阀座都是精密偶件。　　　　　　　( )

8. 供油提前角调节装置可保证柴油机转速升高时，供油提前角也随之增大。　　（　　）
9. 调速器的作用是随着柴油机转速的升高，增加供油量。　　（　　）
10. 提高喷油器调压弹簧的预紧度可以减小喷油的开启压力。　　（　　）

四、简答题

1. 柴油机燃料供给系由哪几部分组成？各部分的功用是什么？

2. 如何选择柴油的牌号？

3. 输油泵是怎样工作的？

4. 柱塞式喷油泵是怎样工作的？其供油量是如何调整的？

5. 什么是供油提前角？柱塞式喷油泵用什么方式调整供油提前角？

6. 泵喷嘴的组成和工作原理是什么？

7. 喷油器是怎样工作的？

单元七　冷却系统

Chapter 7

知识目标

1. 掌握冷却系统的作用、组成和工作原理；
2. 掌握冷却液的作用和选用原则；
3. 掌握水泵的结构特点和工作原理；
4. 掌握散热器的作用与工作原理；
5. 掌握膨胀水箱的作用和工作原理；
6. 掌握节温器的作用和工作原理；
7. 掌握电动风扇的作用和工作原理。

建议学时

2学时。

一、冷却系统的功用和组成

发动机冷却系统的功用就是使工作中的发动机得到适度的冷却,从而使发动机在最适宜的温度范围内工作。另外,冷却系统还为暖风系统提供热源。现代汽车多采用封闭式强制循环水冷却系统,即用水泵强制地使冷却液在冷却系统中进行循环流动,使发动机中高温零件的热量先传给冷却液,然后散发到大气中。水冷却系统由水泵、散热器、节温器、冷却风扇、风扇控制机构、水套、膨胀水箱、温度指示器及报警灯等组成。图7-1所示为桑塔纳2000GSi车型AJR发动机冷却系统布置图。

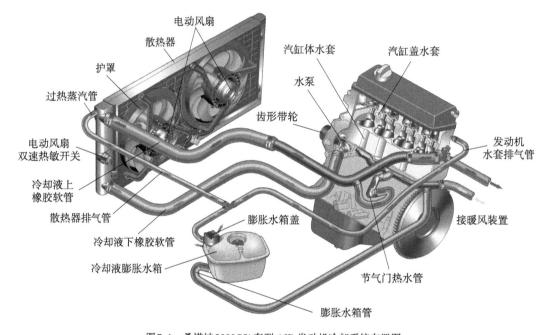

图7-1 桑塔纳2000GSi车型AJR发动机冷却系统布置图

发动机工作时,水泵将冷却液压入发动机汽缸体水套,然后流入汽缸盖水套吸收机体的热量。此后,冷却液分两路循环(图7-2),一路为大循环,即冷却液流经散热器冷却后,进入装在机体水泵进口处的节温器,流向水泵进水口;另一路为小循环,即冷却液直接进入节温器后的水泵进水口,不经散热器冷却。当冷却液的温度低于85℃时,进行小循环;当冷却液高于85℃时,部分冷却液进行大循环;当冷却液温度达到(102±3)℃时,流经散热器的冷却液全都参加大循环,而小循环是常开的,这样可使冷却系统的温度提高到一个较高的水平,改善发动机的热效率,同时可以确保冷却系统始终有冷却液在循环,保持发动机在最佳温度下工作。

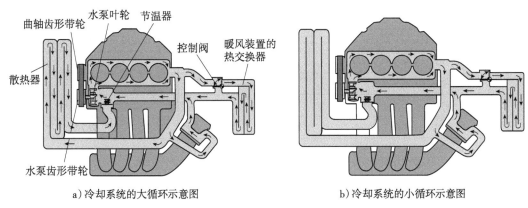

图7-2 冷却系统的循环示意图

为了提高燃油雾化程度,利用冷却液的热量对进入进气歧管内的混合气进行预热,车上的暖风装置利用冷却液带出的热量来达到取暖目的。当需要取暖时,打开暖气控制阀,从汽缸体水套流出的部分冷却液可流入暖风热交换器供暖,随后流回水泵。

冷却液是发动机冷却系统中最重要的工作介质,汽车常用的冷却液有水及加有防冻剂的防冻冷却液。

1 水冷却液

水冷却液是指直接用水作为冷却液,它具有简单、方便的优点。但是,水沸点低、易蒸发,需经常添加。冷却液最好选用软水,即含盐分少的水,如雨水、雪水、自来水等。否则,水易在水套内形成水垢,从而降低汽缸盖和汽缸体的传热性能,使发动机过热。水在严寒冬季易结冰,过夜必须放水,否则会因为结冰时体积膨胀,造成胀裂汽缸体、汽缸盖的严重事故。

2 防冻冷却液

防冻冷却液主要由防冻剂与水按一定比例混合而成,最常用的防冻剂是乙二醇,乙二醇可降低冰点和提高沸点。冷却液中水与乙二醇的比例不同,其冰点也不同(表7-1)。

冷却液的冰点与乙二醇质量分数的关系　　　　表7-1

冷却液冰点(℃)	乙二醇的质量分数(%)	水的质量分数(%)
-10	26.4	73.6
-20	36.2	63.8
-30	45.6	54.4
-40	52.3	47.7
-50	58.0	42.0
-60	63.1	36.9

有些车型使用的防冻冷却液中还加有添加剂，添加剂可防止冷却液腐蚀、沉积(水垢)、形成泡沫和过热的作用。

乙二醇型防冻冷却液有不同的牌号，应按汽车使用说明书的规定要求选用和定期更换防冻冷却液(表7-2)。注意：不同牌号的防冻冷却液不可混用。

常见发动机冷却液更换周期　　　　表7-2

发动机型号	冷却液牌号	容量(L)	更换周期
卡罗拉(1.6L)乘用车发动机	Toyota Super Long Life Coolant(丰田高级长效冷却液)或类似的优质乙二烯乙醇型冷却液	5.6(手动变速器车型)或5.5(自动变速器车型)	第一次行驶16万km，然后每行驶8万km更换一次
科鲁兹(1.6L)乘用车发动机	DEX-COOL	6.5	每行驶24万km或5年
桑塔纳2000GSi乘用车发动机	N052 774 BO 或改进型冷却液 N052 774 CO	6.0	每行驶6万km或2年

注：行驶里程和年数，以先达到者为准。

3 环保和安全注意事项

1 环境保护

①冷却液属于对水有轻微污染的物质，因此不允许将冷却液排入地表水域和下水道，作业时只能在防渗的地面上进行。

②废弃的冷却液必须单独盛装，并妥善保管和回收利用。

③沾上冷却液的物品，不得作为生活垃圾处理。

2 安全措施

①冷却液对人的皮肤有损害，作业时应戴上个人防护装备。

②沾上冷却液的衣服或鞋子，必须立即更换。

③皮肤接触到冷却液，立即用肥皂水彻底冲洗。

④眼睛接触到冷却液，应立即用清水冲洗。

⑤吸入冷却液后,立即大量饮水,并尽快就医。

三 冷却系统主要部件的构造

❶ 水泵

水泵的作用是对冷却液加压,强制冷却液在冷却系统中循环流动。现代汽车通常采用离心式水泵。水泵一般在机体外安装,与风扇同轴驱动,也有装在机体内(内藏式)单独驱动的。

离心式水泵主要由壳体、叶轮、泵盖板、水泵轴、支承轴承、水封等组成,如图7-3a)所示。

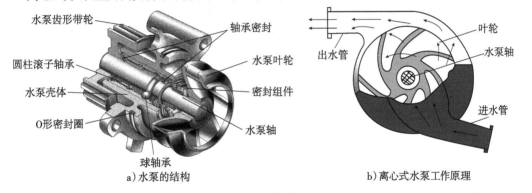

图7-3 水泵

如图7-3b)所示。当叶轮旋转时,水泵中的冷却液被叶轮带动一起旋转,并在离心力作用下向叶轮边缘甩出,经与叶轮呈切线方向的出水管压送到发动机的水套内。与此同时,叶轮中心处造成一定的真空而将冷却液从进水管吸入,如此连续地作用,使冷却液在水路中不断地循环。

❷ 散热器

散热器的功用是使水套中出来的热的冷却液得到迅速冷却,以保持发动机的正常冷却液温度。散热器的主要组成为上储水室、下储水室、散热器芯(包括冷却管和散热带)和散热器盖等,如图7-4所示。

①上储水室和下储水室。上储水室顶部有加水口,

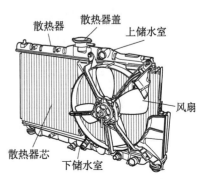

图7-4 散热器的组成

平时用散热器盖盖住，并装有进水软管，与发动机上出水管相连。下储水室有出水管，用软管与水泵进水口相连。一般在下储水室中还装有放水阀。由发动机出水管流出的温度较高的热冷却液进入上储水室，经散热器冷却管散热冷却后流入下储水室，由散热器出水管流出后被吸入水泵。

②散热器芯。散热器芯由许多扁圆形的冷却管和散热片组成。冷却管焊接在上、下储水室之间，作为冷却液的通道。空气吹过管的外表面，从而使管内流动的冷却液得到冷却。冷却管周围布置了很多散热片，用来增加散热面积，同时增加整个散热器的刚度和强度。

③散热器盖。现代汽车发动机多采用封闭式水冷却系统，这种冷却系统的散热器盖装有一个空气阀和一个蒸汽阀，对冷却系统有密封加压作用。发动机处于正常热态时，阀门关闭，可将冷却系统与大气隔开，防止水蒸气逸出，使系统内压力稍高于大气压力，从而可增高冷却液的沸点，保证发动机在较长时间及较高负荷下工作。如图7-5所示，当散热器中压力升高到一定压力时，蒸汽阀便开启，使水蒸气从通气孔排出，以防热膨胀压坏散热器芯管；当冷却液温度降低，冷却系统中蒸汽凝结为水，散热器内形成一定真空时，空气阀开启，空气从通气孔进入冷却系统，避免压力差将散热器芯管压瘪。

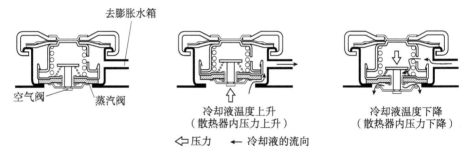

图7-5　具有空气阀—蒸汽阀的散热器盖

3 膨胀水箱

加注防锈、防冻液的汽车发动机常采用膨胀水箱(图7-6)。发动机工作使冷却液温度升高并膨胀，使散热器内压力上升。当压力达到规定值以上时，让一部分冷却液流回膨胀水箱以保持散热器内压力。停车时，冷却液温度降低，散热器内压力下降，膨胀水箱内的冷却液受大气压的作用流回散热器。

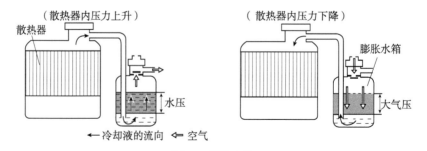

图7-6　膨胀水箱

膨胀水箱多用半透明材料（如塑料）制成，透过箱体可直接观察到冷却液的液面高度，无需打开散热器盖，冷却液的液面高度应在 MAX 与 MIN 之间（图 7-7）。

❹ 节温器

图 7-7 检查冷却液的液面高度

节温器安装在冷却液循环的通路中（一般安装在汽缸盖的出水口处），根据发动机负荷的大小和冷却液温度的高低自动改变冷却液的循环流动路线，以达到调节冷却系统冷却强度的目的。

汽车发动机广泛采用蜡式节温器（图 7-8）。节温器推杆的一端固定于支架的中心处，另一端插入胶管的中心孔中。胶管与节温器外壳之间形成的腔体内装有精制石蜡。常温时，石蜡呈固态，阀门压在阀座上，这时阀门关闭了通往散热器的水路，来自发动机缸盖出水口的冷却液经水泵又流回汽缸体水套中进行小循环。当发动机冷却液温度升高时，石蜡逐渐变成液态，体积随之增大，迫使橡胶管收缩，从而对推杆上端头产生向上的推力。由于推杆上端固定，故推杆对橡胶管、感应体产生向下的反推力，阀门开启。当发动机冷却液温度达到规定温度以上时，阀门全开，来自汽缸盖出水口的冷却液流向散热器，进行大循环。

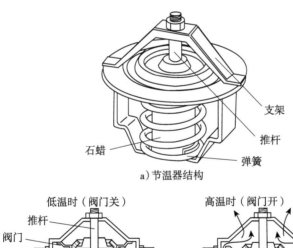

a）节温器结构

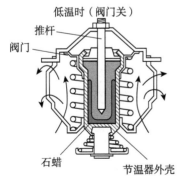

b）小循环

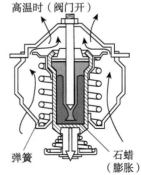

c）大循环

↑ 冷却液的流向

图 7-8 节温器

5 冷却风扇

冷却风扇的功用是提高流经散热器的空气流速和流量,以增强散热器的散热能力并冷却发动机附件。冷却风扇多装在发动机与散热器之间,与水泵同轴驱动。这样,当风扇转动时,对空气产生轴向吸力,空气流从前到后通过散热器芯,从而使散热器芯中的冷却液加速冷却。

风扇的扇风量与风扇的直径、转速、叶片形状、叶片安装角度以及叶片数目有关,目前车用水冷发动机大多数采用轴流式风扇(图7-9)。

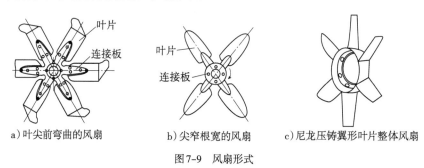

a) 叶尖前弯曲的风扇　　b) 尖窄根宽的风扇　　c) 尼龙压铸翼形叶片整体风扇

图7-9　风扇形式

汽车上大多采用电动冷却风扇(图7-10)。电动冷却风扇系统一般由电动冷却风扇温度传感器(水温开关)、风扇、电动机等组成。根据冷却液温度变化,使风扇断续工作,从而提高了整车的经济性能。另外,电动冷却风扇省去了风扇传动带轮和发电机轴的传动带连接,风扇叶片尺寸和散热器等布置自由度大,具有能耗低、噪声小等优点。

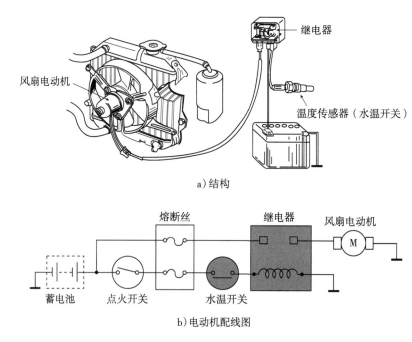

a) 结构

b) 电动机配线图

图7-10　电动风扇的结构

思考与练习

一、填空题

1. 冷却系统主要由_____、_____、_____、_____、_____、_____和_____等组成。
2. 冷却液中添加剂的作用有_____、_____、_____和_____等。
3. 散热器盖上有_____阀和_____阀,以保证冷却系统压力在一定范围内。
4. 水泵主要由_____、_____、_____和_____等组成,冷却系统通常采用_____式水泵。

二、选择题

1. 在发动机上拆除原有的节温器,则发动机工作时冷却液(　　)。
   A. 只进行大循环　　　　　　　　B. 只进行小循环
   C. 大、小循环都存在　　　　　　D. 水道被堵塞
2. 水冷却系统中,冷却液的大小循环路线由(　　)控制。
   A. 风扇　　　B. 水泵　　　C. 节温器　　　D. 膨胀水箱
3. 散热器盖的蒸汽阀弹簧过软,会使(　　)。
   A. 散热器内气压过低　　　　　　B. 散热器芯管容易被压坏
   C. 散热器内气压过高　　　　　　D. 冷却液不易沸腾
4. 关于节温器,下列哪种说法是正确的?(　　)
   A. 任何时候都是打开的　　　　　B. 任何时候都是关闭的
   C. 随温度的升高,打开的程度越来越大　D. 打开以使冷却液流向变速器
5. 下列哪一个不是冷却系统的作用?(　　)
   A. 保持发动机温度尽可能低
   B. 从发动机带走多余的热量
   C. 使温度尽快达到工作范围
   D. 使发动机在最好的工作温度、最高效地工作
6. 水泵一般采用的是(　　)泵。
   A. 容积式　　　B. 离心式　　　C. 偏心式　　　D. 上述所有
7. 当发动机足够热时,汽车节温器(　　)。
   A. 关闭　　　B. 打开　　　C. 堵塞散热器　　　D. 通知散热器关闭
8. 下列哪一个不是散热器的一部分?(　　)
   A. 上储水室　　　B. 下储水室　　　C. 散热芯　　　D. 水泵

9. 当冷却系统使用膨胀水箱时,(　　)。
    A. 从散热器盖溢出的冷却液进入膨胀箱
    B. 当发动机冷却时,冷却液被吸回散热器
    C. 可向膨胀箱添加冷却液
    D. 上述所有

三、判断题

1. 冷却系的功用是对发动机冷却,保证发动机在最适宜的温度下工作。　　(　)
2. 节温度器的功用是控制冷却风扇的工作。　　(　)
3. 散热器的功用是帮助冷却液散热。　　(　)
4. 膨胀水箱的功用是储存冷却液。　　(　)
5. 水泵的功用是对冷却液加压,使冷却液在冷却系内循环流动。　　(　)
6. 风扇传动带松弛会导致发动机过热。　　(　)

四、简答题

1. 冷却系统功用是什么?冷却液是如何循环的?

2. 节温度器有何功用?

3. 膨胀水箱有何功用?

4. 水泵有何功用?

单元八　润滑系统

知识目标

1. 掌握润滑系统的功用、组成和工作原理；
2. 掌握机油的分类方法和选用原则；
3. 掌握常见机油泵的结构特点和工作原理；
4. 掌握机油滤清器的作用与工作原理；
5. 掌握检查机油液面高度的方法。

建议学时

2学时。

一、润滑系统的功用和组成

当发动机工作时，各运动部件都必须用发动机润滑油（也称为机油）来润滑。润滑系统的功用就是将机油输送到发动机各个需要润滑的部位，以达到提高发动机工作可靠性和耐久性的目的。

如图8-1所示，润滑系统主要由机油泵、机油滤清器、集滤器、油道等组成，另外包括机油压力开关、机油指示灯（在仪表板上）、机油冷却器等。

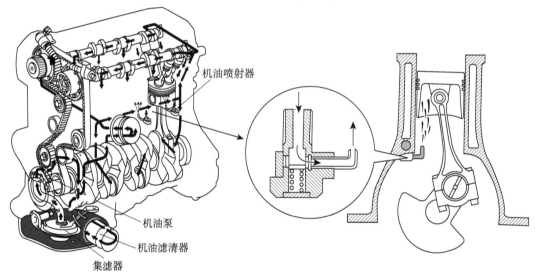

图8-1 润滑系统的组成

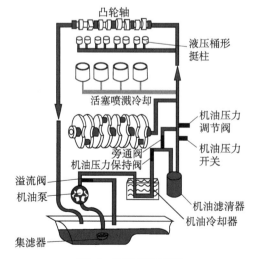

图8-2 润滑系统示意图

图8-2和图8-3所示分别为润滑系统示意图和方框图。机油泵由发动机驱动，将油底壳内的机油经集滤器、机油冷却器、机油滤清器输送到各润滑部位，润滑结束后的机油流回到油底壳中。经过汽缸体、汽缸盖上的油道，输送到曲轴轴颈、连杆轴颈、凸轮轴轴颈的机油，使轴浮在轴承（轴瓦）上旋转。旋转的曲轴曲柄飞溅起来的机油，在汽缸壁等金属表面形成油膜，减小摩擦。

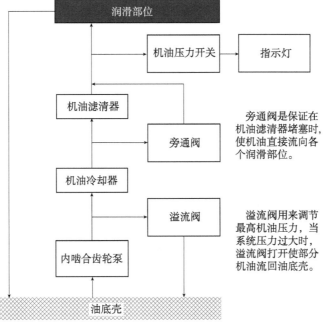

图8-3 润滑系统方框图

1 机油的功用

机油除了最基本的润滑作用外,还具有冷却、清洗、缓冲、密封和防锈等功能。

2 机油的分类

国际上广泛采用SAE(美国汽车工程师协会)黏度等级分类法和API(美国石油协会)使用性能分类法对机油进行分类。

SAE按照不同的黏度等级,将机油分为冬季用机油和非冬季用机油两类。冬季用机油有6种牌号:SAE 0W、SAE 5W、SAE 10W、SAE 15W、SAE 20W和SAE 25W,符号W代表冬季,W前的数字越小,其低温黏度越小,低温流动性越好,适用的最低气温越低;非冬季用机油有4种牌号:SAE 20、SAE 30、SAE 40和SAE 50,数字越大,其黏度越大,适用的最高气温越高。

如果使用上述牌号的单级机油,需要根据季节和气温的变化经常更换机油。目前,普遍使用多级机油,例如 SAE 5W-30 机油,在低温下使用时黏度与 SAE 5W 一样,在高温下使用时黏度又与 SAE 30 相同,因此可以冬夏通用。可根据车辆所在地气温选择适当黏度的机油,如图8-4所示。

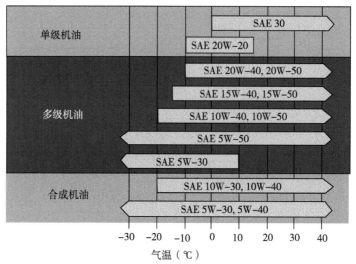

- 号数越大,机油的黏度越高,适用于较高的气温。
- 合成机油可以减小发动机运动部件的摩擦,因此能够节省燃油。

图8-4 根据气温选择机油

API 根据机油的性能及其适合使用的场合,将机油分为 S 系列和 C 系列两类。

S 系列为汽油机机油,共有 SA、SB、SC、SD、SE、SF、SG、SH、SJ、SL、SM、SN 这12种等级,以 SN 等级为最新。S 代表的是汽油发动机机油,后面的英文字母为其等级区别。从 SA 一直到 SN,每递增一个字母,机油的性能都会优于前一种,机油中会有更多用来保护发动机的添加剂。字母顺序越靠后,质量等级越高。

C 系列为柴油机机油,共有 CA、CB、CC、CD、CD-2、CE、CF、CF-2、CF-4、CG-4、CH-4、CI-4、CJ-4 这13种等级。C 所指的则是柴油发动机机油,后面的字母顺序越靠后,所代表的等级越高。

《内燃机油分类》(GB/T 28772-2012)是参考 API、SAE 编制的,淘汰了早期生产的机油,目前我国汽油发动机机油的品种有:SE、SF、SG、SH(GF-1)、SJ(GF-2)、SL(GF-3)、SM(GF-4)和 SN(GF-5),GF 系列与同级别的 API 等级相比,增加了对燃料经济性的要求。柴油发动机机油的品种有:CC、CD、CF、CF-2、CF-4、CG-4、CH-4、CI-4 和 CJ-4。

❸ 机油的更换周期

机油在使用过程中,由于高温氧化及燃烧物混入等原因,将劣化变质,润滑性能下降。因此,机油应适时更换,机油滤清器也应同时更换。

机油更换周期,因车型和行驶环境而不同(表8-1)。如果汽车经常频繁起步、短距离行驶或在多尘地区使用,机油的更换周期应相应缩短。

常见发动机的机油更换周期　　　　　　　表8-1

发动机型号	机油更换周期	
	行驶里程(km)	月数
卡罗拉(1.6L)乘用车发动机	5000	6
科鲁兹(1.6L)乘用车发动机	10000	6
桑塔纳2000GSi乘用车发动机	7500	年行驶里程不到7500km,至少更换一次机油

注：行驶里程和月数，以先达到者为准。

4 环保和安全注意事项

1 环境保护

①机油会对水形成污染，不能直接排放，只能在防渗的地面上进行作业。
②机油是易燃品，存放和作业必须远离火源。
③废弃的机油要单独盛装，并妥善保管和回收利用。
④沾上机油的物品，不得作为生活垃圾处理。

2 安全措施

①机油对皮肤有损害，作业时应着防护手套和防护服。
②沾上机油的衣服或鞋子，必须立即更换。
③皮肤沾上机油，立即用肥皂水清洗。
④眼睛接触到机油，应用清水彻底冲洗，不适时应立即就医。

三 润滑系统主要部件的构造

1 机油泵

机油泵一般安装在汽缸体的下部，由发动机曲轴直接驱动，将机油输送到发动机各运动部件接触面。常见的机油泵有三种结构形式。

❶ 外啮合齿轮式机油泵

如图 8-5 所示，两个互相啮合的齿轮高速旋转，在进油口处，由于两个轮齿逐渐脱离啮合而使进油腔容积增大，腔内产生一定的真空，机油经进油口被吸入进油腔，随后被轮齿带到出油腔。轮齿逐渐进入啮合而使出油腔的容积减小，使机油压力升高，机油经出油口被压入发动机内的润滑油道中。外啮合齿轮式机油泵由于驱动阻力最小，因此工作效率也较高。

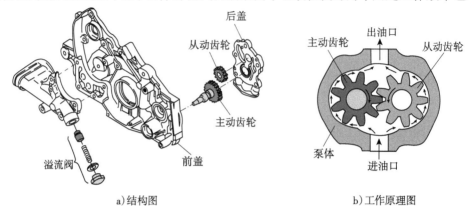

图 8-5　外啮合齿轮式机油泵

❷ 内啮合齿轮式机油泵

如图 8-6 所示，内齿轮套在曲轴前端，为主动齿轮，机油通过月牙形隔板左、右的间隙进行输送。由于这种机油泵内、外齿轮之间有多余空间，因此工作效率较低。凯越(1.6L)发动机的机油泵采用内啮合齿轮式。

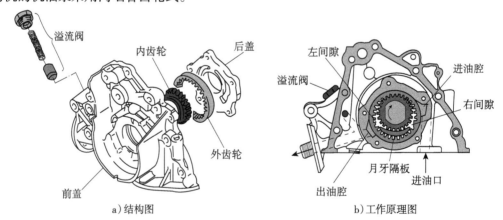

图 8-6　内啮合齿轮式机油泵

❸ 转子式机油泵

如图 8-7 所示，内转子为主动转子，内、外转子之间有一定的偏心距。内转子的凸齿比外转子的凹齿少 1 个，使得两转子之间存在转速差，旋转时两转子之间的工作腔容积不断变化，容积变大时吸油，变小时压油。这种机油泵供油压力高、噪声比较小。卡罗拉车型

（1.6L）发动机和桑塔纳2000GSi车型发动机的机油泵均采用转子式。

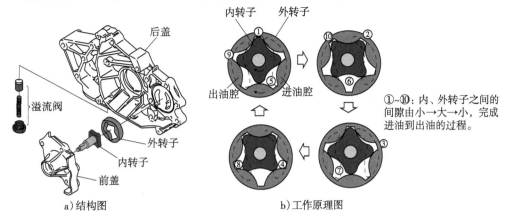

a）结构图　　　　　　b）工作原理图

图8-7　转子式机油泵

溢流阀（也称为安全阀或限压阀）安装在机油泵壳体上，控制润滑系统的最高油压，当油压达到规定值时，溢流阀自动开启使多余的机油流回油底壳。表8-2所示为常见发动机润滑系统的油压。

常见发动机润滑系统的油压　　　　　　　　表8-2

发动机型号	条　件	油压(kPa)
卡罗拉（1.6L）乘用车发动机	急速	25
	转速3000r/min	150~550
科鲁兹（1.6L）乘用车发动机	急速，冷却液温度80℃	130
桑塔纳2000GSi乘用车发动机	转速2000r/min，机油温度80℃	200

❷ 机油集滤器

机油集滤器装在机油泵之前的吸油口端，多采用滤网式，防止粒度大的杂质进入机油泵。汽车发动机使用的集滤器有浮式集滤器和固定式集滤器两种。

❶ 浮式集滤器

浮式集滤器（图8-8）工作时漂浮于机油液面上，以保证机油泵总是吸入最上层较清洁的机油，但液面上的泡沫易被吸入，造成机油压力降低，润滑可靠性差。

当机油泵工作时，机油从罩的边缘被吸入，经过滤网滤除较大的杂质后进入机油泵。滤网堵塞时，滤网上部产生真空，从而克服滤网弹性将滤网吸起，滤网中心处的环口离开罩，机油便不经过滤

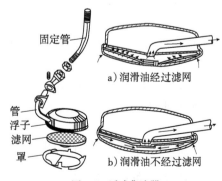

图8-8　浮式集滤器

网而从环口直接被吸入机油泵,保证润滑不致中断。

❷ 固定式集滤器

固定式集滤器(图8-9)装在机油液面下方,吸入的机油清洁度比浮式集滤器稍差,但可防止泡沫吸入,润滑可靠,结构简单,使用广泛。

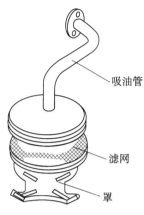

图8-9 固定式集滤器

❸ 机油滤清器

机油滤清器主要作用是滤除机油中的金属粉末、机油氧化物和燃烧物。为了防止滤清器堵塞失效,必须定期进行更换,一般在更换机油的同时更换机油滤清器。

如图8-10所示,当滤清器没有及时更换或其他原因造成滤芯堵塞时,油压升高使旁通阀开启,机油将不通过滤芯直接进入汽缸体油道。

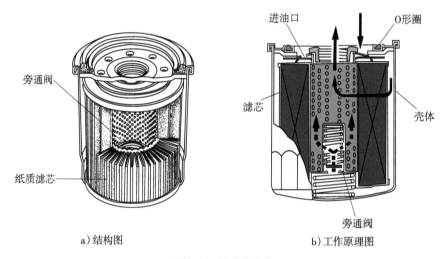

图8-10 机油滤清器

❹ 机油散热器

在高性能、大功率的强化发动机上,由于热负荷大,必须装设机油散热器,以对机油进行强制冷却。机油散热器布置在润滑油路中,有风冷式和水冷式两种形式。

❶ 风冷式机油散热器

风冷式机油散热器(图8-11)一般安装在发动

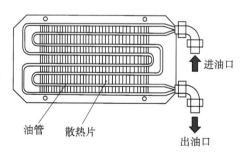

图8-11 风冷式机油散热器

机冷却系统散热器前面,利用冷却风扇的风力使机油冷却。

❷ 水冷式机油散热器

水冷式机油散热器也称为机油冷却器(图8-12)装在发动机冷却液回路中,当机油温度较高时,靠冷却液降温;而起动暖车期间油温较低时,则从冷却液吸热迅速提高机油温度。

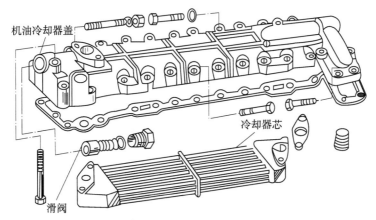

图8-12 水冷式机油散热器

🖐 机油尺

油底壳内保持一定量的机油,这是润滑系统正常工作的前提,因此要经常检查机油的液面高度。机油的液面通过观察拔出的机油尺来检查,如图8-13所示。

将汽车停放在平坦的地面上,起动发动机预热3~5min(冷却液温度达到60℃),停止发动机运转2~3min后拔出机油尺,如果机油处于上限(MAX 或 F 标记)、下限(MIN 或 L 标记)之间(图8-14),说明不缺少机油。

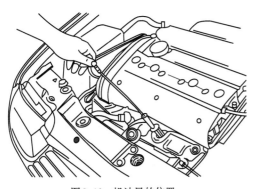

图8-13 机油尺的位置

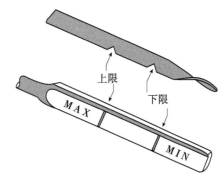

图8-14 检查机油液面高度

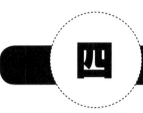
四 曲轴箱强制通风系统

发动机工作时,高压的可燃混合气或废气会窜入曲轴箱内,使机油形成泡沫,破坏机油的供给,也可能导致机油变质、机油泄漏等不良后果。

曲轴箱强制通风就是利用发动机进气管道的真空作用,使窜入曲轴箱内气体被吸入汽缸。曲轴箱强制通风系统,如图8-15所示。发动机工作时,在进气管内真空作用下,窜入曲轴箱内的气体经钢丝网、曲轴箱通气软管和PCV阀被吸入到进气歧管并进入汽缸燃烧。新鲜空气经滤网和空气软管进入到曲轴箱内,形成不断的对流。在曲轴箱通气软管上装有单向阀(PCV阀)是为了防止在发动机低速小负荷时进气管的真空度太大而将机油从曲轴箱内吸出。

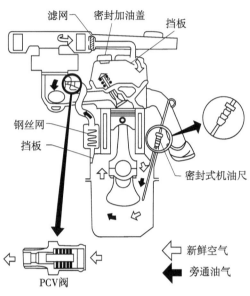

图8-15 曲轴箱强制通风系统

思考与练习

一、填空题

1. 润滑系统主要由_____、_____、_____、_____和_____等组成。
2. 机油除了润滑作用外,还具有_____、_____、_____、_____和_____等功能。
3. 机油的分类,国际上广泛采用_____分类法和_____分类法。
4. 常见的机油泵结构形式有_____、_____和_____。
5. 汽车发动机使用的集滤器有_____集滤器和_____集滤器两种。

二、选择题

1. 通常,润滑系统的滤清器上装有旁通阀,当滤清器堵塞时,旁通阀打开( )。
   A. 使机油不经滤芯,直接流回到油底壳　　B. 使机油流回机油泵
   C. 使机油直接流入主油道
2. 主轴承及连杆轴承间隙量的增加,会导致下列哪一种情况发生?( )
   A. 机油油压升高　　　　　　　　　　B. 机油油压降低
   C. 窜气减少　　　　　　　　　　　　D. 窜气增加
3. 下列哪个装置用来控制润滑系统的最高机油压力?( )
   A. 溢流阀　　　B. 集滤器　　　C. 机油泵　　　D. 油底壳

三、判断题

1. 润滑系的功用主要是以减少零件的摩擦与磨损。( )
2. 溢流阀的主要功用是控制机油压力。( )
3. 旁通阀的主要功用是控制机油压力。( )
4. 集滤器装在机油泵之前,防止粒度较小的杂质进入机油泵。( )
5. 在热负荷较大的发动机上,除利用油底壳对发动机机油散热外,还专门设有机油散热器。( )
6. 主轴承及连杆轴承间隙过大,则机油压力会增高。( )

四、简答题

1. 润滑系的基本组成有哪些?各有何功用?

2. 机油的选择原则是什么?

3. 转子式机油泵是如何工作的?

4. 如何检查机油液面高度？

5. 曲轴箱强制通风系统的组成和作用是什么？

单元九　传动系统

知识目标

1. 掌握传动系统的功用、组成和动力传递路线；
2. 掌握离合器的功用、结构特点和工作原理；
3. 掌握手变速器的功用、结构特点和基本原理；
4. 掌握自动变速器的基本组成及工作原理；
5. 掌握自动变速器各部件的结构及工作原理；
6. 掌握万向传动装置的功用、组成和工作原理；
7. 掌握驱动桥的功用、组成和工作原理。

建议学时

18学时。

一、传动系统概述

传动系统的基本功用是将发动机的转矩传递给驱动车轮，同时还必须适应行驶条件的需要，改变转矩的大小。

普通的机械式传动系统如图9-1所示，发动机发出的动力依次经过离合器、变速器和由万向节与传动轴组成的万向传动装置，以及安装在驱动桥中的主减速器、差速器和半轴，最后传到驱动车轮。现代汽车越来越多地采用自动变速器，其传动系统包括自动变速器、万向传动装置、驱动桥等，即用自动变速器取代了离合器和手动变速器。

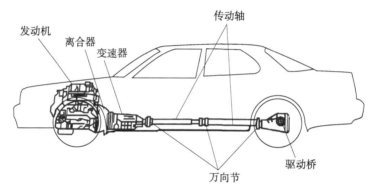

图9-1 普通机械式传动系统构造

二、离合器

1 离合器的功用、结构和工作原理

1 离合器的功用

离合器安装在发动机与变速器之间，其功用是：使发动机与传动系统逐渐接合，保证汽车平稳起步；暂时切断发动机的动力，保证变速器换挡平顺；限制所传递的转矩，防止传动系统过载。

❷ 离合器的基本结构

离合器的基本结构如图9-2所示，离合器由主动部分、从动部分、压紧装置和操纵机构组成。压紧装置（膜片弹簧或螺旋弹簧）将从动盘压紧在飞轮端面上，发动机转矩靠飞轮与从动盘接触面之间的摩擦作用而传递到从动盘上，再经过从动轴等传给变速器。

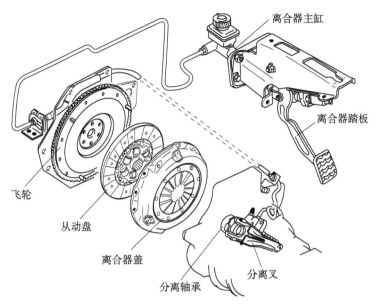

图9-2 离合器的基本结构

❸ 离合器的工作原理

离合器的工作原理如图9-3所示。从动盘通过花键和变速器主动轴相连，可以前后运动。在压紧弹簧作用下，离合器处于接合状态。

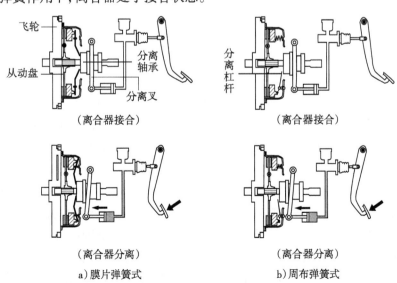

图9-3 离合器工作原理

当驾驶人踩下离合器踏板,分离套筒和分离轴承在分离叉的推动下,推动从动盘克服压紧弹簧的力而后移,使离合器处于分离状态,中断动力传动。

逐渐抬起离合器踏板,压盘在压紧弹簧的作用下前移逐渐压紧从动盘,此时从动盘与压盘、飞轮的接触面之间产生摩擦力矩并逐渐增大,动力由飞轮、压盘传给从动盘经输出轴输出。在这一过程中,从动盘及输出轴转速逐渐提高,直至与主动部分转速相同,主、从动部分完全接合。

在离合器的接合过程中,飞轮、压盘和从动盘之间接合还不紧密时,所能传递的摩擦力矩较小,其主、从动部分未达到同步,处于相对打滑的状态称为半联动状态,这种状态在汽车起步时是必要的。

4 离合器踏板自由行程

由离合器的工作原理可知,当从动盘摩擦片磨损变薄后,为了保证离合器能处于接合状态,传递发动机转矩,则压盘必须向前移动。此时膜片弹簧(或分离杠杆)外端和压盘一起向前移,其内端向后移。如果膜片弹簧(或分离杠杆)与分离轴承之间没有间隙,则由于机械式操纵机构的干涉作用,压盘最终无法前移,即导致离合器不能接合,出现打滑现象。为此,在离合器膜片弹簧(或分离杠杆)内端与分离轴承之间预留一定的间隙,这个间隙称为离合器自由间隙,如图9-4所示。

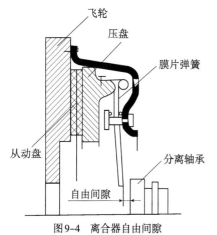

图9-4 离合器自由间隙

离合器分离过程中,为消除离合器自由间隙和操纵机构零件的弹性变形所需要踩下的离合器踏板行程称为离合器踏板自由行程。

❷ 离合器主要部件的构造

❶ 膜片弹簧式离合器

膜片弹簧式离合器的结构,如图9-5和图9-6所示。膜片弹簧式离合器以膜片弹簧取代周布弹簧离合器中的螺旋弹簧及分离杠杆,构造简单,并可免除调整分离杠杆高度的麻烦,且膜片弹簧弹力特性优于螺旋弹簧,操作省力,故为目前使用最广的离合器。

离合器盖通过螺栓固定在飞轮上,为了保持正确的安装位置,离合器盖通过定位销进行定位。压盘与离合器盖之间通过周向均布的3组或4组传动片来传递转矩。传动片用弹簧钢片制成,每组两片,一端用铆钉铆在离合器盖上,另一端用螺钉连接在压盘上。

从动盘主要由从动盘本体、摩擦片和从动盘毂等组成,如图9-7和图9-8所示。为消除传动系统的扭转振动,从动盘一般都带有扭转减振器。膜片弹簧的径向开有若干切槽,形成弹性杠杆。切槽末端有圆孔,固定铆钉穿过圆孔,并固定在离合器盖上。膜片弹簧两侧装有钢丝支承环,这两个钢丝支承环是膜片弹簧工作时的支点。膜片弹簧的外缘通过分离钩与压盘联系起来。

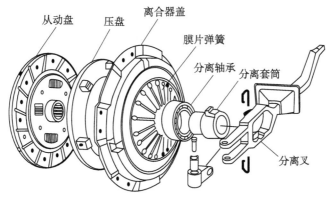

图9-5 膜片弹簧式离合器构造(1)

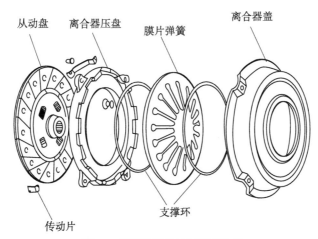

图9-6 膜片弹簧式离合器构造(2)

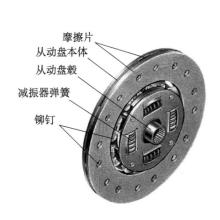

图9-7 从动盘的结构

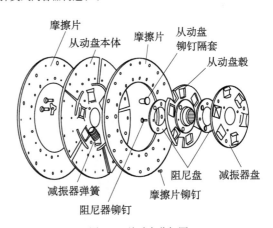

图9-8 从动盘分解图

❷ 离合器的操纵机构

离合器的操纵机构起始于离合器踏板,终止于分离杠杆(或膜片弹簧),可分为机械式和液压式。

1 机械式操纵机构

机械式操纵机构有杠杆传动和钢索传动2种。钢索传动操纵机构，如图9-9所示。由于钢索是挠性件，因此对其他装置的布置没有大的影响，安装方便，成本低，维护容易，使用较多。

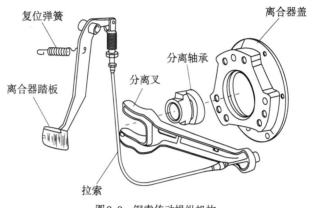

图9-9 钢索传动操纵机构

2 液压式操纵机构

液压式操纵机构如图9-10所示，由离合器踏板、离合器主缸、离合器工作缸、分离叉和油管等组成。

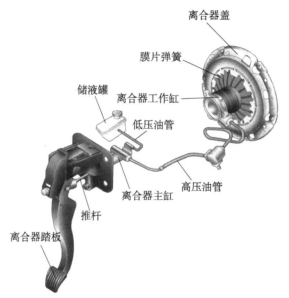

图9-10 离合器液压操纵机构

❶ 离合器主缸

离合器主缸结构，如图9-11所示。主缸壳体上的回油孔、补偿孔通过进油软管与储液罐相通。主缸内装有活塞，活塞两端装有皮碗，左端中部装有止回阀，经小孔与活塞右方主缸内腔的油室相通。当离合器踏板处于完全放松位置时，活塞左端皮碗位于回油孔与补偿孔之间，两孔均与储液罐相通。

❷ 离合器工作缸

离合器工作缸结构,如图9-12所示。工作缸内装有活塞、皮碗、推杆等,壳体上还设有放气螺钉。当管路内有空气存在而导致离合器不能分离时,需要拧出放气螺钉进行放气。工作缸活塞直径略大于主缸活塞直径,故液压系统具有增力作用,以使操纵轻便。

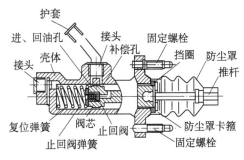

图9-11 离合器主缸结构

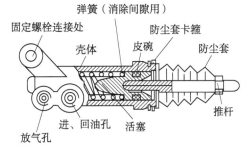

图9-12 离合器工作缸结构

❸ 工作情况

①分离过程。当离合器踏板踩下时,离合器主缸推杆推动主缸活塞,离合器主缸产生油压,压力油经油管使工作缸的活塞推出,经推杆推动分离叉,推移分离轴承等使离合器分离。

②接合过程。离合器踏板放松时,离合器踏板复位弹簧将离合器踏板拉回,离合器主缸油压消失,各机件复原,离合器接合。

③补偿过程。当管路系统渗入空气时,可利用补偿孔来排除渗入的空气。补偿过程如下:当踩下离合器踏板难以使离合器分离时,可迅速放松踏板,在离合器踏板复位弹簧的作用下,主缸活塞快速右移。储液罐中的油液从补偿孔经主缸活塞上的单向阀流入活塞左面。再迅速踩下踏板,工作缸活塞前移,以弥补因从动盘磨损或系统渗入少量空气后引起的在相同离合器踏板位置工作缸活塞移动量的不足,从而保证离合器的正常工作。

三 手动变速器

❶ 变速器分类、功用和齿轮传动的基本原理

❶ 变速器的分类

变速器按传动比级数的不同,可分为有级式、无级式和综合式3种;按操纵方式的不同,可分为手动变速器、自动变速器和手动自动一体变速器3种。

2 变速器的功用

①实现变速、变矩。改变传动比,扩大驱动车轮转速和转矩的变化范围,以适应汽车不同工况下所需的牵引力和合适的行驶速度,并使发动机尽量在最佳的工况下工作。变速器通过不同的挡位来实现这一功用。

②实现倒车。发动机的旋转方向从前往后看为顺时针方向,且是不能改变的,为了实现汽车的倒向行驶,变速器中设置了倒挡。

③中断动力传动。在发动机起动和怠速运转、变速器换挡、汽车滑行和暂时停车等情况下,都需要中断发动机的动力传动,因此变速器中设有空挡。

3 齿轮传动的基本原理

齿轮传动的基本原理如图9-13所示,一对齿数不同的齿轮啮合传动时可以实现变速,而且两齿轮的转速比与其齿数成反比。主动齿轮(即输入轴)转速与从动齿轮(即输出轴)转速之比值称为传动比。

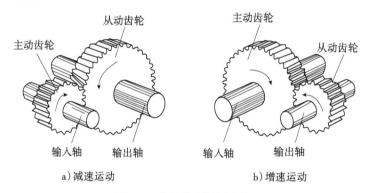

a)减速运动　　　　　　　　b)增速运动

图9-13　齿轮传动的基本原理

当小齿轮为主动齿轮,带动大齿轮转动时,输出转速降低,为减速传动,此时传动比大于1;当大齿轮驱动小齿轮时,输出转速升高,为增速传动,此时传动比小于1。

2 变速器的结构和工作原理

变速器包括变速传动机构和操纵机构两大部分。

1 变速器的变速传动机构

二轴式变速器用于发动机前置前轮驱动的汽车,一般与驱动桥(前桥)合称为手动变速驱动桥。前置发动机有纵向布置和横向布置两种形式,与其配套的二轴式变速器也有两种不同的结构形式。发动机纵置时,主减速器为一对圆锥齿轮;发动机横置时,主减速器采用一对圆柱齿轮。

图9-14和图9-15所示分别为桑塔纳2000车型二轴式5挡手动变速器变速传动机构的结构图和示意图。

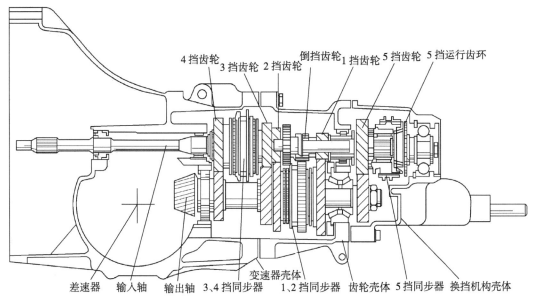

图9-14 桑塔纳2000车型二轴式5挡手动变速器变速传动机构的结构图

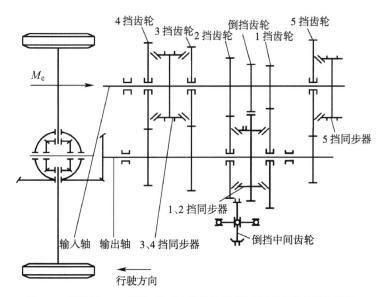

图9-15 桑塔纳2000车型二轴式5挡手动变速器变速传动机构的示意图

该变速器的变速传动机构有输入轴和输出轴,两轴平行布置,输入轴同时是离合器的从动轴,输出轴是主减速器的主动锥齿轮轴。该变速器具有5个前进挡(1~3挡为降速挡,4挡为直接挡,5挡为超速挡)和1个倒挡,全部采用锁环式惯性同步器换挡。

桑塔纳2000车型变速器各挡动力传动路线,见表9-1。

桑塔纳2000车型变速器各挡动力传动路线　　　　表9-1

挡位	动力传递路线
1挡	变速器换挡杆从空挡向左、向前移动,实现: 动力→输入轴→输入轴1挡齿轮→输出轴1挡齿轮→输出轴上1、2挡同步器→输出轴→动力输出

续上表

挡位	动力传递路线
2挡	变速器换挡杆从空挡向左、向后移动,实现: 动力→输入轴→输入轴2挡齿轮→输出轴2挡齿轮→输出轴上1、2挡同步器→输出轴→动力输出
3挡	变速器换挡杆从空挡向前移动,实现: 动力→输入轴→输入轴3、4挡同步器→输入轴3挡齿轮→输出轴3挡齿轮→输出轴→动力输出
4挡	变速器换挡杆从空挡向后移动,实现: 动力→输入轴→输入轴3、4挡同步器→输入轴4挡齿轮→输出轴4挡齿轮→输出轴→动力输出
5挡	变速器换挡杆从空挡向右、向前移动,实现: 动力→输入轴→输入轴5挡同步器→输入轴5挡齿轮→输出轴5挡齿轮→输出轴→动力输出
倒挡	变速器换挡杆从空挡向右、向后移动,实现: 动力→输入轴→输出轴倒挡齿轮→倒挡轴倒挡齿轮→输出轴倒挡齿轮→输出轴→动力反向输出

❷ 同步器

同步器的功用是使接合套与待啮合的齿圈迅速同步,缩短换挡时间,防止在同步前啮合而产生换挡冲击。

目前所采用的同步器几乎都是摩擦式惯性同步器,按锁止装置的不同,可分为锁环式惯性同步器和锁销式惯性同步器。

锁环式同步器的结构如图9-16所示,花键毂用内花键套装在二轴外花键上,用垫圈、卡环轴向定位。3个滑块分别装在花键毂上3个均布的轴向槽内,沿槽可以轴向移动。花键毂两端与齿轮之间各有一个青铜制成的锁环(即同步环)。锁环有内锥面,与接合齿圈外锥面相配合,组成锥面摩擦副。通过这对锥面摩擦副的摩擦,可使转速不等的两齿轮在接合之前迅速达到同步。锁环上的花键齿在对着接合套的一端制有倒角(称为锁止角),且与接合套齿端的倒角相同。同步器在结构设计上保证:只有当锁环与接合套转速达到同步时,两者方可进行啮合(即换挡)。

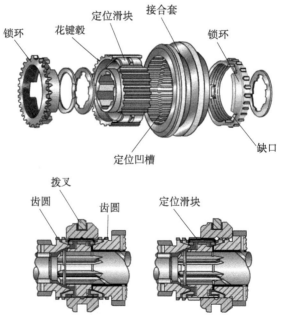

图9-16 锁环式惯性同步器

③ 变速器的操纵机构

变速器操纵机构按照变速操纵杆（换挡杆）位置的不同，可分为直接操纵式和远距离操纵式两种类型。

直接操纵式的变速器布置在驾驶人座椅附近，换挡杆由驾驶室底板伸出，驾驶人可以直接操纵，多用于发动机前置后轮驱动的车辆。

在有些汽车上，由于变速器离驾驶人座位较远，则需要在换挡杆与拨叉之间加装一些辅助杠杆或一套传动机构，构成远距离操纵机构。这种操纵机构多用于发动机前置前轮驱动的车型，由于其变速器安装在前驱动桥处，远离驾驶人座椅，需要采用这种操纵方式（图9-17）。

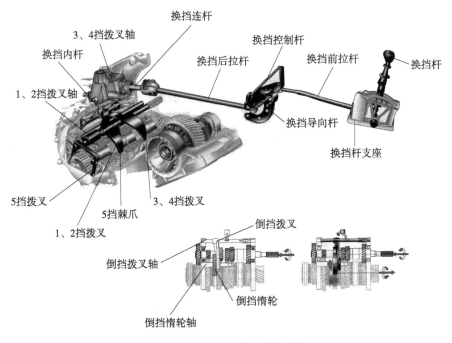

图9-17 手动变速器换挡操纵系统

为了保证变速器在任何情况下都能准确、安全、可靠地工作，变速器操纵机构一般都具有换挡锁装置，包括自锁装置、互锁装置和倒挡锁装置。自锁装置用于防止变速器自动脱挡或换挡，并保证轮齿以全齿宽啮合；互锁装置用于防止同时换上两个挡位；倒挡锁装置用于防止误换倒挡。

自锁装置的结构原理，如图9-18所示。换挡拨叉轴上方有3个凹坑，上面有被弹簧压紧的钢球，当拨叉轴位置处于空挡或某一挡位置时，钢球压在凹坑中内，起到了自锁作用。

互锁装置的结构原理，如图9-19所示。当某一个拨叉轴移动换挡时，另外两个拨叉轴被钢球锁住，防止同时换上两个挡而使变速器卡死或损坏，起到了互锁作用。

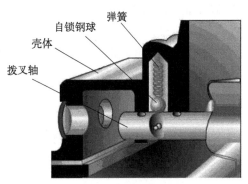

图9-18 自锁装置

倒挡锁装置的结构原理，如图9-20所示。当换挡杆下端向倒挡拨叉轴移动时，必须压缩弹簧才能进入倒挡拨叉轴上的拨块槽中。这样防止了在汽车前进时因误换倒挡而导致零件损坏，起到了倒挡锁的作用。当倒挡拨叉轴移动换挡时，另外两个拨叉轴被钢球锁住。

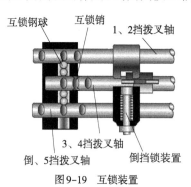

图9-19　互锁装置

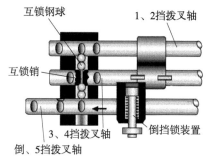

图9-20　倒挡锁装置

四　自动变速器

❶ 概述

所谓自动变速器是指汽车行驶中离合器的操纵和变速器的操纵都实现了自动化，简称AT（Automatic Transmission）。目前，自动变速器的自动换挡等过程都是由自动变速器的电子控制单元（英文缩写为ECU，俗称电脑）控制的，因此自动变速器又可简称为EAT、ECAT、ECT等。

❶ 自动变速器的分类

自动变速器按结构、控制方式的不同，可以分为电控液力自动变速器、无级自动变速器（Continuously Variable Transmission, CVT）和机械式自动变速器（Automated Mechanical Transmission, AMT）。

按车辆驱动方式的不同，可以分为自动变速器（Automatic Transmission）和自动变速驱动桥（Automatic Transaxle）。

按照自动变速器换挡杆置于前进挡时的挡位数的不同，可以分为4挡、5挡、6挡等。

❷ 自动变速器换挡杆的使用

自动变速器的换挡杆通常有六或七个位置，如图9-21所示。其功能如下：

P位：驻车挡。换挡杆置于此位置时，驻车锁止机构将自动变速器输出轴锁止。

R位：倒挡。换挡杆置于此位置时，液压系统倒挡油路被接通，驱动轮反转，实现倒向行驶。

N位：空挡。换挡杆置于此位置时，所有齿轮变速机构中的齿轮空转，不能输出动力。

D_4（或D）位：前进挡。换挡杆置于此位置时，液压系统控制装置根据节气门开度信号和车速信号自动接通相应的前进挡油路，齿轮变速机构在换挡执行元件的控制下得到相应的传动比。随着行驶条件的变化，在前进挡中自动升降挡，实现自动变速功能。

D_3（或3）位：高速发动机制动挡。换挡杆位于该位置时，液压制动系统只能接通前进挡中的1、2、3挡油路，自动变速器只能在这三个挡位间自动换挡，无法升入4挡位，从而使汽车获得发动机制动效果。

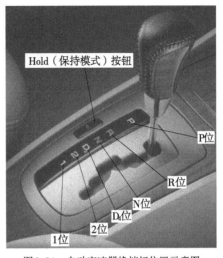

图9-21　自动变速器换挡杆位置示意图

2（或S）位：中速发动机制动挡。换挡杆置于此位置时，液压控制系统只能接通前进挡中的1、2挡油路，自动变速器只能在这两个挡位间自动换挡，无法升入更高的挡位，从而使汽车获得发动机制动效果。

1位（或L位）：低速发动机制动挡。换挡杆置于此位置时，汽车被锁定在前进挡的1挡，只能在该挡位行驶而无法升入高挡，发动机制动效果更强。

发动机只有在换挡杆置于N或P位时才能起动，此功能靠空挡起动开关来实现。

常见的选换杆的位置可布置在转向柱上或驾驶室地板上，如图9-22所示。

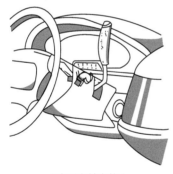
a）布置在转向柱上

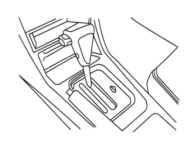
b）布置在驾驶室地板上

图9-22　换挡杆的位置

❷ 自动变速器的基本组成及工作原理

❶ 基本组成

自动变速器主要由液力变矩器、齿轮变速机构、换挡执行元件、液压控制系统和电子控制系统等组成，如图9-23所示。

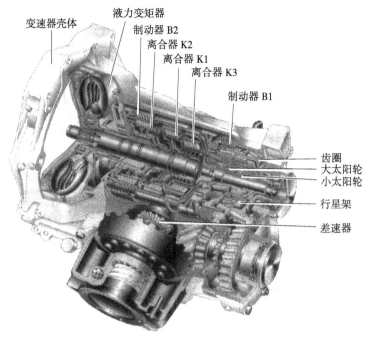

图 9-23 自动变速器的结构

❶ 液力变矩器

液力变矩器位于自动变速器的最前端,安装在发动机的飞轮上,它是一个通过自动变速器油(ATF)传递动力的装置,可以实现动力的柔和传递。

液力变矩器的主要作用是利用 ATF 循环流动将发动机的动力传递给自动变速器齿轮变速机构的输入轴,并能根据汽车行驶阻力的变化,在一定范围内自动改变传动比,具有一定的减速增矩功能。液力变矩器还具有自动离合器的功用,在发动机不熄火、自动变速器位于动力挡(D 或 R 位)的情况下,汽车可以处于停车状态。

❷ 齿轮变速机构

齿轮变速机构可形成不同的传动比,组合成电控液力自动变速器不同的挡位。目前,绝大多数电控液力自动变速器采用行星齿轮变速机构进行变速,有的乘用车采用平行轴齿轮变速机构(如本田车系)进行变速。

❸ 换挡执行元件

电控液力自动变速器换挡执行元件主要包括离合器、制动器和单向离合器。

❹ 液压控制系统

液压控制系统是由油泵、各种控制阀及与之相连通的液压换挡执行元件,如离合器油缸、制动器油缸等组成液压控制回路。汽车行驶中根据驾驶人的要求和行驶条件的需要,控制离合器和制动器工作状况的改变来实现齿轮变速机构的自动换挡。

❺ 电子控制系统

电子控制系统主要包括各类传感器及开关、电子控制单元、执行器等。电子控制系统中的传感器及各种控制开关将发动机工况、车速等信号传递给 ECU,经 ECU 处理后发出控制指令给执行器,执行器和液压系统按一定规律控制换挡执行元件工作,实现自动变速器自动换挡。

❷ 基本原理

图9-24所示为电控液力自动变速器的组成和原理图。电控液力自动变速器是通过各种传感器,将发动机的转速、节气门开度、车速、发动机冷却液温度、ATF温度等参数信号输入ECU,ECU根据这些信号,按照设定的换挡规律,向换挡电磁阀、油压电磁阀等发出动作控制信号,换挡电磁阀和油压电磁阀再将ECU的动作控制信号转变为液压控制信号,阀板中的各控制阀根据这些液压控制信号,控制换挡执行元件的动作,从而实现自动换挡过程。

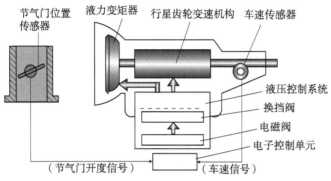

图9-24 电控液力自动变速器的组成和原理图

❸ 自动变速器各部件的结构及工作原理

❶ 液力变矩器

❶ 液力变矩器的功用

液力变矩器位于发动机和自动变速器齿轮变速机构之间,以ATF为工作介质,主要完成以下功用:

①传递转矩。发动机的转矩通过液力变矩器的主动元件,再通过ATF传给液力变矩器的从动元件,最后传给自动变速器齿轮变速机构。

②无级变速。根据工况的不同,液力变矩器可以在一定范围内实现转速和转矩的无级变化。

③自动离合。液力变矩器由于采用ATF传递动力,当踩下制动踏板时,发动机也不会熄火,此时相当于离合器分离;当抬起制动踏板时,汽车可以起步,此时相当于离合器接合。

④驱动油泵。ATF在工作的时候需要油泵提供一定的压力,而油泵一般是由液力变矩器壳体驱动的。

同时由于采用ATF传递动力,液力变矩器的动力传递柔和,且能防止传动系统过载。

❷ 液力变矩器的结构和工作原理

❶ 液力变矩器的结构

如图9-25所示,液力变矩器通常由泵轮、涡轮和导轮3个元件组成,称为三元件液力变矩器。也有的采用两个导轮,则称为四元件液力变矩器。

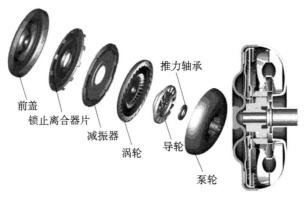

图 9-25 液力变矩器的组成

液力变矩器总成封在一个钢制壳体(液力变矩器壳体)中,内部充满 ATF。液力变矩器壳体通过螺栓与发动机曲轴后端的飞轮连接,与发动机曲轴一起旋转。泵轮位于液力变矩器的后部,与液力变矩器壳体连在一起。涡轮位于泵轮前,通过带花键的从动轴向后面的自动变速器齿轮变速机构输出动力。泵轮、涡轮和导轮上都带有叶片。导轮位于泵轮与涡轮之间,通过单向离合器支承在固定套管上,使得导轮只能单向旋转(顺时针旋转)。液力变矩器装配好后形成环形内腔,其间充满 ATF。

❷ 液力变矩器的工作原理

液力变矩器的工作原理可以通过一对风扇的工作来描述。如图 9-26 所示,将风扇 A 通电,将气流吹动起来,并使未通电的电扇 B 也转动起来,此时动力由电扇 A 传递到电扇 B。为了实现转矩的放大,在两台电扇的背面加上一条空气通道,使穿过风扇 B 的气流通过空气通道的导向,从电扇 A 的背面流回,这会加强电扇 A 吹动的气流,使吹向电扇 B 的转矩增加。即电扇 A 相当于泵轮,电扇 B 相当于涡轮,空气通道相当于导轮,空气相当于 ATF。

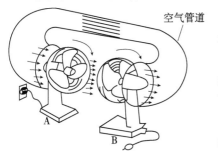

图 9-26 液力变矩器的工作模型

液力变矩器工作时,发动机带动壳体旋转,壳体带动泵轮旋转,泵轮的叶片将 ATF 带动起来,并冲击到涡轮的叶片;如果作用在涡轮叶片上冲击力大于作用在涡轮上阻力,涡轮将开始转动,并使自动变速器齿轮变速机构的输入轴一起转动。由涡轮叶片流出的 ATF 经过导轮后再流回到泵轮,形成如图 9-27 所示的循环流动。

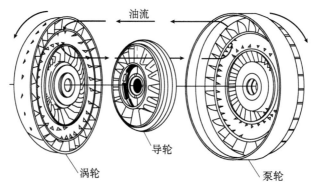

图 9-27 ATF 在液力变矩器中的循环流动

❸ 单向离合器

单向离合器的功用是实现导轮的单向锁止,即导轮只能顺时针转动而不能逆时针转动,当涡轮与泵轮转速差较大时,单向离合器处于锁止状态,导轮不能转动。当涡轮转速升高到一定程度后,单向离合器导通,即导轮空转,使得液力变矩器不能改变输出转矩,在高速区实现耦合传动。常见的单向离合器有滚柱式及楔块式两种。

楔块式单向离合器的构造和工作原理如图9-28和图9-29所示,由内座圈、外座圈、楔块、保持架等组成,内外座圈组成的滚道宽度是均匀的,采用不均匀形状的楔块,楔块的大端长度大于滚道宽度。内座圈固定,当外座圈顺时针旋转时,楔块顺时针旋转,$L_1<L$,外座圈可相对楔块和内座圈旋转;反之,当外座圈逆时针旋转时,楔块逆时针旋转,$L_2>L$,楔块阻止外座圈旋转。

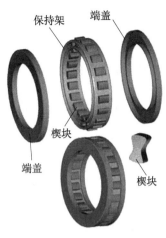

图9-28 单向离合器的构造

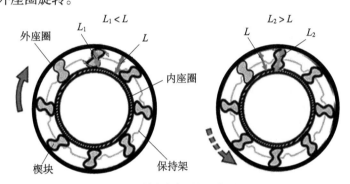

图9-29 单向离合器的工作原理

❹ 锁止离合器

锁止离合器(Torque Converter Clutch, TCC),可以将泵轮和涡轮直接连接起来,即将发动机与自动变速器齿轮变速机构直接连接起来,这样减少液力变矩器在高速比时的能量损耗,提高了传动效率,提高汽车在正常行驶时的燃油经济性,并防止ATF过热。锁止离合器的结构和工作原理,如图9-30所示。

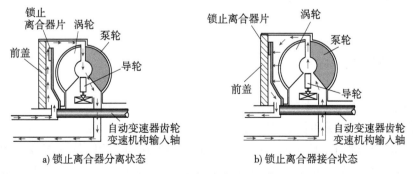

a) 锁止离合器分离状态   b) 锁止离合器接合状态

图9-30 锁止离合器的结构和工作原理

当车辆起步、低速或在坏路面上行驶时,应将锁止离合器分离,使液力变矩器具有变矩作用。此时油液流至锁止离合器的前端,锁止离合器片前端与后端的压力相同,使锁止离合器分离。当车辆以中速至高速行驶时,油液流至锁止离合器的后端,使锁止离合器片与前盖一起转动。此时发动机的动力经液力变矩器壳体、锁止离合器、涡轮轮毂传给后面的自动变速器齿轮变速机构,相当于将泵轮和涡轮刚性连在一起,传动效率为100%。

❷ 齿轮变速机构

自动变速器的齿轮变速机构主要有行星齿轮变速机构和平行轴齿轮变速机构。齿轮变速机构与液力变矩器配合使用,换挡执行元件根据自动变速器控制系统的命令来接合或分离、制动或放松齿轮变速机构的某个元件,通过改变动力传动路线得到不同的传动比。

如图9-31所示,单排行星齿轮变速机构主要由一个太阳轮(或称为中心轮)、一个带有若干个行星齿轮的行星架和一个齿圈组成。

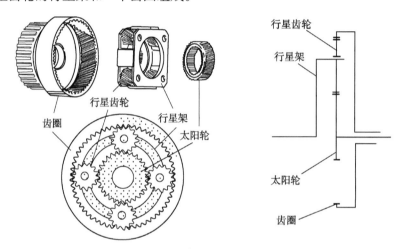

图9-31 单排行星齿轮机构

由于太阳轮与行星齿轮是外啮合,所以两者的旋转方向是相反的;而行星齿轮与齿圈是内啮合,则这两者的旋转方向是相同的。

根据能量守恒定律,由作用在单排行星齿轮机构各元件上的力矩和结构参数,可以得出表示单排行星齿轮变速机构运动规律的特性方程式为:

$$n_1 + \alpha n_2 - (1+\alpha) n_3 = 0$$

式中:n_1——太阳轮转速;

n_2——齿圈转速;

n_3——行星架转速;

α——齿圈齿数z_2与太阳轮齿数z_1之比,即$\alpha = z_2/z_1$,且$\alpha > 1$。

如果将太阳轮、齿圈和行星架中某个元件作为主动(输入)部分,让另一个元件作为从动(输出)部分,则由于第3个元件不受任何约束和限制,所以从动部分的运动是不确定的。因此为了得到确定的运动,必须对太阳轮、齿圈和行星架三者中的某个元件的运动进行约束和限制。通过对不同的元件进行约束和限制,可以得到不同的动力传动方式,见表9-2。

单排行星齿轮变速机构组合与速比关系　　　　　　表9-2

序号	主动件	从动件	固定件	传动比	备注
1	太阳轮	行星架	齿圈	$1+\alpha$	降挡
2	行星架	太阳轮	齿圈	$1/(1+\alpha)$	升挡
3	齿圈	行星架	太阳轮	$1+1/\alpha$	降挡
4	行星架	齿圈	太阳轮	$\alpha/(1+\alpha)$	升挡
5	太阳轮	齿圈	行星架	$-\alpha$	倒挡
6	齿圈	太阳轮	行星架	$-1/\alpha$	倒挡
7	任意两个连成一体			1	直接挡
8	既无元件制动又无任两个元件连成一体			自由转动	不能传动、空挡

自动变速器中的行星齿轮变速机构一般是采用2~3排行星齿轮变速机构传动,其各挡传动比就是根据上述单排行星齿轮变速机构传动特点进行合理组合得到的。

3 换挡执行元件

行星齿轮自动变速器的换挡执行元件包括离合器、制动器和单向离合器。离合器和制动器以液压方式控制行星齿轮变速机构元件的旋转,单向离合器是以机械方式对行星齿轮变速机构的元件进行锁止。单向离合器的结构、原理与导轮单向离合器相同,此处不做介绍。

1 离合器

离合器的功用是连接轴和行星齿轮变速机构中的元件或是连接行星齿轮变速机构中的不同元件。

离合器主要由离合器鼓、花键毂、活塞、主动摩擦片、从动钢片、复位弹簧等组成,如图9-32所示。

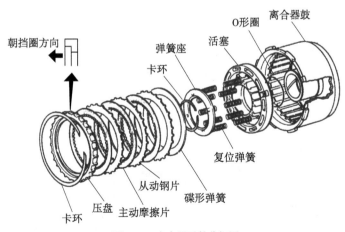

图9-32　离合器零件分解图

离合器的工作原理,如图9-33所示。

当一定压力的ATF经控制油道进入活塞左面的液压缸时,液压作用力便克服弹簧力使活塞右移,将所有离合器片压紧,即离合器接合,与离合器主、从动部分相连的元件也被连接在一起,以相同的速度旋转。

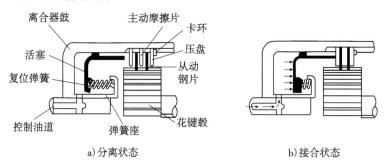

图9-33 离合器工作原理

当控制阀将作用在离合器液压缸的油压撤除后,离合器活塞在复位弹簧的作用下复位,并将缸内的ATF从进油孔排出,使离合器分离,离合器主从动部分可以不同转速旋转。

2 制动器

制动器的功用是固定行星齿轮变速机构中的元件,防止其转动。制动器有片式和带式两种形式。

❶ 片式制动器

片式制动器与离合器的结构和原理相同,不同之处是离合器是起连接作用而传递动力,而片式制动器是通过连接而起制动作用。

❷ 带式制动器

带式制动器由制动带和控制油缸等组成,图9-34所示为带式制动器的零件分解图。制动带是内表面带有镀层的开口式环形钢带。制动带的一端支承在与自动变速器壳体固连的支座上,另一端与控制油缸的活塞杆相连。

制动器的工作原理,如图9-35所示。制动时,压力油进入活塞右腔,克服左腔油压和复位弹簧的作用力推动活塞左移,制动带以固定支座为支点收紧。在制动力矩的作用下,制动鼓停止旋转,行星齿轮变速机构某元件被锁止。随着油压撤除,活塞逐渐复位,制动解除。若仅依靠弹簧张力,则活塞复位速度较慢,目前大多数制动器设置了左腔进油道。在右腔撤除油压的同时,左腔进油,活塞在油压和复位弹簧的共同作用下复位,可迅速解除制动。

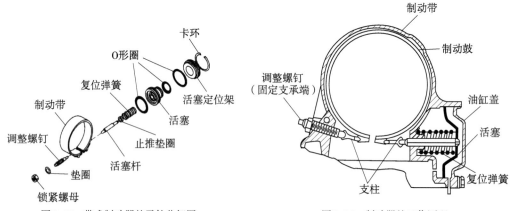

图9-34 带式制动器的零件分解图　　　　图9-35 制动器的工作原理

4 液压控制系统

1 液压控制系统的基本组成

液压控制系统的基本组成包括动力源、执行机构和控制机构3大部分。

❶ 动力源

液压控制系统的动力源是油泵(或称为液压泵),它是整个液压控制系统的工作基础。如各种阀体的动作、换挡执行元件的工作等都需要一定压力的ATF。油泵的基本功用就是提供满足需求的ATF油量和油压。

❷ 执行机构

执行机构主要由离合器油缸、制动器油缸等组成,其功用是在控制油压的作用下实现离合器的接合和分离、制动器的制动和松开动作,以便得到相应的挡位。

❸ 控制机构

控制机构包括阀体和各种阀,包括主调压阀、手动阀、换挡阀等。此外,液压控制系统还包括一些辅助装置,如用于防止换挡冲击的蓄能器、单向阀等。

2 液压控制系统主要元件

❶ 油泵

油泵的功用是产生一定压力和流量的ATF,供给液力变矩器、液压控制系统和行星换挡执行元件。

油泵一般位于液力变矩器和行星齿轮变速机构之间,由液力变矩器壳体驱动。油泵的类型主要有齿轮泵、转子泵和叶片泵。

图9-36所示为内啮合齿轮泵的结构和工作原理示意图,主要由主动齿轮、从动齿轮、月牙板、壳体等组成。

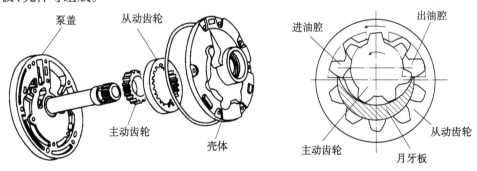

图9-36 内啮合齿轮泵的结构和工作原理

油泵在工作过程中,主动齿轮带动从动齿轮转动,在齿轮脱离啮合的一端(进油腔),容积不断变大,产生真空吸力,把ATF从油底壳经滤网吸入油泵。在齿轮进入啮合的一端(出油腔),容积不断减小,油压升高,把ATF从出油腔挤压出去。这样,油泵不断地运转,就形成了具有一定压力的油液,供给自动变速器工作。

❷ 主调压阀

主调压阀的作用是将油泵输出压力精确调节到所需值后再输入主油路。应满足主油路系统在不同工况、不同挡位时,具有不同油压的要求:

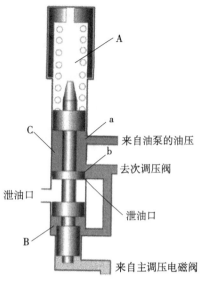

图9-37 主调压阀的结构

①节气门开度较小时,自动变速器所传递的转矩较小,换挡执行机构中的离合器、制动器不易打滑,主油路压力可以降低。而当发动机节气门开度较大时,因传递的转矩增大,为防止离合器、制动器打滑,主油路压力要升高。

②汽车低速挡行驶时,所传递的转矩较大,主油路压力要高。而在高速挡行驶时,自动变速器传递的转矩较小,可降低主油路油压,以减少油泵的运转阻力。

③倒挡的使用时间较少,为减小自动变速器尺寸,倒挡执行机构被做得较小,为避免出现打滑,需提高操纵油压。

主调压阀结构,如图9-37所示。油压的调节是靠电子控制,主调压电磁阀调整出不同的油压值,使滑阀改变节流口a的大小,通过节流作用控制主油压的大小。节流口b泄出的油压经次调压阀的节流作用,调整出液力变矩器油压。

❸ 次调压阀

次调压阀是把主调压阀泄出的油压调节成液力变矩器油压。

如图9-38所示,滑阀上端作用着手动阀来的油压,向下推阀,还作用着一个主油压,也向下推阀。而向上推阀的力有弹簧弹力和来自主调压阀调节后的油压,上下两力的平衡决定了节流口a的开度,即通过节流口的开度将主油压调节成液力变矩器油压。

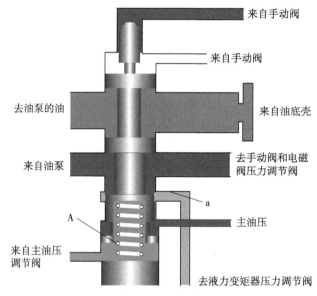

图9-38 次调压阀

❹ 手动阀

手动阀又称为手控阀或手动换挡阀,与驾驶室内的换挡杆相连,其功用是控制各挡位油路的转换。如图9-39所示,当驾驶人操纵换挡杆时,手动阀会移动,使主油压通往不同的油道。如当换挡杆置于"P"位时,主油压会通往"P""R"和"L"位油道;当换挡杆置于"R"

位时，主油压会同时通往"P""R"和"L"位油道与"R"位油道；当换挡杆置于"N"位时，手动阀会将主油压进油道切断，使不会有主油压通往各换挡阀；当换挡杆置于"D"位时，主油压会通往"D""2"和"L"位油道；当换挡杆置于"2"位时，主油压会同时通往"D""2"和"L"位油道与"2"和"L"位油道；当换挡杆置于"L"位时，主油压会同时通往"D""2"和"L"位油道与"2"和"L"位油道及"P""R"和"L"位油道。

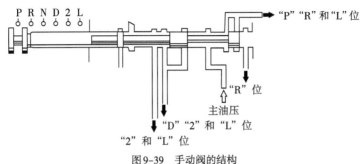

图9-39 手动阀的结构

❺ 换挡阀

电控液力自动变速器换挡阀的工作由换挡电磁阀控制，其控制方式有两种：一种是加压控制，即通过开启或关闭换挡阀控制油路进油孔来控制换挡阀的工作；另一种是泄压控制，即通过开启或关闭换挡阀控制油路泄油孔来控制换挡阀的工作。加压控制方式的工作原理如图9-40所示，压力油经换挡电磁阀后通至换挡阀的左端。当换挡电磁阀关闭时，没有油压作用在换挡阀左端，换挡阀在右端弹簧力的作用下移向左端；当换挡电磁阀开启时，压力油作用在换挡阀左端，使换挡阀克服弹簧力右移，从而改变油路，实现挡位变换。

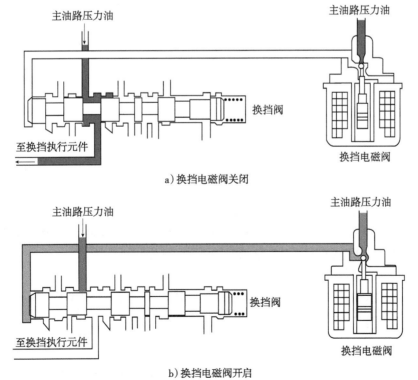

图9-40 换挡阀工作原理

⑥ 锁止离合器控制阀

锁止离合器电磁阀采用脉冲式电磁阀，ECU 可利用脉冲电信号占空比大小来调节锁止离合器电磁阀的开度，以控制作用在锁止离合器控制阀右端的油压，调节锁止离合器控制阀左移时排油孔的开度，从而控制锁止离合器活塞右侧油压的大小（图9-41）。当作用在锁止离合器电磁阀上的脉冲电信号的占空比为0时，锁止离合器电磁阀关闭，没有油压作用在锁止离合器控制阀的右端，此时锁止离合器活塞左右两侧的油压相同，锁止离合器处于分离状态。当作用在锁止电磁阀上的脉冲电信号较小时，锁止离合器电磁阀的开度和作用在锁止离合器控制阀右端的油压以及锁止离合器控制阀左移打开的排油孔开度均较小，锁止离合器活塞左右两侧油压差以及由此产生的锁止离合器接合力也较小，使锁止离合器处于半接合状态作用在锁止离合器电磁阀上的脉冲信号的占空比越大，锁止离合器活塞左右两侧油压差以及锁止离合器接合力也越大。当脉冲信号的占空比达到一定数值时，锁止离合器即可完全接合。ECU 在控制锁止离合器接合时，可以通过锁止离合器电磁阀来调节其接合速度，让接合力逐渐增大，使接合过程更加柔和。

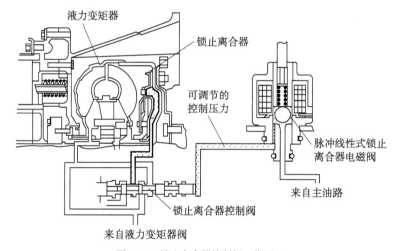

图9-41　锁止离合器控制阀工作原理

⑤ 电子控制系统

1 组成

自动变速器的电子控制系统包括传感器及开关、ECU 和执行器3部分，如图9-42所示。

传感器及开关部分主要包括节气门位置传感器、车速传感器、发动机转速传感器、冷却液温度传感器、ATF 温度传感器、空挡起动开关、制动灯开关等。

执行器部分主要包括各种电磁阀和故障指示灯等。

ECU 主要完成换挡控制、锁止离合器控制、油压控制、故障诊断和失效保护等功能。

2 传感器及开关

❶ 车速传感器(VSS)

车速传感器用于检测自动变速器输出轴转速，自动变速器 ECU 根据车速传感器输入的信号计算出车速，并以此信号控制自动变速器的换挡和锁止离合器的锁止。

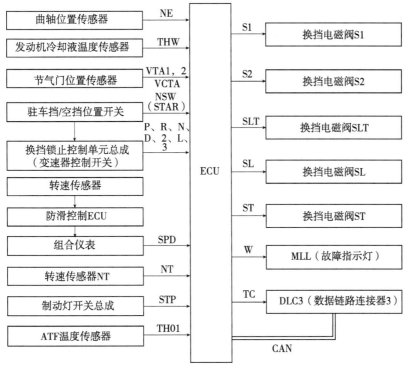

图 9-42　电子控制系统组成框图

常见的车速传感器有电磁式、舌簧开关式、光电式 3 种。

如图 9-43 所示，电磁式车速传感器主要由永久磁铁、电磁感应线圈、转子等组成。转子一般安装在变速器输出轴上，永久磁铁和电磁感应线圈安装在变速器壳体上。

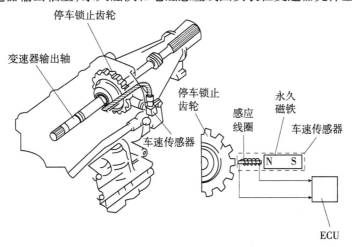

图 9-43　电磁式车速传感器的结构、原理

❷ 空挡起动开关

空挡起动开关（又称驻车挡/空挡位置开关）有两个功用，一是给自动变速器 ECU 提供挡位信息，二是保证只有换挡杆置于 P 或 N 位才能起动发动机。

空挡起动开关的外形如图 9-44 所示，当换挡杆置于不同的挡位时，仪表盘上相应的挡位指示灯会点亮，且只有当选挡杆置于 P 或 N 位时，才能起动发动机。

❸ 制动灯开关

制动灯开关安装在制动踏板支架上，如图9-45所示。自动变速器ECU通过制动灯开关检测是否踩下制动踏板，如果踩下制动踏板，ECU会取消锁止离合器的工作。

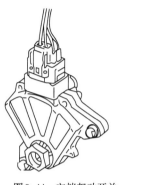

图9-44　空挡起动开关　　　　图9-45　制动灯开关

3 执行器

电子控制系统的执行器主要指电磁阀和故障指示灯，这里只介绍电磁阀。

电磁阀根据功能的不同，可以分为换挡电磁阀、锁止离合器电磁阀和油压电磁阀。根据工作原理的不同，可以分为开关式电磁阀和占空比式电磁阀。绝大多数换挡电磁阀是采用开关式电磁阀，油压电磁阀是采用占空比式电磁阀，而锁止离合器电磁阀采用开关式的和占空比式的都有。

❶ 开关式电磁阀

开关式电磁阀的功用是开启或关闭液压油路，通常用于控制换挡阀和部分车型锁止离合器的工作。

开关式电磁阀由电磁线圈、衔铁、复位弹簧、阀芯和球阀等组成，如图9-46所示。它有两种工作方式，一种是使油路油压上升或使油路泄压，如图9-46a)所示，当电磁线圈不通电时，阀芯被油压推开，打开泄油孔，油路的液压油经电磁阀泄掉；当电磁线圈通电时，在电磁吸力作用下衔铁和阀芯下移，关闭泄油孔，使主油道油压上升。另一种是开启或关闭某一条油路，即当电磁线圈不通电时，油压将阀芯推开，球阀在油压作用下关闭泄油孔，打开进油孔，使主油道压力油进入控制油道，如图9-46b)所示；当电磁线圈通电时，电磁力使衔铁和阀芯下移，推动球阀关闭进油孔，打开泄油孔，控制油道内的压力油经泄油孔泄掉，如图9-46c)所示。

❷ 占空比式电磁阀

占空比式电磁阀（又称为线性脉冲式电磁阀）与开关式电磁阀类似，也是由电磁线圈、滑阀、弹簧等组成，如图9-47所示。它通常用于控制油路的油压，有些车型的锁止离合器也采用此种电磁阀控制。与开关式电磁阀不同的是，控制占空比式电磁阀的电信号不是恒定不变的电压信号，而是一个固定频率的脉冲电信号。在脉冲电信号的作用下，电磁阀不断开启、关闭泄油口。

占空比式电磁阀有两种工作方式，一是占空比越大，经电磁阀泄油越多，油压就越低；另一种是占空比越大，油压越高。

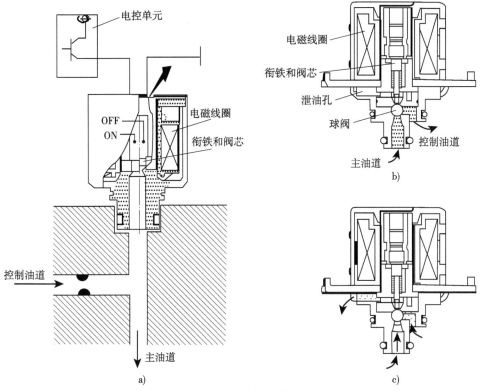

图9-46 开关式电磁阀

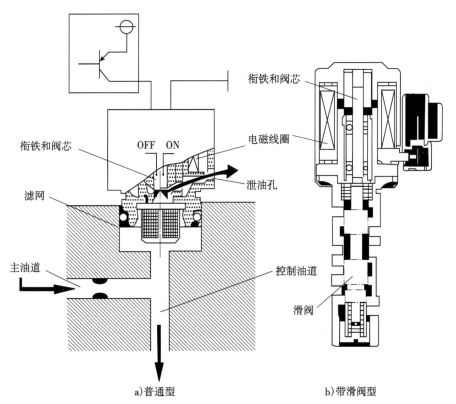

a) 普通型   b) 带滑阀型

图9-47 占空比式电磁阀

④ 典型自动变速器齿轮变速机构的构造与工作原理

❶ 辛普森式行星齿轮自动变速器齿轮变速机构

辛普森式行星齿轮自动变速器行星齿轮变速机构是以其设计者美国福特公司的工程师霍华德·辛普森的名字命名。如图9-48所示，辛普森Ⅰ型行星齿轮变速机构是由两个单排行星齿轮组连接而成的一种双排行星齿轮变速机构，其结构特点是：前、后两个行星齿轮变速机构共用一个太阳轮。辛普森Ⅱ型行星齿轮变速机构是在辛普森Ⅰ型行星齿轮变速机构的基础上加以改变而得来的。丰田、通用、日产、福特等公司生产的自动变速器大量采用此结构。

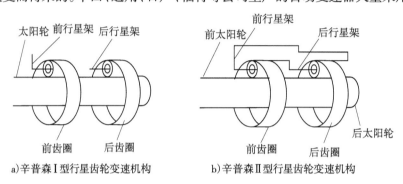

图9-48 辛普森行星齿轮变速机构原理图

❶ 辛普森Ⅰ型行星齿轮变速机构

❶ 结构和组成

图9-49所示为典型四挡辛普森（Ⅰ型）（丰田A340E型自动变速器）行星齿轮变速机构的结构简图。

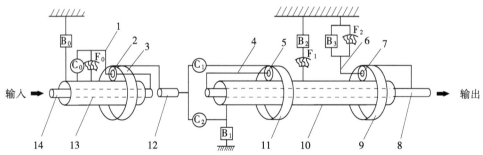

图9-49 四挡辛普森行星齿轮变速器的结构简图

1- 超速(OD)行星排行星架；2- 超速(OD)行星排行星轮；3- 超速(OD)行星排齿圈；4- 前行星排行星架；5- 前行星排行星轮；6- 后行星排行星架；7- 后行星排行星轮；8- 输出轴；9- 后行星排齿圈；10- 前后行星排太阳轮；11- 前行星排齿圈；12- 中间轴；13- 超速(OD)行星排太阳轮；14- 输入轴；C_0- 超速挡(OD)离合器；C_1- 前进挡离合器；C_2- 直接、倒挡离合器；B_0- 超速挡(OD)制动器；B_1-2 挡滑行制动器；B_2-2 挡制动器；B_3- 低、倒挡制动器；F_0- 超速挡(OD)单向离合器；F_1-2 挡(一号)单向离合器；F_2- 低挡(二号)单向离合器

四挡辛普森行星齿轮机构由三排行星齿轮机构组成，前面一排为超速行星排，中间一排为前行星排，后面一排为后行星排。输入轴与超速行星排的行星架相连，超速行星排的

齿圈与中间轴相连，中间轴通过前进挡离合器或直接挡、倒挡离合器与前、后行星排相连。前、后行星排的结构特点是，共用一个太阳轮，前行星排的行星架与后行星排的齿圈相连并与输出轴相连。

换挡执行机构包括3个离合器、4个制动器和3个单向离合器，具体的功能见表9-3。

换挡执行元件的功能　　　　　　　　　　　　　　　表9-3

换挡执行元件		功　能
C_0	超速挡(OD)离合器	连接超速行星排太阳轮与超速行星排行星架
C_1	前进挡离合器	连接中间轴与前行星排齿圈
C_2	直接挡、倒挡离合器	连接中间轴与前后行星排太阳轮
B_0	超速挡(OD)制动器	制动超速行星排太阳轮
B_1	2挡滑行制动器	制动前后行星排太阳轮
B_2	2挡制动器	制动F_1外座圈，当F_1也起作用时，可以防止前后行星排太阳轮逆时针转动
B_3	低、倒挡制动器	制动后行星排行星架
F_0	超速挡(OD)单向离合器	连接超速行星排太阳轮与超速行星排行星架
F_1	2挡(一号)单向离合器	当B_2工作时，防止前后行星排太阳轮逆时针转动
F_2	低挡(二号)单向离合器	防止后行星排行星架逆时针转动

❷ 各挡动力传动路线

在自动变速器各挡位时，换挡执行元件的动作情况见表9-4。

各挡位时换挡执行元件的动作情况表　　　　　　　　　表9-4

选挡杆位置	挡位	换挡执行元件										发动机制动
		C_0	C_1	C_2	B_0	B_1	B_2	B_3	F_0	F_1	F_2	
P	驻车挡	○										
R	倒挡	○		○				○	○			
N	空挡	○										
D	1挡	○	○						○		○	
	2挡	○	○				○		○	○		
	3挡	○	○	○			○		○			
	4挡(OD挡)		○	○	○		○					
2	1挡	○	○						○		○	
	2挡	○	○			○	○		○	○		○
	3挡*	○	○	○			○		○			○
L	1挡	○	○					○	○		○	○
	2挡*	○	○				○		○	○		○

注：*：只能降挡不能升挡。
　　○：换挡元件工作或有发动机制动。

① D_1 挡。如图 9-50 所示，D 位 1 挡时，C_0、C_1、F_0、F_2 工作。C_0 和 F_0 工作将超速行星排的太阳轮和行星架相连，此时超速行星排成为一个刚性整体，输入轴的动力顺时针传到中间轴。C_1 工作将中间轴与前行星排齿圈相连，前行星排齿圈顺时针转动驱动前行星排行星齿轮转动，前行星排行星齿轮即顺时针自转又顺时针公转，前行星排行星齿轮顺时针公转则输出轴也顺时针转动，这是一条动力传动路线。由于前行星排行星齿轮顺时针自转，则前后行星排太阳轮逆时针转动，再驱动后行星排行星齿轮顺时针自转，此时后行星排行星齿轮在前后行星排太阳轮的作用下有逆时针公转的趋势，但由于 F_2 的作用，使得后行星排行星架不动。这样顺时针转动的后行星排行星齿轮驱动齿圈顺时针转动，从输出轴也输出动力，这是第二条动力传动路线。

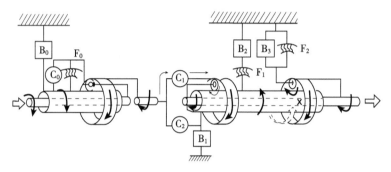

图 9-50　D 位 1 挡动力传动路线

② D_2 挡。如图 9-51 所示，D 位 2 挡时，C_0、C_1、B_2、F_0、F_1 工作。C_0 和 F_0 工作如前所述直接将动力传给中间轴。C_1 工作，动力顺时针传到前行星排齿圈，驱动前行星排行星齿轮顺时针转动，并使前后太阳轮有逆时针转动的趋势，由于 B_2 的作用，F_1 将防止前后太阳轮逆时针转动，即前后太阳轮不动。此时前行星排行星齿轮将带动行星架也顺时针转动，从输出轴输出动力。后行星排不参与动力的传动。

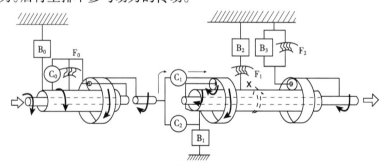

图 9-51　D 位 2 挡动力传动路线

③ D_3 挡。如图 9-52 所示，D 位 3 挡时，C_0、C_1、C_2、B_2、F_0 工作。C_0 和 F_0 工作如前所述直接将动力传给中间轴。C_1、C_2 工作将中间轴与前行星排的齿圈和太阳轮同时连接起来，前行星排成为刚性整体，动力直接传给前行星排行星架，从输出轴输出动力。此挡为直接挡。

④ D_4 挡。如图 9-53 所示，D 位 4 挡时，C_1、C_2、B_0、B_1 工作。B_0 工作，将超速行星排太阳轮固定。动力由输入轴输入，带动超速行星排行星架顺时针转动，并驱动行星齿轮及齿圈都顺时针转动，此时的传动比小于 1。C_1、C_2 工作使得前后行星排的工作同 D_3 挡，即处于直接挡。所以整个机构以超速挡传递动力。B_2 的作用同前所述。

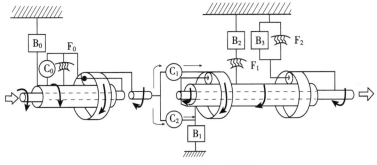

图9-52　D位3挡动力传动路线

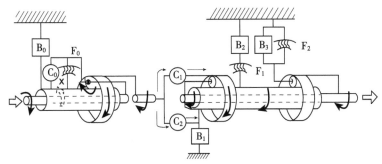

图9-53　D位4挡动力传动路线

⑤$2_1$挡。2位1挡的工作与D位1挡相同。

⑥$2_2$挡。如图9-54所示,2位2挡时,C_0、C_1、B_1、B_2、F_0、F_1工作。动力传动路线与D位2挡时相同。区别只是由于B_1的工作,使得2位2挡有发动机制动,而D位2挡没有。此挡为高速发动机制动挡。

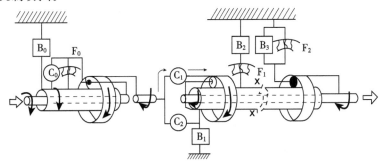

图9-54　2位2挡动力传动路线

发动机制动是指利用发动机怠速时的较低转速以及自动变速器的较低挡位来使较快的车辆减速。D位2挡时,如果驾驶人抬起加速踏板,发动机进入怠速工况,而汽车在原有的惯性作用下仍以较高的车速行驶。此时,驱动车轮将通过变速器的输出轴反向带动行星齿轮变速机构运转,各元件都将以相反的方向转动,即前后太阳轮将有顺时针转动的趋势,F_1不起作用,使得反传的动力不能到达发动机,无法利用发动机进行制动。而在2位2挡时,B_1工作使得前后太阳轮固定,既不能逆时针转动也不能顺时针转动,这样反传的动力就可以传到发动机,所以有发动机制动。

⑦$2_3$挡。2位3挡的工作与D位3挡相同。

⑧L_1挡。如图9-55所示,L位1挡时,C_0、C_1、B_3、F_0、F_2工作。动力传动路线与D位1

挡时相同。区别只是由于 B_3 的工作,使后行星排行星架固定,有发动机制动,原因同前所述。此挡为低速发动机制动挡。

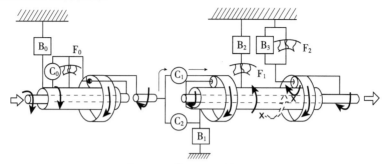

图9-55 L位1挡动力传动路线

⑨ L_2 挡。L位2挡的工作与2位2挡相同。

⑩ R位。如图9-56所示,倒挡时,C_0、C_2、B_3、F_0 工作。C_0 和 F_0 工作如前所述直接将动力传给中间轴。C_2 工作将动力传给前后行星排太阳轮。由于 B_3 工作,将后行星排行星架固定,使得行星齿轮仅相当于一个惰轮。前后行星排太阳轮顺时针转动驱动后行星排行星齿轮逆时针转动,进而驱动后行星排齿圈也逆时针转动,从输出轴逆时针输出动力。

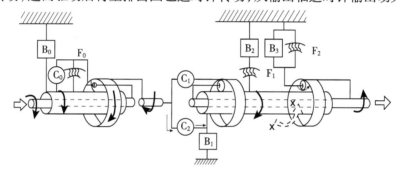

图9-56 R位动力传动路线

⑪ P位(驻车挡)。换挡杆置于P位时,一般自动变速器都是通过驻车锁止机构将变速器输出轴锁止实现驻车。如图9-57所示,驻车锁止机构由输出轴外齿圈、锁止棘爪、锁止凸轮等组成。锁止棘爪与固定在变速器壳体上的枢轴相连。当换挡杆处于P位时,与换挡杆相连的手动阀通过锁止凸轮将锁止棘爪推向输出轴外齿圈,并嵌入齿中,使变速器输出轴与壳体相连而无法转动,如图9-57b)所示。当换挡杆处于其他位置时,锁止凸轮退回,锁止棘爪在复位弹簧的作用离开输出轴外齿圈,锁止撤销,如图9-57a)所示。

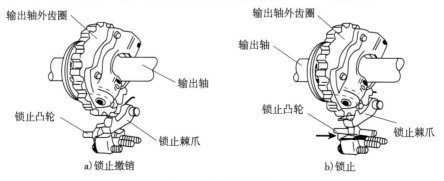

图9-57 驻车锁止机构

2 辛普森Ⅱ型行星齿轮变速机构

❶ 结构和组成

丰田卡罗拉乘用车配备的U341E型自动变速器行星齿轮变速机构（辛普森Ⅱ型行星齿轮变速机构），采用了CR-CR式行星齿轮机构，即将两组单行星排的行星架C（planetcarrier）和齿圈R（gearring）分别组配，该行星齿轮机构仅有4个独立元件（前太阳轮、后太阳轮、前行星架和后齿圈组件、前齿圈和后行星架组件），其特点是变速比大、效率高、元件轴转速低。

U341E型自动变速器行星齿轮变速传动机构的结构如图9-58所示，主要部件的功能见表9-5，各换挡执行元件的工作情况见表9-6。

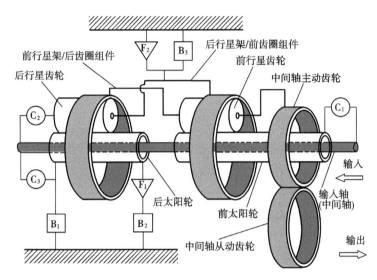

图9-58　U341E型自动变速器行星齿轮变速传动机构的结构

主要部件功能　　　　　　　　　　　　　　表9-5

部件		功能
C_1	前进挡离合器	连接输入轴和前排太阳轮
C_2	直接离合器	连接输入轴和后排行星架
C_3	倒挡离合器	连接输入轴和后太阳轮
B_1	OD挡和2挡制动器	固定后排太阳轮
B_2	2挡制动器	固定F_1的外圈
B_3	1挡和倒挡制动器	固定后行星架/前齿圈组件
F_1	1号单向离合器	与B_2配合，阻止后太阳轮逆时针转动
F_2	2号单向离合器	阻止后行星架/前齿圈组件逆时针转动
前行星齿轮组		根据各换挡执行元件的工作情况，改变齿轮动力传递路线，以升高或降低输出转速
后行星齿轮组		
中间轴齿轮副		将动力传递给差速器，并改变传动方向，降低输出转速

各换挡执行元件的工作情况　　　　　表9-6

换挡杆位置	挡位	离合器			制动器			单向离合器	
		C_1	C_2	C_3	B_1	B_2	B_3	F_1	F_2
P	驻车挡								
R	倒挡			○			○		
N	空挡								
D	1挡	○							○
	2挡	○				○		○	
	3挡	○	○			○			
	4挡		○		○	○			
3	1挡	○							○
	2挡	○				○		○	
	3挡	○	○			○			
2	1挡	○							○
	2挡	○			○	○		○	
L	1挡	○					○		○

注：○表示工作。

❷ 各挡的动力传递路线

① 1挡。换挡杆处于"D""3"和"2"位置的1挡时，参与工作的换挡执行元件有C_1、F_2，动力传递路线如图9-59所示。1挡时动力传递发生在前行星排，F_2阻止前齿圈逆输入轴的旋转方向（逆时针）转动，此时，后排行星齿轮组没有元件被约束，因此处于空转状态，动力传递路线如下：

输入轴→C_1前太阳轮→前行星齿轮→前行星架→中间轴主从动齿轮→输出轴

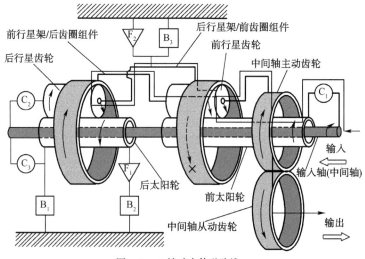

图9-59　1挡动力传递路线

放松加速踏板时,前行星架转速高(接驱动轮),前太阳轮转速低(接发动机),使前齿圈试图被带动加速顺着前行星架(前太阳轮)的旋转方向转动。由于单向离合器 F_2 不阻止前齿圈顺着行星架的旋转方向转动,整个行星排不能反向传递动力,所以无发动机制动效果。

为了提供有发动机制动的1挡,在L位1挡时,除了使上述的1挡换挡执行元件工作外,还使 B_3 也工作,使得车辆行驶时,不论是踩下还是放松加速踏板,行星排都有动力传递能力,从而获得发动机制动效果。

②2挡。换挡杆处于"D"和"3"位置的2挡时,参与工作的换挡执行元件有 C_1、B_2、F_1,动力传递路线如图9-60所示。2挡时动力传递发生在前、后2个行星排,B_2、F_1 联合作用,阻止后太阳轮逆输入轴的旋转方向转动,动力传递路线如下:

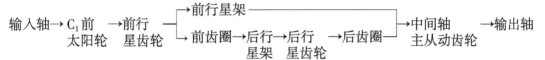

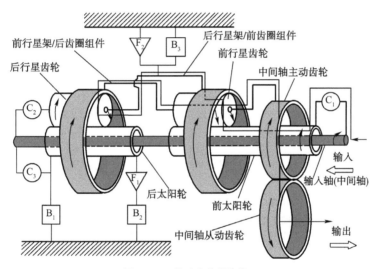

图9-60　2挡动力传递路线

放松加速踏板时,前行星架和后齿圈组件转速高(接驱动轮),前太阳轮转速低(接发动机),使前齿圈和后行星架组件加速转动,进而使后太阳轮试图被带动加速顺着前行星架(前太阳轮)的旋转方向转动。由于单向离合器 F_1 不阻止后太阳轮顺着行星架的旋转方向转动,整个行星排不能反向传递动力,所以无发动机制动效果。

为了提供有发动机制动的2挡,在2位2挡时,除了使上述的2挡换挡执行元件工作外,还使 B_1 也工作,使得车辆获得发动机制动效果。

③3挡。换挡杆处于"D"和"3"位置的3挡时,参与工作的换挡执行元件有 C_1、C_2、B_2,动力传递路线如图9-61所示。3挡时前、后排行星齿轮机构互锁与一体旋转,动力传递路线如下:

由于行星齿轮机构的3个元件（太阳轮、行星架、齿圈）中有2个转速相等（前太阳轮、前行星架都与输入轴相连），因此在放松加速踏板时，驱动轮的动力可以经前行星架传给前太阳轮，所以有发动机制动效果。

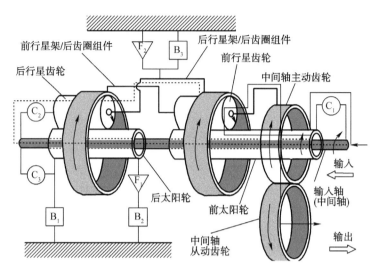

图9-61　3挡动力传递路线

④4挡。换挡杆处于"D"位置的4挡时，参与工作的换挡执行元件有C_2、B_1、B_2，动力传递如图9-62所示。4挡时动力传递发生在后行星排，此时前排行星齿轮组处于空转状态，动力传递路线如下：

输入轴→C_2→后行星架→后行星齿轮→后齿圈→中间轴主从动齿轮→输出轴

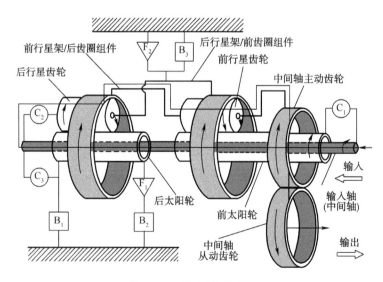

图9-62　4挡动力传递路线

由于行星齿轮机构的3个元件（太阳轮、行星架、齿圈）中有1个固定（后太阳轮被固定），因此在放松加速踏板时，驱动轮的动力可以经后齿圈传给后行星架，所以有发动机制动效果。

⑤R挡。换挡杆处于"R"位置时,参与工作的换挡执行元件有 C_3、B_3,动力传递路线如图9-63所示。R挡时动力传递发生在后行星排,此时前排行星齿轮组处于空转状态,动力传递路线如下:

输入轴→C_3→后太阳轮→后行星齿轮→后齿圈→中间轴主从动齿轮→输出轴

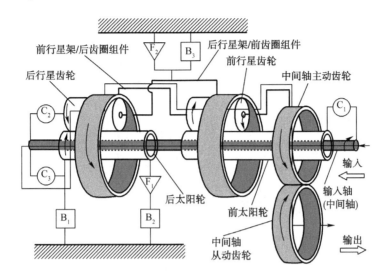

图9-63　R挡动力传递路线

由于行星齿轮机构的3个元件(太阳轮、行星架、齿圈)中有1个固定(后行星架被固定),因此在放松加速踏板时,驱动轮的动力可以经后太阳轮传给后齿圈,所以有发动机制动效果。

❷ 拉维挪式行星齿轮自动变速器行星齿轮变速机构

拉维挪式行星齿轮自动变速器行星齿轮变速机构结构示意图如图9-64所示,它是一种双排单、双级复合式行星齿轮变速机构。前排为单级机构,后排是双级机构,前、后排共用一个齿圈和一个行星架。在行星架上,外行星齿轮为长行星齿轮,它与齿圈、短行星齿轮和大太阳轮同时啮合;内行星齿轮为短行星齿轮,它与小太阳轮和长行星齿轮同时啮合。大众、别克、三菱等公司生产的自动变速器多采用此结构。

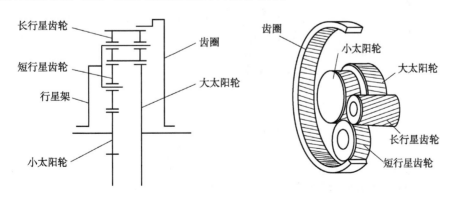

图9-64　拉维挪式行星齿轮自动变速器行星齿轮变速机构结构示意图

1 结构和组成

桑塔纳2000GSi-AT型乘用车的01N型四挡自动变速器为拉威挪式行星齿轮自动变速器,其结构如图9-65所示,包括拉威挪行星齿轮变速机构、离合器、制动器和单向离合器等。

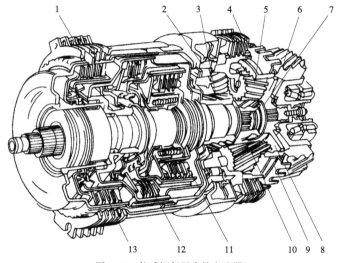

图9-65 拉威挪行星齿轮变速器

1—第2挡和第4挡制动器(B_2);2—单向离合器;3—大太阳轮;4—倒挡制动器(B_1);5—短行星齿轮;6—主动锥齿轮;7—小太阳轮;8—行星架;9—车速传感器齿轮;10—长行星齿轮;11—第3和第4挡离合器(K_3);12—倒挡离合器(K_2);13—第1到第3挡离合器(K_1)

拉威挪式行星齿轮变速机构的结构,如图9-66所示。行星齿轮变速机构由大、小太阳轮各一个,长、短行星齿轮各3个,行星架和齿圈组成。短行星齿轮与长行星齿轮及小太阳轮啮合;长行星齿轮同时与大太阳轮、短行星齿轮及齿圈啮合,动力通过齿圈输出。离合器K_1用于驱动小太阳轮,离合器K_2用于驱动大太阳轮,离合器K_3用于驱动行星架,制动器B_1用于制动行星架,制动器B_2用于制动大太阳轮,单向离合器F防止行星架逆时针转动。

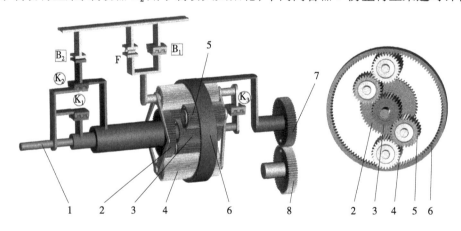

图9-66 拉威挪行星齿轮变速器的结构

1—输入轴;2—大太阳轮;3—小太阳轮;4—长行星齿轮;5—短行星齿轮;6—齿圈;7—输出齿轮;8—主减速器齿圈;K_1—1~3挡离合器;K_2—倒挡离合器;K_3—3~4挡离合器;B_1—倒挡制动器;B_2—2、4挡制动器;F—单向离合器

2 各挡动力传动路线

拉威挪行星齿轮变速机构的简图如图9-67所示,其中锁止离合器(LC)可将液力变矩器的泵轮和涡轮刚性连在一起。

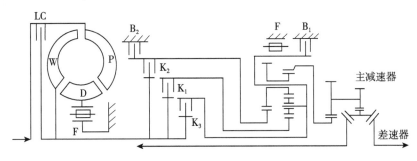

图9-67 拉威挪行星齿轮变速机构的简图

各挡位换挡元件的工作情况,见表9-7。

各挡位换挡元件的工作情况表　　　　　　表9-7

挡位	B_1	B_2	K_1	K_2	K_3	F
R	○			○		○
1挡			○			○
2挡		○	○			
3挡			○		○	
4挡		○			○	

注:○表示离合器、制动器或单向离合器工作。

各挡动力传动路线如下(图9-67):

①1挡。1挡时,离合器K_1接合,单向离合器F工作。动力传动路线为:泵轮→涡轮→涡轮轴→离合器K_1→小太阳轮→短行星齿轮→长行星齿轮驱动齿圈。

②2挡。2挡时,离合器K_1接合,制动器B_2制动大太阳轮。动力传动路线为:泵轮→涡轮→涡轮轴→离合器K_1→小太阳轮→短行星齿轮→长行星齿轮围绕大太阳轮转动并驱动齿圈。

③3挡。3挡时,离合器K_1和K_3接合,驱动小太阳轮和行星架,因而使行星齿轮变速机构锁止并一同转动。动力传动路线为:泵轮→涡轮→涡轮轴→离合器K_1和K_3→整个行星齿轮变速机构转动。

④4挡。4挡时,离合器K_3接合,制动器B_2工作,使行星架工作,并制动大太阳轮,动力传动路线为:泵轮→涡轮→涡轮轴→离合器K_3→行星架→长行星齿轮围绕大太阳轮转动并驱动齿圈。

⑤R挡。换挡杆在"R"位置时,离合器K_2接合,驱动大太阳轮;制动器B_1工作,使行星架制动。动力传动路线为:泵轮→涡轮→涡轮轴→离合器K_2→大太阳轮→长行星齿轮反向驱动齿圈。

五 万向传动装置

❶ 万向传动装置的功用和组成

❶ 功用

万向传动装置在汽车上有很多应用，结构也稍有不同，但其功用都是一样的，即在轴线相交且相互位置经常发生变化的两转轴之间传递动力。

图9-68所示为万向传动装置在汽车中最常见的应用，位于变速器与驱动桥之间。

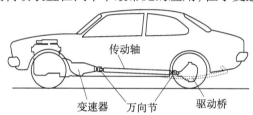

图9-68　变速器与驱动桥之间的万向传动装置

❷ 组成

万向传动装置主要包括万向节和传动轴，对于传动距离较远的分段式传动轴，为了提高传动轴的刚度，还设置有中间支承，如图9-69所示。

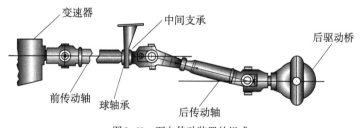

图9-69　万向传动装置的组成

❷ 万向传动装置主要部件的结构

❶ 万向节

在汽车上使用的万向节按其刚度大小的不同，可分为刚性万向节和柔性万向节。刚性万向节按其速度特性的不同,分为不等速万向节(常用的为十字轴式)、准等速万向节(双联式和三销轴式)和等速万向节(包括球叉式和球笼式等)。目前,在汽车上应用较多的是十字轴式刚性万向节和等速万向节。十字轴式刚性万向节主要用于发动机前置后轮驱动的变速器与驱动桥之间,等角速万向节主要用于发动机前置前轮驱动的内、外半轴之间。

1 十字轴刚性万向节

常见的不等速万向节为十字轴式刚性万向节,如图9-70所示,它允许相邻两轴的最大交角为15°~20°。

十字轴式刚性万向节主要由十字轴、万向节叉等组成。万向节叉上的孔分别套在十字轴的4个轴颈上。在十字轴轴颈与万向节叉孔之间装有滚针和套筒,用带有锁片的螺钉和轴承盖来使之轴向定位。为了润滑轴承,十字轴内钻有油道,且与油嘴、安全阀相通,如图9-71所示。为避免润滑油流出及尘垢进入轴承,十字轴轴颈的内端套装油封。

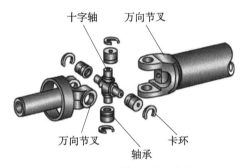

图9-70 十字轴式刚性万向节

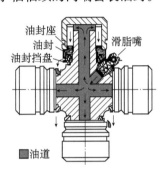

图9-71 润滑油道及密封装置

单个十字轴式刚性万向节在主动轴和从动轴之间有夹角的情况下,当主动叉等角速转动时,从动叉是不等角速的,这称为十字轴式刚性万向节的不等速特性。且两转轴之间的夹角越大,不等速性就越大,图9-72所示为传动轴每转一圈时速度变化情况。

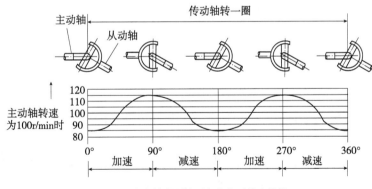

图9-72 十字轴式刚性万向节的不等速特性

十字轴式刚性万向节的不等速特性将使从动轴及其相连的传动部件产生扭转振动,从而产生附加的交变载荷,影响部件寿命。可以采用如图9-73所示的双十字轴刚性万向节的传动方式,第一万向节的不等速特性可以被第二万向节的不等速特性所抵消,从而实现两轴间的等角速传动。具体条件是:①第一万向节两轴间夹角 α_1 与第二万向节两轴间夹角 α_2 相等;②第一万向节的从动叉与第二万向节的主动叉处于同一平面。

由于悬架的振动,不可能在任何时候都保证 $α_1 = α_2$,因此这种双十字轴刚性万向节的传动只能近似地解决等速传动问题,且由于两轴夹角最大只能是20°,因此使用上受到限制。

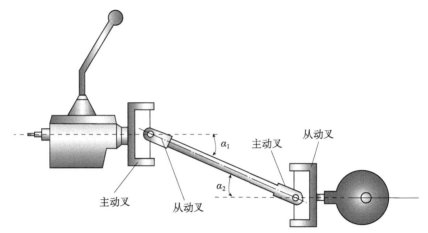

图9-73 双十字轴刚性万向节等速传动布置图

2 等速万向节

等速万向节的工作原理是,保证万向节在工作过程中,其传力点永远位于两轴交角的平分面上,如图9-74所示。

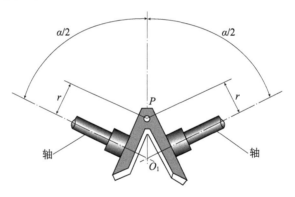

图9-74 等速万向节的工作原理

常见的球笼式等速万向节有固定型球笼式等速万向节(RF节)和伸缩型球笼式等速万向节(VL节)。

如图9-75所示,固定型球笼式万向节由六个钢球、星形套、球形壳和保持架等组成。万向节星形套与主动轴用花键固接在一起,星形套外表面有六条弧形凹槽滚道,球形壳的内表面有相应的六条凹槽,六个钢球分别装在各条凹槽中,由球笼使其保持在同一平面内。动力由主动轴、钢球、球形壳输出。

球笼式万向节工作时六个钢球都参与传力,故承载能力强、磨损小、寿命长。它被广泛应用于各种型号的转向驱动桥和独立悬架的驱动桥。

伸缩型球笼式等角速万向节又称直槽滚道型等速万向节。如图9-76所示,其结构与上述球笼式相近,只是内、外滚道为圆筒形直槽,使万向节本身可轴向伸缩(伸缩量可达

40~50mm），省去其他万向节传动中的滑动花键，且滚动阻力小，适用于断开式驱动桥的万向传动装置。这种万向节所连接的两轴夹角不能太大，因此常常和固定型球笼式等速万向节组合在一起使用，以保证在夹角和距离发生变化的情况下传递动力。

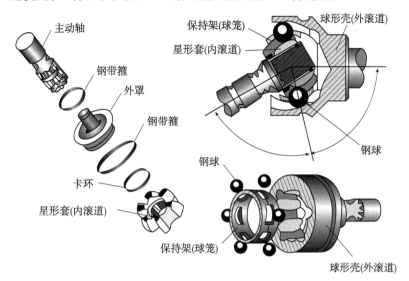

图9-75 固定型球笼式等速万向节

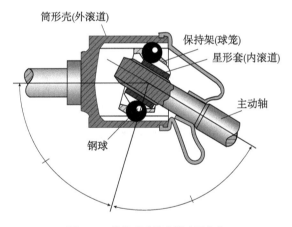

图9-76 伸缩型球笼式等速万向节

RF节和VL节广泛应用于采用独立悬架的汽车转向驱动桥，如红旗、桑塔纳、捷达、宝来、奥迪等。其中RF节用于靠近车轮处，VL节用于靠近驱动桥处，如图9-77所示。

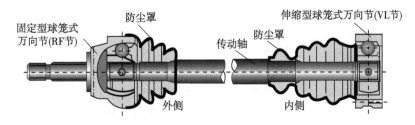

图9-77 RF节与VL节在转向驱动桥中的布置

❷ 传动轴

传动轴是万向传动装置中的主要传力部件。通常用来连接变速器（或分动器）和驱动桥，在转向驱动桥和断开式驱动桥中，则用来连接差速器和驱动车轮。

图9-78所示为传动轴的构造图。传动轴有实心轴和空心轴之分。为了减小传动轴的质量，节省材料，提高轴的强度、刚度，传动轴多为空心轴，超重型货车则直接采用无缝钢管。转向驱动桥、断开式驱动桥或微型汽车的传动轴通常制成实心轴。传动轴两端的连接件装好后，应进行动平衡试验。在质量小的一侧补焊平衡片，使其不平衡量不超过规定值。

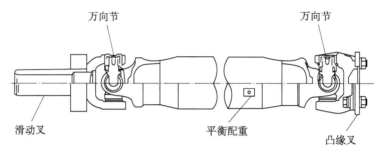

图9-78　传动轴的构造

汽车行驶过程中，变速器与驱动桥的相对位置会发生变化，随着传动轴角度的改变，其长度也会改变，因此采用滑动叉和花键组成的滑套连接，以实现传动轴长度的变化，如图9-79所示。

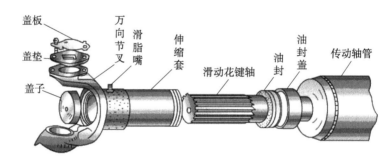

图9-79　滑叉的构造

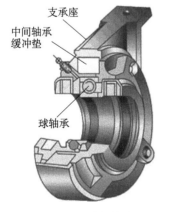

图9-80　中间支承

❸ 中间支承

传动轴分段时需加中间支承，中间支承通常装在车架横梁上，能补偿传动轴轴向和角度方向的安装误差，以及汽车行驶过程中因发动机窜动或车架变形等引起的位移。

图9-80所示的中间支承是由支架和轴承等组成，轴承固定在中间传动轴后部的轴颈上。带油封的支承盖之间装有弹性元件橡胶垫环，用3个螺栓紧固。紧固时，橡胶垫环会径向扩张，其外圆被挤紧于支架的内孔。

六 驱动桥

❶ 驱动桥功用、组成和分类

1 驱动桥功用

驱动桥的功用是将由万向传动装置传来的发动机转矩传给驱动车轮,并经减速增矩、改变动力传动方向,使汽车行驶,而且允许左右驱动车轮以不同的转速旋转。

2 驱动桥的组成

驱动桥是传动系统的最后一个总成,一般由主减速器、差速器、半轴和桥壳等组成,如图9-81所示。驱动桥的主要零部件都装在驱动桥的桥壳中。

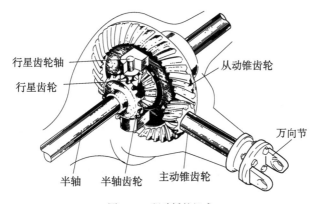

图9-81 驱动桥的组成

3 驱动桥的分类

按照悬架结构的不同,驱动桥可以分为整体式驱动桥和断开式驱动桥,整体式驱动桥又称为非断开式驱动桥。

整体式驱动桥与非独立悬架配用。其驱动桥壳为一刚性的整体,驱动桥两端通过悬架与车架或车身连接,左右半轴始终在一条直线上,即左右驱动轮不能相互独立地跳动。当某一侧车轮通过地面的凸出物或凹坑升高或下降时,整个驱动桥及车身都要随之发生倾斜,车身波动大。

断开式驱动桥与独立悬架配用。其主减速器固定在车架或车身上,驱动桥壳制成分段并用铰链连接,半轴也分段并用万向节连接。驱动桥两端分别用悬架与车架或车身连接。这样,两侧驱动车轮及桥壳可以彼此独立地相对于车架或车身上下跳动。

❷ 驱动桥主要部件的构造

❶ 主减速器

1 主减速器的功用

主减速器的功用是:将发动机转矩传给差速器;在动力的传动过程中要将转矩增大并相应降低转速;对于纵置发动机,还要将转矩的旋转方向改变90°。

2 主减速器的类型

按参加传动的齿轮副数目的不同,可分为单级主减速器和双级主减速器。有些重型汽车又将双级主减速器的第二级圆柱齿轮传动设置在两侧驱动车轮附近,称为轮边减速器。

按主减速器传动比个数的不同,可分为单速式和双速式主减速器。单速式的传动比是固定的,而双速式则有两个传动比供驾驶人选择。

按齿轮副结构形式的不同,可分为圆柱齿轮式(又可分为定轴轮系和行星轮系)主减速器和圆锥齿轮式(又可分为螺旋锥齿轮式和准双曲面锥齿轮式)主减速器。

3 单级主减速器

单级主减速器结构简单,质量小,体积小,传动效率高,主要用于乘用车及中型以下客货车。

对于发动机纵向布置的汽车,由于需要改变动力传递方向,单级主减速器都采用一对圆锥齿轮传动;对于发动机横向布置的汽车,单级主减速器采用一对圆柱齿轮即可。

桑塔纳2000车型主减速器和差速器如图9-82所示,其传动比为4.444。由于发动机纵向前置前轮驱动,整个传动系都集中布置在汽车前部,因此其主减速器装于变速器壳体内,没有专门的主减速器壳体。由于省去了变速器到主减速器之间的万向传动装置,所以变速器输出轴即为主减速器主动轴。

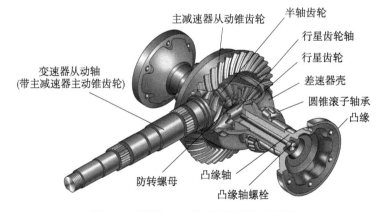

图9-82 桑塔纳2000车型主减速器和差速器

2 差速器

1 差速器的功用

差速器的功用是将主减速器传来的动力传给左、右两半轴,并在必要时允许左、右半轴以不同转速旋转,使左、右驱动车轮相对地面纯滚动而不是滑动。

当汽车转弯行驶时,内外两侧车轮中心在同一时间内移过的曲线距离显然不同,即外侧车轮移过的距离大于内侧车轮,如图9-83所示。若两侧车轮都固定在同一刚性转轴上,两轮角速度相等,则此时外轮必然是边滚动边滑移,内轮必然是边滚动边滑转。

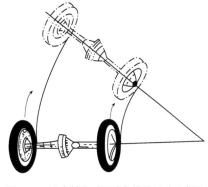

图9-83 汽车转向时驱动车轮的运动示意图

2 差速器的结构和工作原理

应用最广泛的普通齿轮差速器为锥齿轮差速器。图9-84所示为桑塔纳2000差速器。

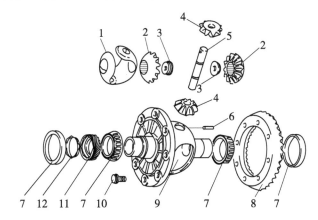

图9-84 桑塔纳2000车型差速器

1-复合式推力垫片;2-半轴齿轮;3-螺纹套;4-行星齿轮;5-行星齿轮轴;6-止动销;7-圆锥滚子轴承;8-主减速器从动锥齿轮;9-差速器壳;10-螺栓;11-车速表齿轮;12-车速表齿轮锁紧套筒

❶ 结构

差速器由差速器壳、行星齿轮轴、2个行星齿轮、2个半轴齿轮、球面垫片和垫圈等组成。行星齿轮轴装入差速器壳体后用弹簧销定位。行星齿轮和半轴齿轮的背面制成球面,与球面垫片和垫圈相配合,以减磨、耐磨。螺纹套用于紧固半轴齿轮,差速器通过一对圆锥滚子轴承支承在变速器壳体中。

❷ 工作原理

差速器的工作原理,如图9-85所示。主减速器传来的动力带动差速器壳转动,经过行星齿轮轴、行星齿轮、半轴齿轮、半轴,最后传给两侧驱动车轮。

半轴在差速器内分成左右两段,并装上半轴齿轮。差速器壳固定在从动锥齿轮上,半轴齿轮和行星齿轮啮合,行星齿轮支承在差速器壳上。当从动锥齿轮旋转时,行星齿轮公转。当单侧半轴齿轮受到阻力时,行星齿轮一边公转一边自转,允许两侧车轮以不同的速度旋转。

普通齿轮式差速器的速度特性为：左、右两半轴的转速之和等于差速器壳转速的2倍，而与行星齿轮的转速无关。差速器转矩特性为：左、右两侧半轴的转矩始终相同，即平分特性。

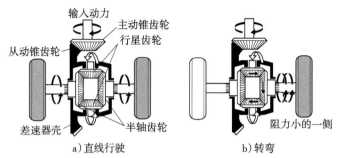

图9-85　差速器运动原理

3 半轴

半轴的功用是将差速器传来的动力传给驱动车轮。因其传递的转矩较大，常制成实心轴。

半轴的结构因驱动桥结构形式的不同而异。整体式驱动桥中的半轴为一刚性整轴，而转向驱动桥和断开式驱动桥中的半轴则分段并用万向节连接。

现代汽车常采用全浮式和半浮式两种半轴支承形式。

1 全浮式半轴支承

全浮式半轴支承广泛应用于各型货车上。图9-86所示为全浮式半轴支承的示意图。半轴外端锻造有半轴凸缘，用螺栓紧固在轮毂上，轮毂用一对圆锥滚子轴承支承在半轴套管上，半轴套管与空心梁压配成一体，组成驱动桥壳。这种半轴支承形式，半轴与桥壳没有直接联系，半轴只在两端承受转矩，不承受其他任何反力和弯矩，所以称为全浮式半轴支承。

2 半浮式半轴支承

图9-87所示为半浮式半轴支承的示意图。半轴用一个圆锥滚子轴承直接支承在桥壳凸缘的座孔内。车轮与桥壳之间无直接联系，而支承于悬伸出的半轴外端。因此，地面作用于车轮的各种反力都须经半轴外端的悬伸部分传给桥壳，使半轴外端不仅要承受转矩，而且还要承受各种反力及其形成的弯矩。半轴内端通过花键与半轴齿轮连接，不承受弯矩，故称这种支承形式为半浮式半轴支承。

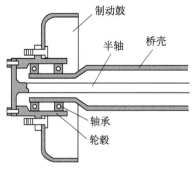

图9-86　全浮式半轴示意图

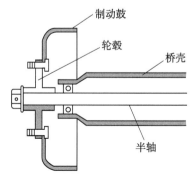

图9-87　半浮式半轴示意图

4 桥壳

驱动桥壳既是传动系统的组成部分，同时也是行驶系统的组成部分。作为传动系统的组成部分，其功用是安装并保护主减速器、差速器和半轴。作为行驶系统的组成部分，其功用是安装悬架或轮毂，和从动桥一起支承汽车悬架以上各部分质量，承受驱动车轮传来的反力和力矩，并在驱动车轮与悬架之间传力。

驱动桥壳可分为整体式桥壳和分段式桥壳两种类型。整体式桥壳一般是铸造的，具有较大的强度和刚度，且便于主减速器的拆装和调整，适用于中型以上货车。分段式桥壳一般分为两段，由螺栓将两段连成一体，现已很少应用。

思考与练习

一、填空题

1. 传动系统的基本功用是，将_____的转矩传递给_____，同时还必须适应行驶条件的需要，改变_____的大小。
2. 离合器一般由_____、_____、_____和_____组成。
3. 从动盘主要由_____、_____和_____等组成，为消除传动系的扭转振动，从动盘一般都带有_____。
4. 机械式离合器操纵机构有_____和_____两种。
5. 汽车手动变速器操纵机构有_____式和_____式两种形式，前置发动机前轮驱动车辆一般采用_____式。
6. 二轴式变速器多用于发动机前置_____驱动的汽车，一般与驱动桥合称为_____。
7. 换挡锁装置包括_____装置、_____装置和_____装置。
8. 自动变速器主要由_____、_____、_____、_____和电子控制系统等组成。
9. 液力变矩器通常由_____、_____和_____三个元件组成，称为三元件液力变矩器。
10. 锁止离合器在工作时将_____和_____直接连接起来，这样减少液力变矩器在高速比时的能量损耗。
11. 自动变速器的换挡执行元件主要包括_____、_____和_____。
12. 自动变速器的电子控制系统包括_____、_____和_____3部分。
13. 万向传动装置一般由_____、_____和_____等组成。
14. 刚性万向节按其速度特性分为_____万向节、_____万向节和_____万向节。
15. 驱动桥一般由_____、_____、_____和_____等组成。

16. 按照悬架结构的不同,驱动桥可以分为_____驱动桥和_____驱动桥。

二、选择题

1. 当膜片式离合器摩擦片磨损后,离合器踏板的自由行程如何变化(　　)。
   A. 变大　　　　　　　　　　　　B. 不变化
   C. 变小　　　　　　　　　　　　D. 以上都有可能
2. 汽车离合器安装于(　　)。
   A. 发动机与变速器之间　　　　　B. 变速器与后驱动轴之间
   C. 分动器与变速器之间　　　　　D. 变速器与主减速器之间
3. 下面(　　)是汽车离合器的主要作用。
   A. 保证汽车怠速平稳　　　　　　B. 使换挡时工作平顺
   C. 实现倒车　　　　　　　　　　D. 增加变速比
4. 下列不属于汽车离合器部分的是(　　)。
   A. 分离轴承　　B. 曲轴　　C. 压盘　　D. 从动盘
5. 一对啮合齿轮的传动比是其从动齿轮与主动齿轮的(　　)之比。
   A. 齿数　　B. 转速　　C. 角速度　　D. 圆周速度
6. 目前手动变速器较多采用(　　)同步器。
   A. 常压式　　B. 惯性式　　C. 自增力式　　D. 其他形式
7. 汽车挡位越低,(　　),获得转矩越大。
   A. 传动比越小,驱动轴的转速便越低　　B. 传动比越大,驱动轴的转速便越低
   C. 传动比越大,驱动轴的转速便越高　　D. 传动比越小,驱动轴的转速便越高
8. 当自锁装置失效时,手动变速器容易造成(　　)故障。
   A. 乱挡　　　　　　　　　　　　B. 跳挡
   C. 异响　　　　　　　　　　　　D. 换挡后不能退回空挡
9. 手动变速器是利用(　　)工作的。
   A. 传动带传动变速原理　　　　　B. 齿轮传动变速原理
   C. 摩擦轮传动变速原理　　　　　D. 蜗轮、蜗杆传动变速原理
10. 以下手动变速器的作用中不正确的是(　　)。
    A. 在一定范围内任意改变传动比
    B. 提供空挡
    C. 在不改变曲轴旋转方向的情况下,使汽车能倒退
    D. 可以换挡以改变汽车的牵引力
11. 倒挡轴的倒挡惰轮的主要作用是(　　)。
    A. 增加倒挡变速比　　　　　　　B. 减小倒挡变速比
    C. 改变输出轴的旋转方向　　　　D. 以上都不是
12. 在自动变速器中,当液力变矩器的泵轮和涡轮转速差值愈大时,则(　　)。
    A. 输出转矩愈大　　B. 输出转矩愈小　　C. 效率愈高　　D. 输出功率愈大

13. 液力变矩器的锁止电磁阀的作用是当车速升到一定值后,控制油液能把( )锁为一体。
    A. 泵轮和导轮　　B. 泵轮和涡轮　　C. 泵轮和单向离合器　　D. 涡轮和导轮
14. 在输出轴处于增矩工况下,自动变速器的液力变矩器中的导轮处于( )状态。
    A. 自由　　　　B. 锁止　　　　C. 与涡轮同速　　　　D. 与泵轮同速
15. 在自动变速器的行星齿轮变速机构中,只有当( )时,才能获得倒挡。
    A. 行星架制动,齿圈主动　　　　B. 行星架主动、太阳齿轮制动
    C. 齿圈制动,太阳齿轮主动　　　D. 太阳齿轮主动,行星架制动
16. 对于自动变速器的手动换挡阀,正确的说法是( )。
    A. 由换挡杆带动手动换挡阀　　　B. 手动换挡阀独立存在,不在阀体中
    C. 手动换挡阀由加速踏板连动　　D. 手动换挡阀直接控制前进挡的挡位
17. 自动变速器的油泵,是被( )驱动的。
    A. 变矩器外壳　　　　　　　　　B. 导轮间接
    C. 从泵轮抛向涡轮的油流　　　　D. 单向离合器
18. 在自动变速器中,当行星齿轮变速机构中有锁止元件,并且行星架作为输入元件时,行星齿轮机构就( )。
    A. 形成降速挡　　B. 形成降矩挡　　C. 输出与输入转向相反　　D. 形成增速挡
19. 不等速万向节指的是( )。
    A. 球叉式万向节　　　　　　　　B. 三销轴式万向节
    C. 十字轴刚性万向节　　　　　　D. 球笼式万向节
20. 十字轴式不等速万向节,当主动轴转过一周时,从动轴转过( )。
    A. 一周　　　　B. 小于一周　　　C. 大于一周　　　D. 不一定
21. 等角速万向节的基本原理是从结构上保证万向节在工作过程中,其传力点永远位于两轴交角的( )。
    A. 平面上　　　B. 垂直平面上　　C. 平分面上　　　D. 平行面上
22. 汽车转弯行驶时,差速器中的行星齿轮( )。
    A. 只有自转,没有公转　　　　　B. 只有公转,没有自转
    C. 既有公转,又有自转　　　　　D. 静止不动
23. 驱动桥主减速器是用来改变传动方向,降低转速和( )。
    A. 产生离地间隙　　B. 产生减速比　　C. 增大转矩　　D. 减少转矩

三、判断题

1. 离合器在使用过程中,不允许出现摩擦片与压盘、飞轮之间有任何相对滑移的现象。（　）
2. 膜片弹簧离合器的结构特点之一是:用膜片弹簧取代压紧弹簧和分离杠杆。（　）
3. 离合器在紧急制动时,可防止传动系统过载。（　）
4. 为使离合器接合柔和,驾驶人应逐渐放松离合器踏板。（　）
5. 变速器的挡位越低,传动比越小,汽车的行驶速度越低。（　）

6. 手动变速器各挡位的传动比等于该挡位所有从动齿轮齿数的乘积与所有主动齿轮齿数的乘积之比。（ ）

7. 同步器能够保证：变速器换挡时，待啮合齿轮的圆周速度迅速达到一致，以减少冲击和磨损。（ ）

8. 手动变速器自锁装置的作用是防止手动变速器同时换入两个挡。（ ）

9. 根据换挡工况的需要，自动变速器中的单向离合器由液压系统控制其分离或锁止。（ ）

10. 所谓液力变矩器的"锁止"，其含义是把其内的导轮锁止不动，以提高传动效率。（ ）

11. 自动变速器中制动器的作用是把行星齿轮变速机构中的某两个元件连接起来，形成一个整体共同旋转。（ ）

12. 自动变速器中的单向离合器是以机械方式进行运作的，而多片式离合器则是利用液压进行操纵的。（ ）

13. 当行星齿轮变速机构中的太阳齿轮、齿圈或行星架都不被锁止时，则会形成空挡。（ ）

14. 四挡辛普森式自动变速器，其结构特点是前后行星架组成一体。（ ）

15. 自动变速器的内啮合式齿轮泵，是靠液力变矩器的输出轴驱动的。（ ）

16. 在液力变矩器中，当导轮处于锁止状态下，将反过来使泵轮的转矩增大。（ ）

17. 汽车行驶中，传动轴的长度可以自动变化。（ ）

18. 传动轴的安装，应注意使其两端的万向节叉位于同一平面内。（ ）

19. 当差速器中行星齿轮没有自转时，总是将转矩平均分配给左、右两半轴齿轮。（ ）

20. 差速器的作用是保证两侧车轮以相同转速旋转。（ ）

21. 对于发动机纵向布置的汽车，由于需要改变动力传递方向，单级主减速器都采用一对圆锥齿轮传动。（ ）

四、简答题

1. 什么是离合器自由间隙和离合器踏板自由行程？

2. 膜片弹簧式离合器是如何工作的？

3. 离合器液压操纵机构的工作原理是什么？

4. 变速器的功用有哪些？

5. 说明桑塔纳2000车型手动变速器各挡动力传动路线。

6. 液力变矩器由哪些元件组成？它是如何工作的？

7. 锁止离合器的作用是什么？简述其工作原理。

8. 自动变速器的换挡执行元件有哪些？各有什么功用？

9. 自动变速器常用的传感器及开关有哪些？各有什么功用？

10. 什么是十字轴万向节的不等速特性？如何才能实现等速传动？

11. 驱动桥一般由哪些元件组成？它的功用是什么？

12. 主减速器的功用有哪些？常见的主减速器有哪些类型？

13. 简述差速器的结构及其工作原理。

单元十　行驶系统

知识目标

1. 掌握行驶系统的作用和组成；
2. 掌握车轮定位的定义及功用；
3. 掌握悬架的基本组成、各部件的作用和工作原理；
4. 掌握常见悬架的结构及工作原理；
5. 掌握车轮总成的基本组成及功用；
6. 掌握轮胎规格表示方法；
7. 了解车架的种类及结构特点。

建议学时

10学时。

一、行驶系统概述

汽车行驶系统的主要作用是：将传动系统传来的转矩转化为汽车行驶的驱动力；支承汽车的总质量；承受并传递路面作用于车轮上的力和力矩；减少振动，缓和冲击，保证汽车的平稳行驶。

汽车行驶系统一般由车架（或车身）、悬架、车桥和车轮总成等组成，如图10-1所示。

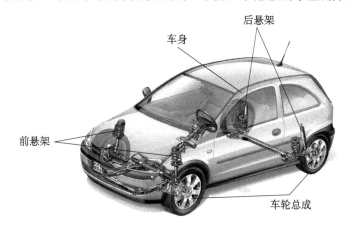

图10-1 汽车行驶系统的组成

二、车桥及车轮定位

1 车桥

车桥位于悬架与车轮总成之间，其两端安装车轮总成，通过悬架与车架（或车身）相连，其功用是传递车架（或车身）与车轮总成之间的各种载荷。

按悬架结构形式的不同，车桥分为整体式车桥和断开式车轿两种。整体式车桥与非独立悬架配用；断开式车桥与独立悬架配用。

按车桥上车轮总成作用的不同，车桥分为转向桥、驱动桥、转向驱动桥和支持桥，其中转向桥和支持桥都属于从动桥。

在后轮驱动的汽车中，前桥不仅用于承载，而且兼起转向作用，称为转向桥；后桥不仅用于承载，而且兼起驱动的作用，称为驱动桥。

越野汽车和前轮驱动汽车的前桥，除了承载和转向的作用外，还兼起驱动作用，所以称为转向驱动桥。

只起支承作用的车桥称为支持桥。挂车的车桥就是支持桥。支持桥除不能转向外，其他功能和结构与转向桥相同。

❶ 转向桥

转向桥通常位于汽车前部，故也称为前桥。转向桥的作用是支承汽车部分重量，安装前轮及前轮制动器，连接车架，承受车架与车轮总成之间的作用力及其产生的弯矩和转矩，同时还要使前轮偏转以实现转向。转向桥基本结构由前轴（前梁）、转向节、主销、轮毂等部分组成，如图10-2所示。前轴是转向桥的主体，根据断面形状分工字梁式和管式2种。

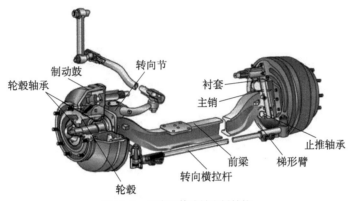

图10-2　汽车整体式转向桥结构

❷ 转向驱动桥

转向驱动桥如图10-3所示，它同一般驱动桥一样，由主减速器、差速器、半轴和桥壳组成。但由于转向时转向车轮需要绕主销偏转一个角度，故与转向轮相连的半轴必须分成内外两段（内半轴和外半轴），其间用万向节（一般多用等速万向节）连接，同时主销也因此而分制成两段（或用球头销代替）。转向节轴颈部分做成中空的，以便外半轴穿过其中。

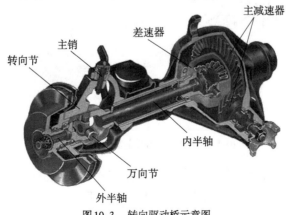

图10-3　转向驱动桥示意图

图 10-4 所示为桑塔纳 2000 车型的前桥总成，采用的是断开式、独立悬架转向驱动桥。车桥上端通过左、右悬架与承载式车身相连接，下端通过左、右下摆臂与固定在车身上的副车架相连接。悬架车轮轴承壳与下摆臂之间通过可移动球形接头连接，从而使前轮固定，并通过下摆臂上的长孔调整车轮外倾角，为了减小车辆转向时的车身倾斜，在副车架与下摆臂之间还装有横向稳定器。

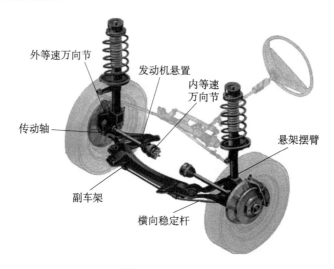

图 10-4　桑塔纳 2000 型车型的转向驱动桥

3 支持桥

桑塔纳 2000GSi 车型后桥是纵向摆臂式非驱动桥，其结构如图 10-5 所示。

图 10-5　桑塔纳 2000GSi 车型后桥结构示意图

该车桥轮毂、制动鼓以及车轮与车桥的连接方式与转向桥一样，通过轴承支承，轴向定位。车桥只向其传递横、纵向推力或拉力，不传递转矩。

❷ 车轮定位

❶ 转向轮定位

为了保证汽车直线行驶的稳定性和操纵的轻便性,减轻轮胎和其他机件的磨损,转向轮、转向节和前轴三者与车架的安装应保持一定的相对位置关系,这种安装位置关系称为转向轮定位,也称前轮定位。

对于两端装有主销的转向桥,汽车转向时,转向车轮会围绕主销轴线偏转,如图10-6a)所示。但在大多数断开式转向桥中没有主销,而采用上、下球头销代替主销,上、下球头销球头中心的连心线相当于主销轴线,如图10-6b)所示。

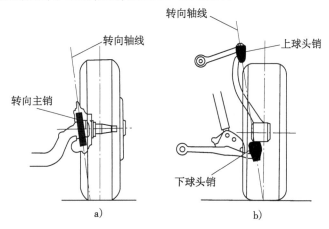

图10-6 主销的不同形式

转向轮定位包括主销后倾、主销内倾、车轮外倾及前轮前束4个参数。现以有主销的转向桥为例说明转向轮定位。

1 主销后倾

主销安装在前轴上,其上端略向后倾斜,这种现象称为主销后倾。在垂直于汽车支承平面的纵向平面内,主销轴线与汽车支承平面垂线之间的夹角 γ 称为主销后倾角,如图10-7所示。

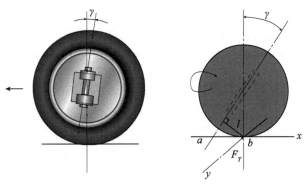

图10-7 主销后倾

主销后倾的功用是形成回正力矩,保证汽车直线行驶的稳定性,并使汽车转向后回正操纵轻便。主销后倾角越大、车速越高,回正力矩越大,转向轮偏转后自动回正的能力也越强。

此外,有些汽车由于采用超低压轮胎,弹性增加,转向时因轮胎弹性变形而使轮胎与路面的接触点后移,使回正力矩增加,故主销后倾角可以减小,甚至为负值(即主销前倾)。

主销后倾角一般是将前轴连同悬架安装在车架上时,使前轴向后倾斜而形成的。

2 主销内倾

主销安装在前轴上,其上端略向内侧倾斜,这种现象称为主销内倾。在垂直于汽车支承平面的横向平面内,主销轴线与汽车支承平面垂线之间的夹角 β 称为主销内倾角,如图10-8所示。

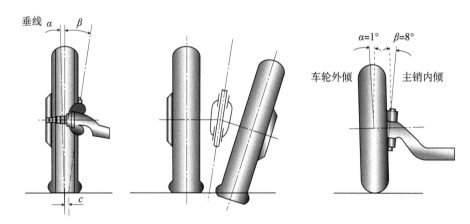

图10-8 主销内倾及车轮外倾

主销内倾的功用是使转向轮自动回正,并使转向操纵轻便。

由于有了主销内倾,转向时,路面作用在转向轮上的阻力对主销轴线产生的力矩减小,从而可减少转向时驾驶人施加在转向盘上的力,使转向操纵轻便。同时,还可以减小因路面不平而从转向轮传到转向盘上的冲击力。

当转向轮在外力作用下绕主销旋转而偏离中间位置时,由于主销内倾,车轮连同整个汽车前部被向上抬起。一旦外力消失,转向轮就会在汽车前部重力作用下力图自动回正到旋转前的中间位置。主销内倾角越大、转向轮偏转角越大,汽车前部就抬起得越高,转向轮自动回正的作用就越明显。

主销后倾和主销内倾都具有使车轮自动回正及保证汽车直线行驶稳定性的作用,但其区别在于:主销后倾角的回正作用随着车速的增高而增大,而主销内倾的回正作用几乎与车速无关。

3 车轮外倾

转向车轮安装在转向节上时,其旋转平面上端向外倾斜,这种现象称为转向车轮外倾。车轮旋转平面与垂直于车辆支承面的纵向平面之间的夹角 α 称为车轮外倾角,如图10-9所示。

车轮外倾角的功用是提高车轮工作的安全性和转向操纵的轻便性。

由于主销与衬套之间、轮毂与轴承等处都存在着装配间隙,若空车时车轮的安装正好垂直于路面,则满载时上述间隙将发生变化,车桥也因承载而变形,从而引起车轮向内倾斜,引起轮胎内侧磨损加剧;车轮内倾还将使路面对车轮的垂直反作用力的轴向分力压向轮毂外端的小轴承,使该轴承及其锁紧螺母等件承受的载荷增大,降低了它们的使用寿命,严重时会损坏锁紧螺母而使车轮脱落。为此,安装车轮时预先留有一定的外倾角,以防止上述不良影响。此外,车轮有一定的外倾角也可以与拱形路面相适应。

4 前轮前束

车轮安装在车桥上,两前车轮的中心平面不平行,其前端略向内侧收束,这种现象称为前轮前束。两前轮后端距离 A 大于前端距离 B,其差值 $A-B$ 称为前轮前束值,如图10-10所示。

前轮前束的功用是消除因车轮外倾所造成的不良后果,保证车轮不向外滚动,防止车轮侧滑和减轻轮胎的磨损。

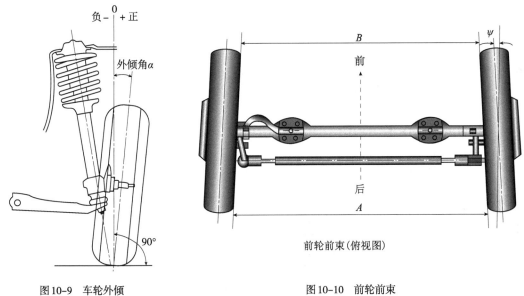

图10-9　车轮外倾　　　　图10-10　前轮前束

2 非转向轮定位

后轮与后轴之间的相对安装位置关系,称为后轮定位。随着车速的不断提高,为了提高汽车高速行驶的稳定性,在结构设计上应确保汽车具有不足转向特性。为此,转向轮定位的内容已扩展到非转向轮(后轮)。汽车后轮具有一定程度的外倾角和前束。

后轮定位内容主要包括后轮外倾角和后轮前束。

①后轮外倾角。为了对载荷进行补偿,采用独立后悬架的大多数车辆常带有一个较小的后轮外倾角。

②后轮前束。后轮前束的作用与前轮前束基本相同。一般前驱汽车,前驱动轮宜采用正前束,后从动轮宜采用负前束;对于后驱汽车,前从动轮宜采用负前束,后驱动轮宜采用正前束。

三 悬架

❶ 悬架的功用和分类

❶ 悬架的功用

悬架是车架(或车身)与车桥(或车轮总成)之间一切传力连接装置的总称。悬架具有如下的功用：

①连接车架(或车身)和车桥(或车轮总成)，把路面作用到车轮总成的各种力传给车架(或车身)。

②缓和冲击、衰减振动，使乘坐舒适，具有良好的平顺性。

③保证汽车具有良好的操纵稳定性。

❷ 悬架的分类

汽车悬架可分为两大类：非独立悬架和独立悬架(图10-11)。

a)非独立悬架　　　　b)独立悬架

图10-11　非独立悬架与独立悬架的示意图

非独立悬架的特点是左右车轮安装在一根整体式车桥两端，车桥则通过悬架与车架相连。当一侧车轮发生位置变化后会导致另一侧车轮的位置也发生变化。

独立悬架的结构特点是车桥做成断开的，每一侧车轮单独通过悬架与车架(或车身)连接。与非独立悬架相比较，汽车采用独立悬架有以下优点：

①两侧车轮可以单独运动而互不影响，这样在不平道路上可减少车架或车身的振动，而且有助于消除转向车轮不断偏摆的不良现象。

②减小了汽车的非簧载质量(即不由弹簧支承的质量)。在道路条件和车速相同时，非簧载质量越小，悬架受到的冲击载荷也就越小，因而采用独立悬架可以提高汽车的平均行驶速度。

③由于采用断开式车桥，发动机总成的位置可以降低和前移，使汽车重心下降，因而可提高汽车的行驶稳定性；同时由于给予了车轮较大的上下运动的空间，故可以将悬架刚度设计得较小，以降低车身振动频率，改善行驶平顺性。

④越野汽车全部车轮采用独立悬架还可保证汽车在不平道路上行驶时，所有车轮和路面有良好的接触，从而可增大牵引力；此外，可增大汽车的离地间隙，使汽车的通过性能大大提高。

由于具有以上优点，独立悬架被现代汽车广泛采用。但是，独立悬架结构复杂，制造成本高，维护维修不便，在一般情况下，车轮跳动时，由于车轮外倾角与轮距变化较大，轮胎磨损较严重。

❷ 悬架的结构

现代汽车的悬架虽有不同的结构形式，但一般都由弹性元件、减振器、导向机构等组成，乘用车一般还有横向稳定器。悬架的组成，如图10-12所示。

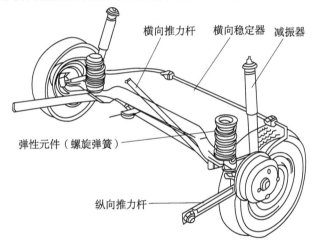

图10-12 悬架的组成

弹性元件使车架（或车身）与车桥（或车轮总成）之间做弹性连接，可以缓和由于路面不平带来的冲击，并承受和传递垂直载荷。减振器可以衰减由于路面冲击产生的振动，使振动的振幅迅速减小。导向机构包括纵向推力杆和横向推力杆，用于传递纵向载荷和横向载荷，并保证车轮相对于车架（或车身）的运动关系。横向稳定器可以防止车身在转向等情况下发生过大的横向倾斜。

❶ 弹性元件

汽车上常用的弹性元件包括钢板弹簧、螺旋弹簧、扭杆弹簧和气体弹簧等。

1 钢板弹簧

钢板弹簧也称叶片弹簧，其结构如图10-13所示，在车桥靠近车架（或车身）时靠钢板弹簧的弹性形变起缓冲作用，并在车桥靠近和离开车架（或车身）的整个过程中，通过各片相互之间的滑动摩擦,部分衰减路面的冲击作用。

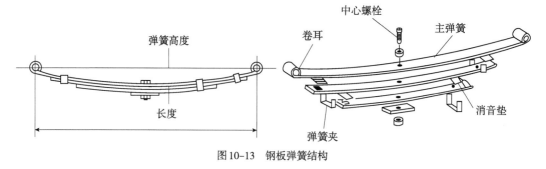

图 10-13 钢板弹簧结构

一副钢板弹簧通常由很多曲率半径不同、长度不等、宽度一样、厚度相等的弹簧钢板片叠成,在整体上近似等强度的弹性梁。第一片最长的钢板弹簧,称为主片,其两端或一端弯成卷耳状。在钢板弹簧全长内装有2~4个钢板夹。钢板弹簧的中部通过U形螺栓和压板与车桥刚性固定,两端用销子铰接在车架的支架和吊耳上。

2 螺旋弹簧

螺旋弹簧广泛应用于独立悬架,有些乘用车的后轮非独立悬架也采用螺旋弹簧做弹性元件。螺旋弹簧如图 10-14 所示,由特殊的弹簧钢棒卷制而成,可以制成圆柱形或圆锥形,也可以制成等螺距或不等螺距。圆柱形等螺距螺旋弹簧的刚度是不变的,圆锥形或不等螺距螺旋弹簧的刚度是可变的。

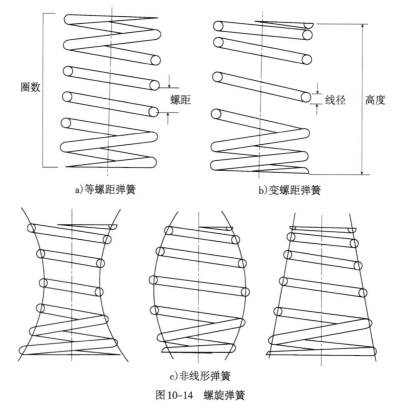

图 10-14 螺旋弹簧

螺旋弹簧与钢板弹簧相比,无需润滑,防污能力强,质量小,单位质量的能量吸收率较高。但是，螺旋弹簧本身减振作用很差，因此在螺旋弹簧悬架中，必须另装减振器；螺旋弹簧只能承受垂直载荷，故必须加装导向装置，以传递垂直力以外的各种力和力矩。

3 扭杆弹簧

扭杆弹簧是一根由铬钒弹簧钢制成的扭杆，如图10-15所示。扭杆一端固定在车架上，另一端固定在悬架的摆臂上，摆臂则与车轮相连。当车轮跳动时，摆臂便绕着扭杆轴线而摆动，使扭杆产生扭转导致弹性变形，以保证车轮与车架的弹性联系。

扭杆弹簧在制造时，经热处理后预先施加一定的扭转力矩，使之产生一个永久的扭转变形，从而使其具有一定的预应力。左、右扭杆的预加扭转的方向都与扭杆安装在车上后承受工作载荷时扭转的方向相同，目的是减少工作时的实际应力，以延长使用寿命。如果左、右扭杆换位安装，则将导致扭杆弹簧的实际工作应力加大，使用寿命缩短。因此，左右扭杆弹簧刻有不同的标记，不可互换。

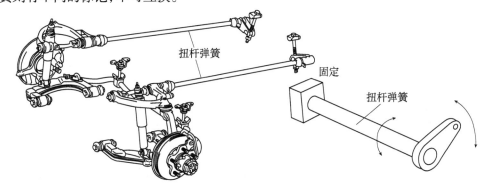

图10-15 扭杆弹簧示意图

2 减振器

1 减振器的功用及原理

减振器在汽车中的作用是迅速衰减由车轮通过悬架弹簧传给车身的冲击和振动，提高汽车行驶的平顺性能。汽车悬架中的减振器与弹性元件并联安装（图10-16）。

目前，汽车悬架系统中广泛采用液压减振器，其基本原理如图10-17所示。当车架与车桥做往复的相对运动而使活塞在缸筒内往复移动时，减振器壳体内的油液便反复地从一个内腔通过一些窄小的孔隙流入另一个内腔，此时孔壁与油液间的摩擦及液体分子内的摩擦便形成对振动的阻尼力，使车身和车架的振动能量转化为热能被油液和减振器壳体所吸收，然后扩散到大气中。减振器阻尼力的大小随车架与车桥（或车轮）间相对速度的变化而增减，并且与油液的黏度有关。

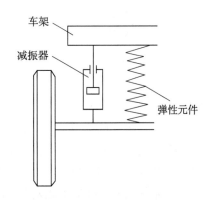

图10-16 减振器和弹性元件的安装示意图

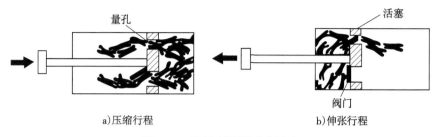

a) 压缩行程　　　　　　　　　　b) 伸张行程

图 10-17　液压减振器的基本原理

阀门越大,阻尼力越小,反之亦然。相对运动速度越大,阻尼力越大,反之亦然。

阻尼力越大,振动的衰减越快,但悬架弹性元件的缓冲效果不能发挥,乘坐也不舒适,因此弹性元件的刚度与减振器的阻尼力要合理搭配,才能保证乘坐舒适性和操纵稳定性的要求。

2 双向作用筒式减振器

目前,在汽车上应用最广泛的液压减振器是双向作用筒式减振器,它在伸张行程和压缩行程都具有阻尼减振作用。

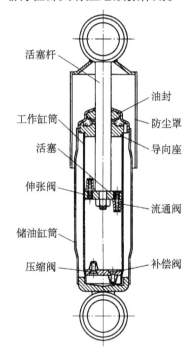

图 10-18　双向作用筒式减振器的基本组成

双向作用筒式减振器的基本组成如图 10-18 所示,它有 3 个同心缸筒,外面的缸筒是防尘罩,其上部的吊耳与车架相连。中间是储油缸筒,内装有一定量的油液,其下端的吊耳与车桥相连,里面是工作缸筒,其内装满油液。它还有 4 个阀,即压缩阀、伸张阀、流通阀和补偿阀。流通阀和补偿阀是一般的单向阀,其弹簧很弱,当阀上的油压作用力与弹簧弹力同向时,阀处于关闭状态,完全不通油液;而当油压作用力与弹簧弹力反向时,只要很小的油压,阀便能开启。压缩阀和伸张阀是卸载阀,其弹簧刚度较大,预紧力较大,只有当油压增高到一定程度时,阀才能开启;而当油压减低到一定程度时,阀即自行关闭。

双向作用筒式减振器的工作原理可用压缩和伸张两个行程加以说明。

①压缩行程。当车桥移近车架(或车身)时,减振器受压缩,活塞下移,使其下腔室容积减小,油压升高。具有一定压力的油液顶开流通阀进入活塞上腔室。由于活塞杆占去上腔室的部分容积,使上腔室增加的容积小于下腔室减小的容积,因此还有一部分油液不能进入上腔室而只能压开压缩阀,流回储油缸筒。油液流经上述阀孔时,受到一定的节流阻力,为克服这种阻力而消耗了振动能量,使振动衰减。

②伸张行程。当车桥相对远离车架(或车身)时,减振器受拉伸,活塞上移,使其上腔室油压升高。上腔室的油液便推开伸张阀流入下腔室。同样,由于活塞杆的存在,上腔室减小的容积小于下腔室增加的容积,因而从上腔室流出来油液不足以充满下腔室所增加的容积,使下腔室产生一定的真空,这时储油缸筒中的油液在真空作用下推开补偿阀流进下腔室进行补充。

从上面的原理可以得知,这种减振器在压缩、伸张两个行程都能起减振作用,因此称为双向作用减振器。

3 横向稳定器

横向稳定器,如图10-19和图10-20所示。横向稳定器利用扭杆弹簧原理,将左、右车轮通过横向稳定杆连接起来。在车身倾斜时,稳定杆两边的纵向部分向不同方向偏转,于是横向稳定杆便被扭转。弹性的稳定杆产生的扭转内力矩就阻碍了悬架弹簧的变形,从而减少车身的横向倾斜。

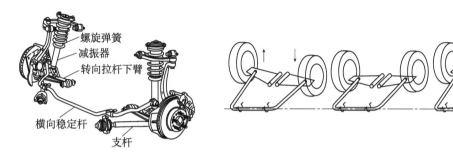

图10-19 横向稳定器　　　　　　　图10-20 横向稳定器的作用

3 非独立悬架

非独立悬架结构简单,工作可靠,一些乘用车的后悬架采用这一结构类型。

按照采用弹性元件的不同,非独立悬架可以分为钢板弹簧式非独立悬架和螺旋弹簧式非独立悬架。

1 钢板弹簧非独立悬架

图10-21所示为钢板弹簧式非独立悬架。钢板弹簧中部通过U形螺栓(骑马螺栓)固定在前桥上。钢板弹簧的前端卷耳用弹簧销与前支架相连,形成固定式铰链支点,起传力和导向作用;而后端卷耳则用吊耳销与可在车架上摆动的吊耳相连,形成摆动式铰链支点,从而保证了弹簧变形时两卷耳中心线间的距离有改变的可能。

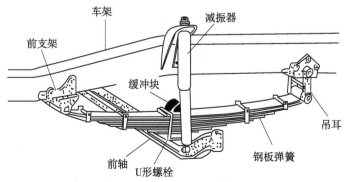

图10-21 钢板弹簧式非独立悬架

减振器的上、下两个吊环通过橡胶衬套和连接销分别与车架上的上支架和车桥上的下支架相连接。盖板上装有橡胶缓冲块,以限制弹簧的最大变形,并防止弹簧直接碰撞车架。

❷ 螺旋弹簧非独立悬架

螺旋弹簧非独立悬架由螺旋弹簧、减振器、纵向推力杆和横向推力杆组成。一般只用于汽车的后悬架,如图10-22所示。

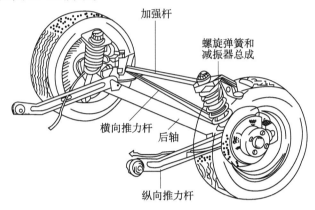

图10-22 螺旋弹簧非独立悬架

❹ 独立悬架

❶ 横臂式独立悬架

横臂式独立悬架分为单横臂式和双横臂式两种,目前单横臂式独立悬架应用较少。

双横臂式独立悬架的两个横摆臂有等长的和不等长的,如图10-23所示。摆臂等长的独立悬架当车轮上下跳动时,虽然车轮平面不倾斜、主销轴线的方向也不发生变化,但轮距发生较大的变化,这将引起车轮的侧滑和轮胎的磨损。而摆臂不等长的独立悬架当车轮上下跳动时,虽然车轮平面、主销轴线、轮距都发生变化,但如果选择长度比例合适,可使车轮和主销的角度及轮距变化不大,这种独立悬架被广泛用在汽车前轮上。图10-24所示为奥迪车型不等长双横臂式螺旋弹簧独立悬架。

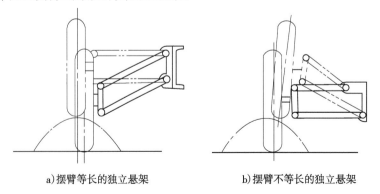

a) 摆臂等长的独立悬架   b) 摆臂不等长的独立悬架

图10-23 双横臂式独立悬架示意图

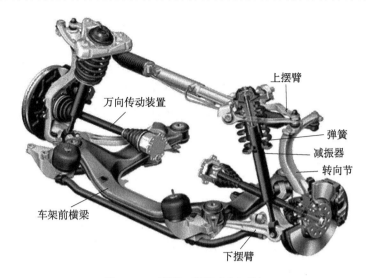

图10-24　不等长双横臂式独立悬架

2 纵臂式独立悬架

纵臂式独立悬架也分为单纵臂式和双纵臂式两种。

单纵臂式独立悬架如果用于前轮，车轮上下跳动时会使主销后倾角变化很大，所以单纵臂式独立悬架都用于后轮。

双纵臂式独立悬架的两纵摆臂一般长度相等，形成平行四连杆机构，如图10-25所示。这种悬架当车轮上下跳动时，车轮外倾角、轮距和主销后倾角都不发生变化，所以适用于前轮。

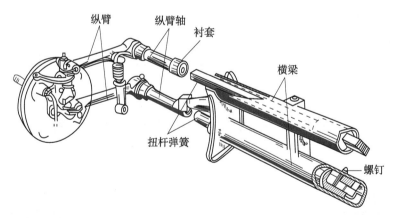

图10-25　双纵臂式独立悬架

3 烛式独立悬架

图10-26所示为烛式独立悬架，主销的上下两端刚性地固定在车架上。套在主销上的套管固定在转向节上。套管的中部固定装着螺旋弹簧的下支座。筒式减振器的下端与转向节相连，上端与车架相连。悬架的摩擦部分套着防尘罩。通气管与防尘罩内腔相通，以免罩中空气被密封而影响悬架的弹性。

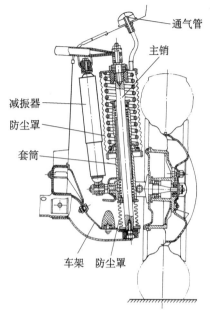

图10-26 烛式独立悬架

烛式独立悬架的优点是当悬架变形时,主销的定位角不会发生变化,仅轮距、轴距稍有改变;有利于汽车的转向操纵性和行驶稳定性。缺点是侧向力全部由套筒和主销承受,两者间的摩擦阻力大,磨损严重。因此,这种结构形式目前很少采用。

4 麦弗逊式独立悬架

麦弗逊式悬架是目前乘用车和某些轻型客车应用比较普遍的悬架结构形式。如图10-27所示,筒式减振器为滑动立柱,横摆臂的内端通过铰链与车身相连,外端通过球铰链与转向节相连。减振器的上端与车身相连,减振器的下端与转向节相连,车轮所受的侧向力大部分由横摆臂承受,其余部分由减振器活塞和活塞杆承受。筒式减振器上铰链的中心与横摆臂外端球铰链中心的连线为主销轴线,此结构也为无主销结构。当车轮上下跳动时,减振器下支点随前悬架摇臂摆动,故主销轴线角度是变化的,这说明车轮是沿着摆动的主销轴线而运动。

烛式独立悬架和麦弗逊式独立悬架都属于车轮沿主销移动的独立悬架,烛式独立悬架的车轮沿固定不动的主销移动,麦弗逊式独立悬架的车轮沿摆动的主销轴线移动。

5 多连杆式独立悬架

独立悬架中多采用螺旋弹簧,因而对于侧向力、垂直力以及纵向力需增设导向装置,即采用杆件来承受和传递这些力,因而一些乘用车上为减轻车重和简化结构,采用多连杆式悬架,如图10-28所示。上连杆用上连杆支架与车身(或车架)相连,上连杆外端与第三连杆相连。上连杆的两端都装有橡胶隔振套。第三连杆的下端通过重型推力轴承与转向节连接。下连杆与普通的下摆臂相同,其内端通过橡胶隔振套与前横梁相连接,球铰将下连杆的外端与转向节相连。多连杆前悬架系统的主销轴线从下球铰延伸到上面的轴承,它与上连杆和第三连杆无关。

图10-27 麦弗逊式独立悬架

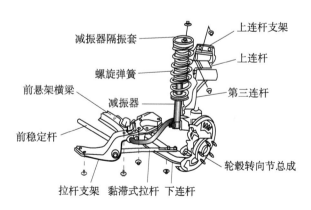

图10-28 多连杆前悬架系统

四 车轮总成

1 概述

汽车车轮总成如图10-29所示,由车轮和轮胎两大部分组成,是汽车行驶系统中极其重要的部件之一,它处于车桥和地面之间,具有如下基本功用:

① 支承整车质量,包括在汽车质量上下运动时产生的惯性动载荷。
② 缓和由路面传递来的冲击载荷。
③ 通过轮胎和路面之间的附着作用,产生驱动和阻止汽车运动的外力,即为汽车提供驱动力和制动力。
④ 产生平衡汽车转向离心力的侧向力,以便顺利转向,并通过轮胎产生的自动回正力矩,使车轮具有保持直线行驶的能力。
⑤ 承担跨越障碍的作用,保证汽车的通过性。

2 车轮

车轮是介于轮胎和车桥之间承受负荷的旋转组件,其功用是安装轮胎,承受轮胎与车桥之间的各种载荷。

车轮一般是由轮毂、轮辋和轮辐组成,如图10-30所示。轮毂通过圆锥滚子轴承装在车桥或转向节轴颈上,用于连接车轮与车桥。轮辋用于安装和固定轮胎。轮辐用于将轮毂和轮辋连接起来,并通过螺栓与轮毂连接起来。

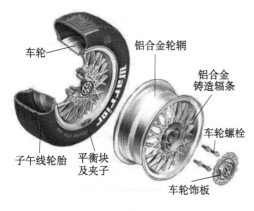

图10-29 车轮总成

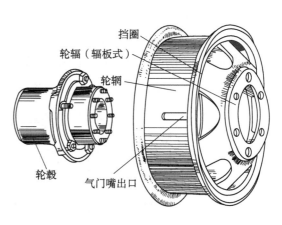

图10-30 车轮的组成

❶ 轮辐

按轮辐结构的不同,车轮可以分为两种形式:辐板式车轮和辐条式车轮。

普通客车和轻、中型货车普遍采用辐板式车轮(图10-30),由挡圈、轮辋、辐板和气门嘴伸出口组成。车轮中用以连接轮毂和轮辋的钢质圆盘称为辐板,大多是冲压制成的,少数是和轮毂铸成一体,后者主要用于重型汽车。

汽车的辐板所用板料较薄,常冲压成起伏多变的形状,以提高其刚度,目前广泛采用的汽车车轮为铝合金车轮,如图10-31所示,且多为整体式的,即轮辋和轮辐铸成一体。它质量小,尺寸精度高,生产工艺好,美观大方,可以明显改善车轮的空气动力学特性,降低汽车油耗。

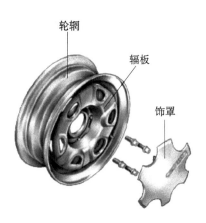

图10-31 汽车铝合金车轮

辐条式车轮按辐条结构的不同分为钢丝辐条式车轮和铸造辐条式车轮,如图10-32所示。

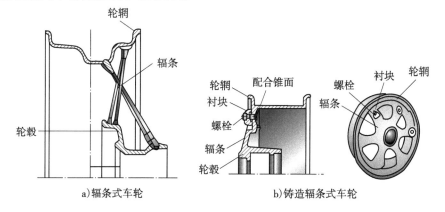

图10-32 辐条式车轮

❷ 轮辋

轮辋用于安装和固定轮胎。轮辋的常见结构形式有:深槽轮辋、平底轮辋和对开式轮辋,如图10-33所示。此外,还有半深槽轮辋、深槽宽轮辋、平底宽轮辋、全斜底轮辋等。

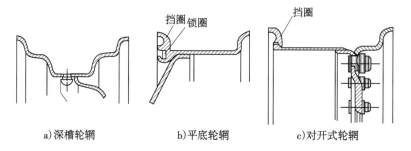

图10-33 轮辋的常见结构形式

3 轮胎

1 轮胎的功用和类型

1 轮胎的功用

现代汽车都采用充气式轮胎，轮胎安装在轮辋上，直接与路面接触，它的功用是：

①支承汽车的质量，承受路面传来的各种载荷。

②和汽车悬架共同来缓和汽车行驶中所受到的冲击，并衰减由此而产生的振动，以保证汽车有良好的乘坐舒适性和行驶平顺性。

③保证车轮和路面有良好的附着性，以提高汽车的动力性、制动性和通过性。

2 轮胎的类型

①按轮胎内空气压力的大小，轮胎分为高压胎（0.5~0.7MPa）、低压胎（0.2~0.5MPa）和超低压胎（0.2MPa以下）三种。低压胎弹性好、减振性能强、壁薄散热性好、与地面接触面积大附着性好，因而广泛用于乘用车。超低压胎在松软路面上具有良好的通过能力，多用于越野汽车及部分高级乘用车。

②按轮胎有无内胎，轮胎分为有内胎轮胎和无内胎轮胎（俗称真空胎）两种。目前，乘用车上普遍采用无内胎轮胎。

③按胎体帘布层结构的不同，轮胎分为斜交轮胎和子午线轮胎。目前，子午线胎在汽车上广泛应用。

④根据花纹不同分为：普通花纹轮胎、组合花纹轮胎、越野花纹轮胎。

⑤根据帘线材料不同分为：人造丝(R)轮胎、棉帘线(M)轮胎、尼龙(N)轮胎、钢丝(G)轮胎。

目前，乘用车上应用的轮胎主要是低压（超低压）、无内胎的子午线轮胎。

2 轮胎的结构

充气轮胎按结构的不同，可分为有内胎轮胎和无内胎轮胎2种，如图10-34所示。

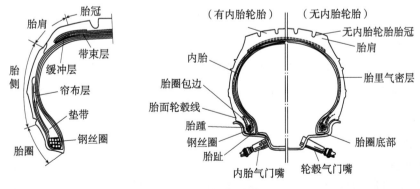

图10-34 轮胎的结构

有内胎轮胎由外胎、内胎和垫带等组成，使用时安装在汽车车轮的轮辋上。无内胎轮胎俗称真空胎，在外观上与普通轮胎相似，但是没有内胎及垫带。它的气门嘴用橡胶垫圈和螺母直接固定在轮辋上,空气直接充入外胎中,其密封性由外胎和轮辋来保证。

外胎是轮胎的主要组成部分,它是用耐磨橡胶以及帘线制成的强度较高而又有弹性的外壳,直接与地面接触来保护内胎,使其不受损伤,主要由胎面、胎圈和胎体等组成。

1 胎面

胎面是轮胎的外表面,可分为胎冠、胎肩和胎侧三部分。

胎冠也称行驶面,它与路面直接接触,直接承受冲击与摩擦,并保护胎体免受机械损伤。为使轮胎与地面有良好的附着性能,防止纵、横向滑移,在胎面上制有各种形状的花纹。如图10-35所示,主要有普通花纹、组合花纹、越野花纹等。

a) 普通花纹　　b) 组合花纹　　c) 越野花纹

图10-35　胎面花纹

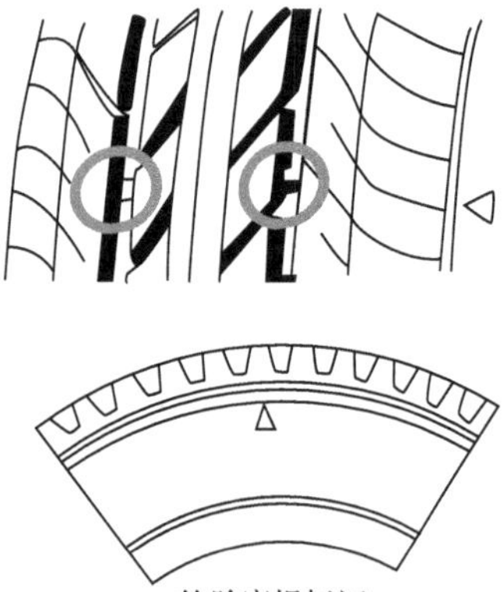

胎肩是较厚的胎冠和较薄的胎侧间的过渡部分,一般也制有各种花纹,以提高该部位的散热性能。

胎侧又称胎壁,它由数层橡胶构成,覆盖轮胎两侧,保护内胎免受外部损坏。胎侧可承受较大的挠曲变形,在行驶过程中,不断地在载荷作用下挠曲变形。胎侧上标有厂家名称、轮胎尺寸及其他资料。

胎冠部分磨损到磨损标记以下后将非常危险。如图10-36所示,胎面磨损标志位于胎面花纹沟底部,当胎面磨损到此处时,花纹沟断开,表明轮胎必须停止使用并送去翻新或报废。为便于用户找到磨损标志,通常在磨损标志对应的胎肩处标出"△"符号。这种磨损标志按国家标准的规定,每只轮胎应沿圆周等距离设置,不少于4个。

轮胎磨损标记
(△所指的位置)

图10-36　轮胎磨损标记

2 胎圈

胎圈是帘布层的根基,由钢丝圈、帘布层包边和胎圈包布组成,具有很大的刚度和强度,可以使外胎牢固地安装在轮辋上。

3 胎体

胎体由帘布层和缓冲层组成。

❶ 帘布层

帘布层是外胎的骨架,主要用于承受载荷,保持外胎的形状和尺寸,并使其具有足够的强度。为使载荷均匀分布,帘布层通常由成偶数的多层帘布用橡胶贴合而成,相邻层的帘线交叉排列。帘布层数越多,轮胎的强度越大,但弹性下降。在外胎表面上标有帘布层数。

按照帘布层帘线排列方式的不同,外胎可以分为斜交轮胎和子午线轮胎,如图10-37所示。

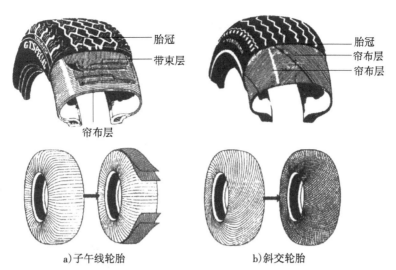

a) 子午线轮胎　　　　b) 斜交轮胎

图 10-37　轮胎的结构形式

斜交轮胎帘布层的帘线按一定角度交叉排列，帘线与轮胎横断面的交角通常为50°。子午线轮胎帘布层帘线排列的方向与轮胎横断面一致，即垂直于轮胎胎面中心线，类似于地球仪上的子午线。子午线轮胎胎侧比斜交轮胎软，在径向上容易变形，可以增加轮胎的接地面积，即使在充足气后，两侧壁上也有一个特殊的凸起部。

子午线胎与斜交轮胎相比较具有行驶里程长、滚动阻力小、节约燃料、承载能力大、减振性能好、附着性能好、不易爆胎等优势，目前在汽车上应用广泛。

❷ 缓冲层

缓冲层夹在胎面和帘布层之间，质软而弹性大，一般由两层或数层较稀疏的帘布和橡胶制成，其相邻两层的帘线也是交叉排列的。其作用是加强胎面与帘布层之间的结合，防止汽车紧急制动时胎面与帘布层脱离，并缓和汽车行驶时所受到的路面冲击。

❸ 轮胎规格的表示方法

轮胎的尺寸标注，如图 10-38 所示。

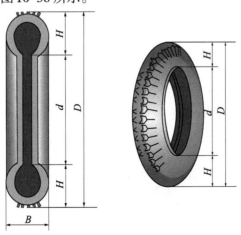

图 10-38　轮胎的尺寸标注

D- 轮胎外径；d- 轮胎内径；H- 轮胎断面高度；B- 轮胎断面宽度

1 斜交轮胎的规格

普通斜交轮胎的规格用 B-d 表示，载货汽车斜交轮胎和乘用车斜交轮胎的尺寸 B 和 d 均使用英寸(in)为单位。示例如下：

2 子午线轮胎的规格

子午线轮胎的规格，如图 10-39 所示。

图 10-39 子午线轮胎的规格

① 185——轮胎名义断面宽度代号，表示轮胎宽度 185mm。

② 60——轮胎名义扁平比代号，表示扁平比为 60％。扁平比为轮胎高度 H 与宽度 B 之比，有 60、65、70、75、80 五个级别。

③ R——子午线轮胎结构代号，即"Radial"的第一个字母。

④ 14——轮胎名义直径代号，表示轮胎内径 14in。

⑤ 82——荷重等级，即最大载荷质量。荷重等级为 82 的轮胎的最大载荷质量为 475kg。

⑥ H——速度等级代号，表明轮胎能行驶的最高车速，H 表示最高车速为 210km/h。

3 轮胎侧面标记

轮胎侧面标记，如图 10-40 所示。在轮胎规格前加"P"表示乘用车轮胎；在胎侧标有"REINFORCED"表示经强化处理，"RADIAL"表示子午线胎，"TUBELESS"（或 TL）表示无内胎（真空胎），"M + S"（Mud and Snow）表示适于泥地和雪地，"→"表示轮胎旋向，不可装反。

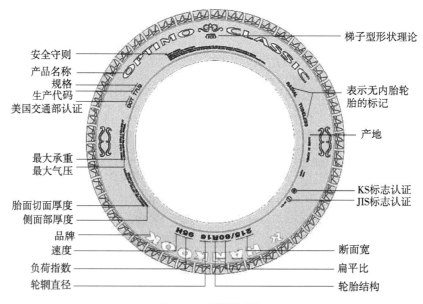

图 10-40 轮胎侧面标记

五 车架

❶ 车架作用与分类

车架俗称"大梁",它是跨接在前、后车轮上的桥梁式结构,是构成整个汽车的骨架,是整个汽车的装配基体,汽车绝大多数的零部件、总成都要安装在车架上。

汽车上采用的车架有4种类型:边梁式车架、中梁式车架、综合式车架和无梁式车架。目前,汽车上多采用边梁式车架和无梁式车架。

❷ 车架的结构

❶ 边梁式车架

边梁式车架由两根位于两边的纵梁和若干横梁组成,用铆接法或焊接法将纵梁与横梁连接成坚固的刚性构架(图10-41)。边梁式车架结构简单、便于整车的布置,在各种类型的汽车上都广泛应用。

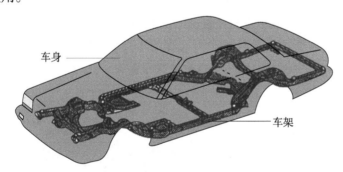

图10-41 边梁式车架

❷ 中梁式车架

中梁式车架又称脊梁式车架,由一根贯穿汽车纵向的中央纵梁和若干根横向悬伸托架所组成(图10-42)。中梁的断面一般是管形或箱形,其前端做成伸出支架,用以固定发动机。传动轴在中梁内穿过。主减速器壳通常固定在中梁的尾端,形成断开式后驱动桥,中梁上的悬伸托架用以支承汽车车身和安装其他机件。

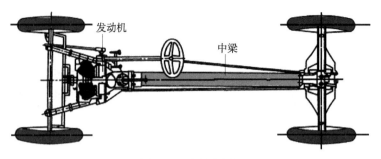

图10-42 中梁式车架

3 综合式车架

综合式车架是由边梁式和中梁式车架结合而成的,如图10-43所示。车架前段或后段近似边梁式结构,便于分别安装发动机或驱动桥。传动轴从中梁中间穿过。这种结构制造工艺复杂,目前应用也不多。

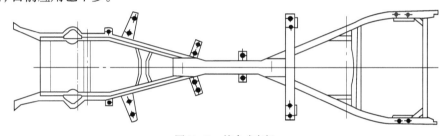

图10-43 综合式车架

4 无梁式车架

部分乘用车和客车为减小自身质量,以车身代替车架,这种车身又称为承载式车身或无梁式车架,图10-44所示为桑塔纳2000车型的车身组成件。采用承载式车身的特点是没有车架(大梁),车身就作为发动机和底盘各总成的安装基础,各种载荷全部由车身承受。

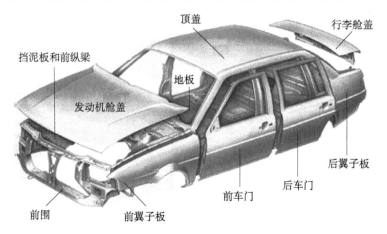

图10-44 桑塔纳2000车型车身组成件

乘用车车身总成结构主要包括：车身壳体、车门、车窗、车前后钣金件、车身内外装饰件、车身附件、座椅以及通风装置等。车身壳体是一切车身部件和零件的安装基础，由纵、横梁支柱等主要承力元件，以及与它们相连接的钣金件经焊接而共同组成的刚性空间结构。车前后钣金件，包括散热器框架前后围板、发动机舱盖、前后翼子板、挡泥板等。这些钣金件形成了容纳发动机、车轮等部件的空间。

思考与练习

一、填空题

1. 根据车桥作用的不同，车桥可分为_____、_____、_____和_____4种。
2. 转向桥由_____、_____、_____和_____等主要部分组成。
3. 前轮定位包括_____、_____、_____和_____4个参数。
4. 按悬架结构不同，车桥分为_____和_____两种。_____车桥与非独立悬架配用，_____车桥与独立悬架配用。
5. 主销安装在前轴上，其上端略向后倾斜，这种现象称为_____；其上端略向内侧倾斜，这种现象称为_____。
6. 汽车悬架可分为两大类：即_____悬架和_____悬架。
7. 现代汽车的悬架虽有不同的结构形式，但一般都由_____、_____、_____等组成，乘用车一般还有_____。
8. 汽车上常用的弹性元件包括_____弹簧、_____弹簧、_____弹簧和气体弹簧等。
9. 按照所采用弹性元件的不同，非独立悬架可以分为_____式非独立悬架和_____式非独立悬架。
10. 车轮沿主销移动的独立悬架可以分为车轮沿固定不动的主销移动的_____独立悬架和车轮沿摆动的主销轴线移动的_____独立悬架。
11. 车轮是介于轮胎和车桥之间，其功用是_____，承受_____与_____之间的各种载荷。
12. 按轮辐结构的不同，车轮可以分为_____车轮和_____车轮。
13. 按胎体帘布层结构的不同，轮胎分为_____轮胎和_____轮胎。
14. 外胎是轮胎的主要组成部分，主要由_____、_____和_____等组成。
15. 胎面是轮胎的外表面，可分为_____、_____和_____3部分。
16. 汽车上采用的车架有_____车架、_____车架、_____车架和_____车架4种类型。

二、选择题

1. 转向轮绕着（　　）摆动。
   A. 转向节　　　　B. 主销　　　　C. 前梁　　　　D. 车架

单元十　行驶系统

2. 车轮定位中,(　　)可通过改变横拉杆的长度来调整。
   A. 主销后倾　　　　　B. 主销内倾　　　　　C. 前轮外倾　　　　　D. 前轮前束
3. 越野汽车的前桥属于(　　)。
   A. 转向桥　　　　　　B. 驱动桥　　　　　　C. 转向驱动桥　　　　D. 支承桥
4. 前轮定位中,转向操纵轻便主要是靠(　　)。
   A. 主销后倾　　　　　B. 主销内倾　　　　　C. 前轮外倾　　　　　D. 前轮前束
5. 横向稳定杆的作用是防止(　　)。
   A. 车身的上下跳动　　　　　　　　　　　　B. 汽车转弯时倾斜
   C. 制动时点头　　　　　　　　　　　　　　D. 加速前进时后仰
6. 汽车麦弗逊式悬架为(　　)。
   A. 非独立悬架　　　　B. 组合式　　　　　　C. 独立悬架　　　　　D. 刚性式
7. 关于汽车减振器,以下正确的说法是(　　)。
   A. 减振器承担一部分车身质量
   B. 减振器的阻尼力减弱后车身高度降低
   C. 减振器将汽车振动的机械能转变为热能
   D. 以上都不正确
8. 汽车减振器广泛采用的是(　　)。
   A. 单向作用筒式　　　B. 双向作用筒式　　　C. 阻力可调式　　　　D. 摆臂式
9. 按胎内的空气压力大小,充气轮胎可分为高压胎、低压胎和超低压胎三种。气压在 0.15~0.45MPa 的轮胎称为(　　)。
   A. 超高压胎　　　　　B. 高压胎　　　　　　C. 低压胎　　　　　　D. 超低压胎
10. 现代汽车几乎都采用充气轮胎,轮胎按胎体帘布层结构不同可分为(　　)。
    A. 有内胎轮胎和无内胎轮胎　　　　　　　　B. 低压胎和高压胎
    C. 斜交轮胎和子午线轮胎　　　　　　　　　D. 普通花纹轮胎和越野花纹轮胎
11. 汽车车架的结构形式主要有中梁式车架、(　　)和边梁式车架等几种形式。
    A. 后梁式车架　　　　B. 下梁式车架　　　　C. 综合式车架　　　　D. 前梁式车架

三、判断题

1. 转向轮偏转时,主销随之转动。　　　　　　　　　　　　　　　　　　　　　　(　　)
2. 主销后倾角和主销内倾角都起到使车轮自动回正,沿直线行驶作用。　　　　　　(　　)
3. 主销内倾角能使汽车转向系统在转向后回复直线行驶的位置。　　　　　　　　(　　)
4. 前轮前束为两侧轮胎上缘间的距离与下缘间的距离之差。　　　　　　　　　　(　　)
5. 汽车转向轮定位参数中的主销后倾角,直接影响汽车的操纵稳定性,若倾角过大,汽车将因转向过于灵敏而行驶不稳,过小则转向沉重。　　　　　　　　　　　(　　)
6. 一般载货汽车的前桥是转向桥,后桥是驱动桥。　　　　　　　　　　　　　　(　　)
7. 越野汽车的前桥通常是转向兼驱动。　　　　　　　　　　　　　　　　　　　(　　)
8. 采用独立悬架的车桥通常为断开式。　　　　　　　　　　　　　　　　　　　(　　)
9. 钢板弹簧各片在汽车行驶过程中会出现滑移。　　　　　　　　　　　　　　　(　　)

10. 扭杆弹簧的左右扭杆，经过一段时间的装车使用后，为了避免疲劳损坏，只要安装位置合适，左右扭杆可以互换安装使用。（　　）

11. 汽车悬架的作用是弹性地连接车桥和车架（或车身），缓和行驶中车辆受到的冲击力。（　　）

12. 现在一般汽车均采用高压胎。（　　）

13. 子午线轮胎虽比斜交线轮胎有较大的滚动阻力，但它抗磨能力强，耐冲击性能好，故子午线轮胎仍得到广泛的使用。（　　）

四、简答题

1. 车桥是如何进行分类的？都有哪些类型？

2. 转向驱动桥与转向桥相比有哪些不同？

3. 转向轮定位包括哪些参数？各有什么功用？

4. 说明悬架的功用和种类，为什么现在的汽车广泛采用独立悬架？

5. 悬架由哪几部分组成？各有什么功用？

6. 双向作用筒式减振器的工作原理是什么？

7. 横向稳定器的作用是什么？它是如何工作的？

8. 车轮总成由哪几部分组成？它的功用是什么？

9. 轮胎的功用有哪些？

10. 子午线轮胎和普通斜交胎相比，有什么区别和特点？

11. 以 195/60 R 14 85 H 为例说明子午线轮胎的规格的含义。

12. 车架的功用有哪些？常见的车架有哪些类型？各有什么特点？

单元十一　制动系统

Chapter 11

知识目标

1. 掌握制动系统的功用、基本组成及分类;
2. 掌握车轮制动器的结构及工作原理;
3. 掌握液压制动传动装置的基本组成及工作原理;
4. 掌握 ABS 的基本组成及工作原理;
5. 了解 ASR、ESP 的基本组成及工作原理。

建议学时

8学时。

一、制动系统概述

❶ 制动系统的功用及分类

汽车制动系统的功用是：按照需要使汽车减速或在最短距离内停车；下坡行驶时保持车速稳定；使停驶的汽车可靠驻停。

按功能的不同，汽车制动系统可以分为：行车制动系统、驻车制动系统以及应急制动系统、安全制动系统和辅助制动系统。应急制动系统是用独立的管路控制车轮的制动器作为备用系统，其作用是当行车制动系失效的情况下保证汽车仍能实现减速或停车；安全制动系统是当制动气压不足时起制动作用，使车辆无法行驶；辅助制动系统是为了下长坡时减轻行车制动器的磨损而设，其中利用发动机排气制动应用最广。

按照动力源的不同，汽车制动系统又可以分为人力制动系统、动力制动系统和伺服制动系统。

❷ 制动系统的基本组成

汽车制动系统包括行车制动系统和驻车制动系统两大部分，如图 11-1 所示。行车制动系统用于行驶中的车辆减速或停车，通常由驾驶人用脚操纵，一般包含制动踏板、制动主

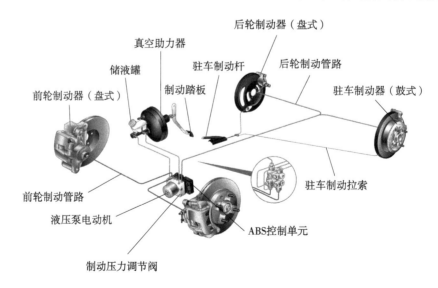

图 11-1　制动系统的基本组成

缸、制动轮缸、制动管路、车轮制动器等；驻车制动系统用于停驶的汽车驻留原地，通常由驾驶人用手操纵，一般包含驻车制动杆、拉索（或拉杆）、制动器。另外，较为完善的制动系统还包括制动力调节装置以及报警装置、压力保护装置等。

汽车上设置有彼此独立的制动系统，它们起作用的时刻不同，但它们的组成却是相似的，一般由以下4个组成部分：

①供能装置。包括供给、调节制动所需能量以及改善传能介质状态的各种部件。如气压制动系统中的空气压缩机、液压制动系统中人的肌体。

②控制装置。包括产生制动动作和控制制动效果的各种部件，如制动踏板等。

③传动装置。将驾驶人或其他动力源的作用力传到制动器，同时控制制动器的工作，从而获得所需的制动力矩。包括将制动能量传输到制动器的各个部件，如制动主缸、制动轮缸等。

④制动器。产生阻碍车辆的运动或运动趋势的力的部件。

3 制动系统的工作原理

行车制动系统的基本结构如图11-2所示，其工作原理是将汽车的动能通过摩擦转换成热能，并释放到大气中。制动时，踩下制动踏板，制动主缸向各制动轮缸供油，活塞在油压的作用下把摩擦材料压向制动盘实现制动。

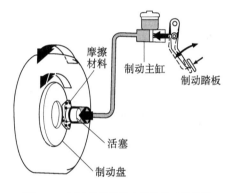

图11-2 制动系统的基本结构及工作原理

4 制动液

1 制动液的选择

汽车制动液是汽车液压制动系统的工作介质，现代汽车的制动液多为合成型制动液，按照合成原料的不同分为醇醚型和酯型两种。

醇醚型制动液是以乙二醇醚为基础添加了聚乙二醇、乙二醇等的石油化学制品，因此黏度低、沸点高。常用的进口制动液规格有DOT3、DOT4和DOT5.1。DOT是美国汽车安全标准规定标称，其数字越大，级别越高。另外，各厂商有不同品牌制动液，在质量和功能上基本没有大的差别。选择制动液产品时，应按照汽车使用说明书要求选用，重要的是按照行驶条件进行选择。行驶条件越苛刻，选用的制动液产品规格应越高。

桑塔纳2000系列车型制动液规格为：NO52 766 XO，更换周期为每24个月或行驶50000km；别克凯越（1.6L）车型制动液规格为：DOT4，更换周期为每18个月或行驶30000km；卡罗拉（1.6L）车型制动液规格为：SAE J1703或FMVSS 116号DOT3，更换周期为每24个月或行驶40000km。

❷ 环保和安全注意事项

❶ 环境保护

①废弃的制动液属于需特别监控、对水有轻微污染的液体，不允许将废弃制动液排入下水道，作业时只能在防渗的地面上进行。
②废弃的制动液必须单独盛装，并妥善保管和回收利用。
③沾上制动液的物品，不得作为生活垃圾处理。
④溅出的制动液必须用液态吸附材料清除。
⑤制动液对油漆有侵蚀作用，因此溅到油漆上的制动液必须立即用水冲洗干净。

❷ 安全措施

①制动液对人皮肤有损害，作业时应戴上个人防护装备。
②吸入或吞食制动液后，应立即用清水漱口并呼吸新鲜空气，及时到医院就诊。
③皮肤接触到制动液，应立即用肥皂水清洗彻底。
④眼睛接触到制动液时，应立即用清水冲洗，并及时到医院就诊。

二 车轮制动器

车轮制动器由旋转元件和固定元件两大部分组成。旋转元件与车轮相连接，固定元件与车桥相连接。利用旋转元件和固定元件之间的摩擦，产生制动器制动力。

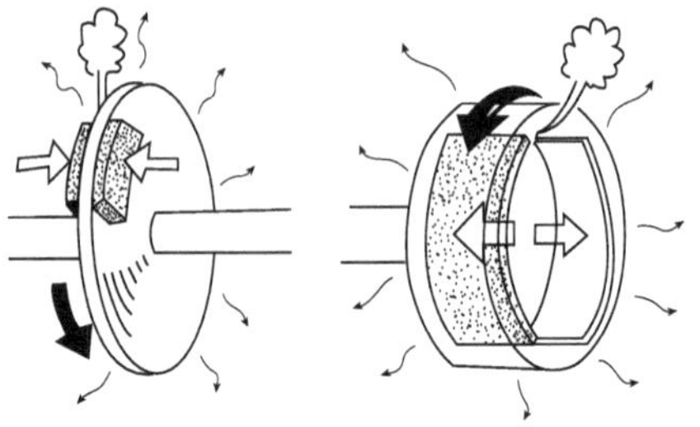

图11-3所示为常用的盘式和鼓式制动器制动原理示意图。当制动摩擦块或制动蹄摩擦片压紧旋转的制动盘或制动鼓时，两者接触面之间产生摩擦，通过摩擦将汽车的动能转变为热能，并将热量散发到空气中，最终使车辆减速以至停车。

a) 盘式制动器　　b) 鼓式制动器

图11-3　制动器原理示意图

❶ 盘式车轮制动器

盘式制动器根据其固定元件的结构形式的不同，可分为钳盘式制动器和全盘式制动器。钳盘式制动器广泛应用在乘用车或轻型货车上，近年来前、后轮都采用钳盘式制动器的汽车日渐增多。

钳盘式制动器按制动钳固定在支架上的结构形式的不同，可分为定钳盘式和浮钳盘式，如图 11-4 所示。

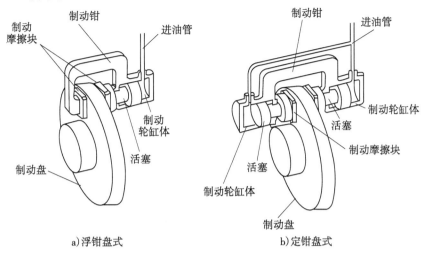

a) 浮钳盘式　　　b) 定钳盘式

图 11-4　盘式制动器的类型

❶ 定钳盘式制动器

定钳盘式制动器的结构原理如图 11-5 所示，其旋转元件是制动盘，它和车轮固装在一起旋转，以其端面为摩擦工作表面。跨置在制动盘上的制动钳体固定安装在车桥上，它不能旋转也不能沿制动盘轴线方向移动，其内部的两个活塞分别位于制动盘的两侧。制动时，制动液由制动主缸经进油管进入钳体中两个相通的液压腔中，将两侧的摩擦块压向与车轮固定连接的制动盘，从而产生制动力。

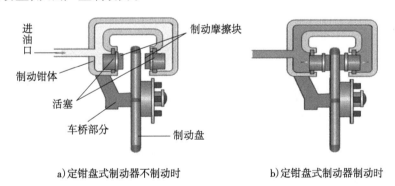

a) 定钳盘式制动器不制动时　　　b) 定钳盘式制动器制动时

图 11-5　定钳盘式制动器的工作原理图

❷ 浮钳盘式制动器

浮钳盘式制动器的工作情况，如图 11-6 所示。制动钳通过导向销（图中未画出）与车桥相连，可以相对于制动盘轴向移动。制动钳体只在制动盘的内侧设置液压腔，而外侧的制动摩擦块则附装在钳体上。制动时，制动液通过进油管进入制动轮缸，推动活塞及其上的摩擦块向右移动，并压到制动盘上，并使得液压腔连同制动钳整体沿导向销向左移动，直到制动盘右侧的摩擦块也压到制动盘上，夹住制动盘并使其制动。

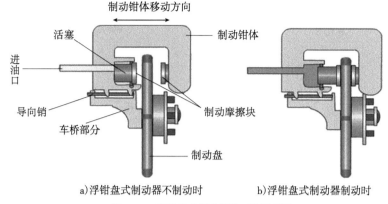

a) 浮钳盘式制动器不制动时　　b) 浮钳盘式制动器制动时

图 11-6　浮钳盘式制动器的工作原理图

如图 11-7 所示，制动缸体内壁槽内安装有活塞密封圈，其作用是防止制动液从活塞与制动缸体的间隙流出，对活塞起密封作用。液压油使活塞运动，靠近活塞端的密封圈也随活塞一起变形，但槽内的密封圈不变形。当液压消失后，密封圈在橡胶恢复力的作用下往回运动，同时带动活塞往回运动。当制动摩擦块磨损时，活塞会自动从密封圈上滑移相应的距离，因此制动摩擦块和制动盘之间的间隙一般为定值。

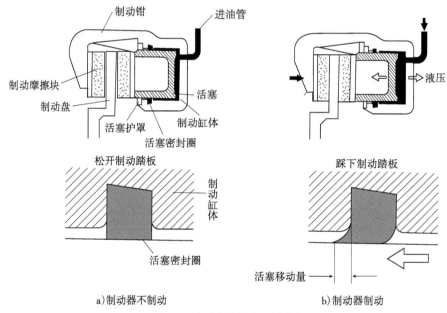

a) 制动器不制动　　b) 制动器制动

图 11-7　盘式制动器的工作原理

❷ 鼓式车轮制动器

❶ 鼓式制动器的结构

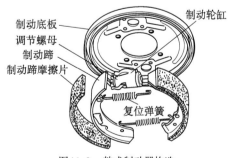

图 11-8　鼓式制动器构造

简单的鼓式车轮制动器由旋转部分、固定部分、促动装置和间隙调整装置组成，如图 11-8 所示。旋转部分为制动鼓；固定部分是制动底板和制动蹄,制动底板固装在车桥的凸缘盘上,通过支承销与制动蹄相连;促动装置的作用是对制动蹄施加力使其向外张开,常用的促动装置有凸轮或制动轮缸;间隙调整装置的作用是保持和调整制动蹄和制动鼓间正确的相对位置。

2 鼓式制动器的分类

❶ 按促动装置不同分类

鼓式车轮制动器多为内张双蹄式。按促动装置形式的不同,可分为轮缸式、凸轮式、楔块式,如图11-9所示。

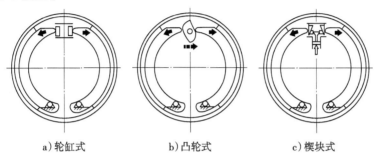

a) 轮缸式　　b) 凸轮式　　c) 楔块式

图11-9　制动器促动装置的类型

❷ 按产生制动力矩的不同分类

在制动过程中,如果制动蹄绕支承销转动与制动鼓旋转方向相同,在制动鼓上压得更紧,起到增势的作用,称为"增势蹄"或称"领蹄";如果制动蹄绕支承销转动与制动鼓旋转方向相反,有使制动蹄离开制动鼓的趋势,起着减势作用,称为"减势蹄"或称"从蹄"。根据制动过程中两制动蹄产生制动力矩的不同,鼓式制动器可分为领从蹄式、双领蹄式、双向双领蹄式、双从蹄式、单向自增力式和双向自增力式等,如图11-10所示。

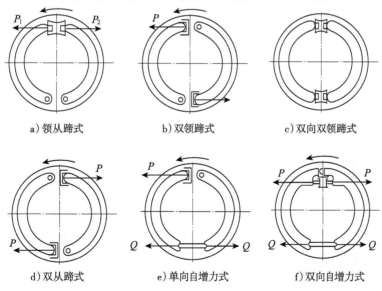

a) 领从蹄式　　b) 双领蹄式　　c) 双向双领蹄式

d) 双从蹄式　　e) 单向自增力式　　f) 双向自增力式

图11-10　鼓式制动器的分类

根据制动时两制动蹄对制动鼓作用的径向力是否平衡,鼓式制动器又可分为简单非平衡式、平衡式和自动增力式3种。

3 驻车制动器

驻车制动器的功用是：车辆停驶后防止滑溜；使车辆在坡道上能顺利起步；行车制动系统失效后，临时使用或配合行车制动器进行紧急制动。

按驻车制动器在汽车上安装位置的不同，驻车制动装置分中央制动式和车轮制动式两种。前者的制动器通常安装在变速器后面，其制动力矩作用在传动轴上；后者和行车制动系统共用制动器（通常为后轮制动器），又称复合制动器，只是传动装置互相独立。驻车制动传动装置一般采用人力机械式，通过钢索或杠杆来驱动。

图 11-11　驻车制动装置

驻车制动装置主要由驻车制动杆、制动拉索及后轮制动器中的驻车制动器等组成，如图 11-11 所示，它作用于后轮，主要是在坡路或平路上停车时使用或在紧迫情况下作紧急制动。

图 11-12 所示为驻车制动系统的工作原理。驻车制动时，拉起驻车制动杆，驻车制动杆力通过操纵机构使驻车制动拉索收紧，拉索则拉动驻车制动杠杆的下端，使之绕上端支点顺时针转动，驻车制动杠杆转动过程中，其中间支点推动驻车制动推杆左移，使前制动蹄压向制动鼓。前制动蹄压向制动鼓后，驻车制动推杆停止运动，则驻车制动杠杆的中间支点变成其继续移动的新支点，于是驻车制动杠杆的上端右移，使后制动蹄压靠在制动鼓上，产生制动作用。此时，驻车制动操纵杆上的棘爪嵌入齿扇上的棘齿内，起锁止作用。

解除驻车制动时，按下驻车制动杆上的按钮，使棘爪脱离棘齿，将驻车制动杆回到释放制动位置，松开驻车制动拉索，则制动蹄在复位弹簧的作用下复位。

对于 4 个车轮采用盘式制动器的车型来说，驻车用的小型鼓式驻车制动器内置于后轮盘式制动器中，并通过拉索和连杆等机构固定在盘式制动器上，图 11-13 所示为别克凯越车型驻车制动器的结构图。

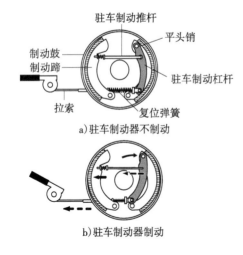

图 11-12　驻车制动器的工作原理

图 11-13　驻车制动器

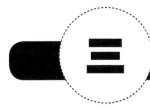
三 液压制动传动装置

单元十一 制动系统

制动传动装置按传力介质的不同可分为液压式、气压式和气—液综合式；按制动管路的套数可分为单管路和双管路制动传动装置。按照交通法规的要求，现代汽车的行车制动系统须采用双管路制动传动装置，若其中一套管路损坏时，另一套仍然起制动作用，从而提高了制动的可靠性和安全性。

❶ 液压制动传动装置的基本组成及工作原理

如图11-14所示，液压制动传动装置由制动踏板、制动主缸、储液罐、制动轮缸、油管等组成。现代汽车上采用了各种制动力调节装置，用以调节前后车轮制动管路的工作压力，常用的调节装置有限压阀、比例阀、感载比例阀和惯性阀等。

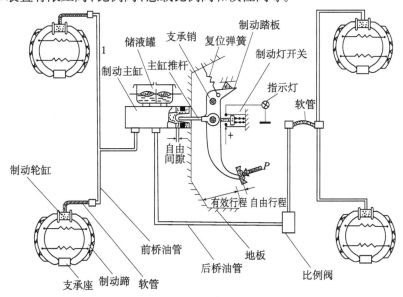

图11-14 液压制动传动装置的组成

双管路液压制动传动装置是利用彼此独立的双腔制动主缸，通过两套独立管路，分别控制两桥或三桥的车轮制动器。常见的双管路的布置方案有前后独立式和交叉式两种形式，如图11-15所示。

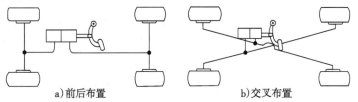

a) 前后布置　　　　b) 交叉布置

图11-15 制动管路的布置

前后独立式双管路液压制动传动装置由双腔制动主缸通过两套独立的管路分别控制前桥和后桥的车轮制动器。这种布置方式结构简单，如果其中一套管路损坏漏油，另一套仍能起作用，但会破坏前后桥制动力分配的比例，主要用于发动机前置后轮驱动的汽车。

交叉式双管路液压制动传动装置，由双腔制动主缸通过两套独立的管路分别控制前后桥对角线方向的两个车轮制动器。这种布置方式在任一管路失效时，仍能保持一半的制动力，且前后桥制动力分配比例保持不变，有利于提高制动方向稳定性，主要用于发动机前置前轮驱动的车型上。

❷ 液压制动传动装置主要部件

❶ 制动主缸

制动主缸又称为制动总泵，它位于制动踏板与管路之间，其功用是将制动踏板输入的机械力转换成液压力。

制动主缸的结构及工作原理，如图11-16所示。在制动主缸上端装有储液罐，制动主缸内的活塞通过真空助力器内的推杆与制动踏板相连。踩下制动踏板推动活塞运动，进油孔关闭，各制动轮缸产生制动油压。松开制动踏板，活塞恢复到初始位置，制动油压消失，制动解除。

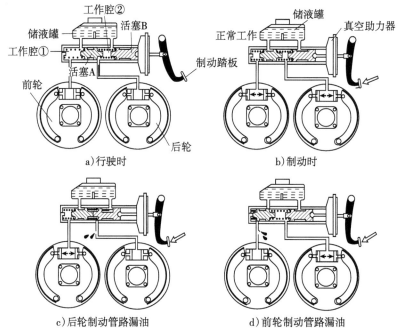

图11-16 制动主缸的结构及工作原理

制动液经制动主缸及液压管路到达制动轮缸。当踩下制动踏板，两活塞在主缸推杆的作用下使两活塞运动，并将进油孔关闭，在工作腔①②内产生油压（图11-16b），车轮制动器产生制动力。解除制动时，活塞在弹簧作用下复位，制动液自制动轮缸和管路中流回到制动主缸。当后轮制动管路发生泄漏时，如图11-16c)所示，在工作腔②内不能产生油压，但在工作腔①内仍会产生油压。当前轮制动管路发生泄漏时，如图11-16d)所示，在工作腔①内不能产生油压,活塞B推着活塞A使其顶到制动主缸缸体上,此时在工作腔②内产生油压。

2 制动轮缸

制动轮缸固定在制动底板上,其作用是将制动主缸传来的液压力转变为使制动蹄张开的机械推力。如图11-17所示,制动轮缸主要由缸体、活塞、皮碗、弹簧和放气螺钉等组成。放气螺钉的作用是排出混入制动液中的空气。

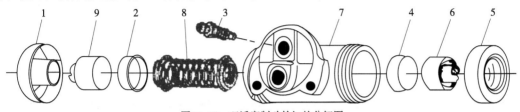

图11-17 双活塞制动轮缸的分解图

1、5-防尘罩;2、4-皮碗;3-放气螺钉;6、9-活塞;7-轮缸体;8-复位弹簧总成

3 真空助力器

真空助力器的作用是减轻驾驶人的制动操纵力。如图11-18所示,其内部有薄而宽的活塞,通过固定在活塞上的膜片将空气室和负压室隔离。负压室和发动机进气管相通。复位弹簧安装在负压室的推杆上和推杆一起运动。橡胶阀门与在膜片座上加工出来的阀座组成真空阀,与控制阀柱塞的空气阀座组成空气阀。真空阀将负压室与空气室相连,空气阀将空气室和外界空气相连。发动机工不作时真空助力器不工作。

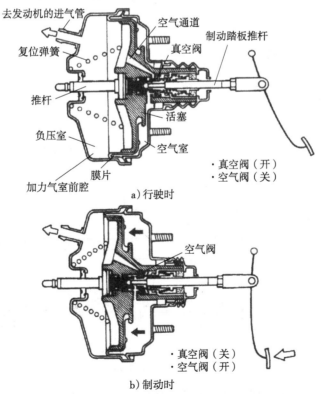

图11-18 真空助力器的结构及工作原理

如图11-18a)所示，负压室内的空气被吸进发动机进气管，产生负压。如图11-18b)所示，踩下制动踏板，真空阀关闭，空气阀打开。空气进入空气室，使空气室压力大于负压室压力，活塞向前运动。于是带动制动主缸内的活塞运动，产生制动油压。

松开制动踏板，助力器活塞在复位弹簧的作用下恢复到原来的位置，制动踏板推杆也往回运动，空气阀关闭，真空阀打开，使负压室和空气室相通。其他制动机构也恢复到原来的位置，制动油压下降，制动解除(图11-18a)。

当真空助力器或真空源失效时，作用于主缸推杆上的力取决于驾驶人对制动踏板施加的踏板力，但踏板力要比真空未失效时大得多。

四 汽车防抱死制动系统(ABS)

汽车防抱死制动系统 ABS（Anti-lock Braking System）是一种安全控制制动系统，目前已经成为乘用车及客车的标准配置。ABS 既有普通制动系统的制动功能，又能防止车轮制动抱死。

紧急制动时，制动力过大使轮胎抱死后滑动，制动距离变长且汽车不受控制。防抱死制动系统可使汽车在制动过程中车轮滑移率保持在20%左右范围内，此时轮胎处于边滚边滑状态，制动力最大，保证了汽车的方向稳定性，防止产生侧滑和跑偏。

1 ABS 的基本组成与工作原理

ABS 的基本组成如图11-19 所示，ABS 通常由轮速传感器、制动压力调节器、ECU 和 ABS 警示装置等组成。

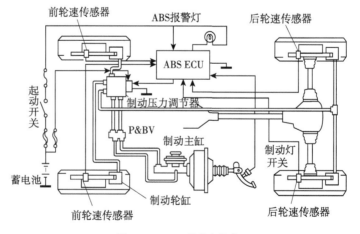

图11-19 ABS 的基本组成

汽车制动时，轮速传感器将各车轮的转速信号输入 ECU；ECU 根据每个车轮轮速传感器输入的信号对车轮的运动状态进行监测和判定,并形成响应的控制指令,再适时发出控制指令给制动压力调节器;制动压力调节器对各制动轮缸的制动压力进行调节,防止制动车轮抱死。

图 11-20 为 ABS 部件在车上的位置。

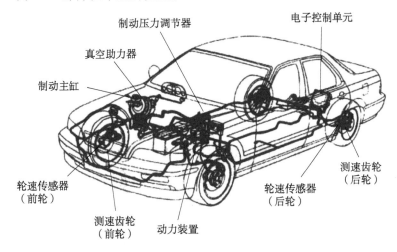

图 11-20 ABS 部件在车上的位置

❷ 轮速传感器

轮速传感器的功用是检测车轮的旋转速度,并将速度信号输入电子控制单元。目前,常用的轮速传感器主要有电磁式和霍尔式两种。

❶ 电磁式轮速传感器

电磁式轮速传感器主要由传感器头和齿圈两部分组成,它可以安装在车轮上,也可以安装在主减速器或变速器中,如图 11-21 所示。

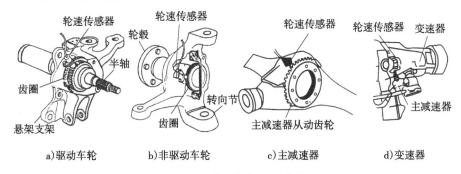

图 11-21 轮速传感器的安装位置

如图 11-22 所示,齿圈随车轮或传动轴一起转动,齿圈在磁场中旋转时,齿圈齿顶和电极之间的间隙以一定的速度变化,使磁路中的磁阻发生变化,磁通量周期地增减,在线圈的两端产生正比于磁通量增减速度的感应电压,该交流电压信号输送给 ECU。

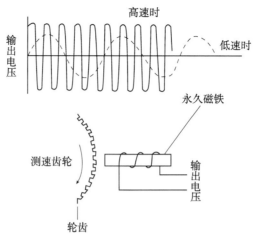

图 11-22　轮速传感器的工作原理

❷ 霍尔式轮速传感器

霍尔式轮速传感器也是由传感头、齿圈组成,其齿圈的结构及安装方式与电磁式轮速传感器的齿圈相同,传感头由永磁体、霍尔元件和电子电路等组成。

传感器的工作原理如图 11-23 所示,永磁体的磁力线穿过霍尔元件通向齿圈,齿圈相当于一个集磁器。当齿圈位于图 11-23a) 所示位置时,穿过霍尔元件的磁力线分散,磁场相对较弱;而当齿圈位于图 11-23b) 所示位置时,穿过霍尔元件的磁力线集中,磁场相对较强。齿圈转动时,使得穿过霍尔元件的磁力线密度发生变化,因而引起霍尔元件电压的变化,霍尔元件将输出一毫伏级的准正弦波电压。此信号由电子电路转化成标准的脉冲电压。

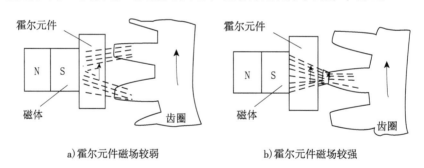

图 11-23　霍尔式轮速传感器

霍尔式轮速传感器克服了电磁式轮速传感器的缺点,其输出信号电压幅值不受转速的影响,频率响应高,抗电磁波干扰能力强。因而,霍尔式轮速传感器在 ABS 中的应用越来越广泛。

❸ 电子控制单元

电子控制单元是 ABS 的控制中枢,其功用是接收轮速传感器及其他传感器输入的信号,对这些输入信号进行测量、比较、分析、放大和判别处理,通过精确计算,得出制动时车轮的滑移率、车轮的加速度和减速度,以判断车轮是否有抱死趋势,再由其输出极发出控制指令,控制制动压力调节器去执行压力调节任务。

电子控制单元还具有监控和保护功能,当系统出现故障时,能及时转换成常规制动,并点亮故障灯警告驾驶人。

4 制动压力调节器

根据制动压力调节器调压方式的不同,可分为循环式和可变容积式两种。循环式制动压力调节器是通过电磁阀直接控制制动轮缸的制动压力;而可变容积式制动压力调节器是通过电磁阀间接改变制动轮缸的制动压力。

1 循环式制动压力调节器

循环式制动压力调节器由电磁阀、液压泵和电动机等部件组成。制动压力调节器直接装在汽车原有的制动管路中,通过串联在制动主缸和制动轮缸之间的三位三通电磁阀直接控制制动轮缸的压力,可以使制动轮缸的工作处于常规工作状态、增压状态、减压状态或保压状态,如图11-24所示。三位是指电磁阀有三个不同位置,分别控制制动轮缸制动压力的增加、减少或保持,三通是指电磁阀上有3个通道,分别通制动主缸、制动轮缸和储液器。

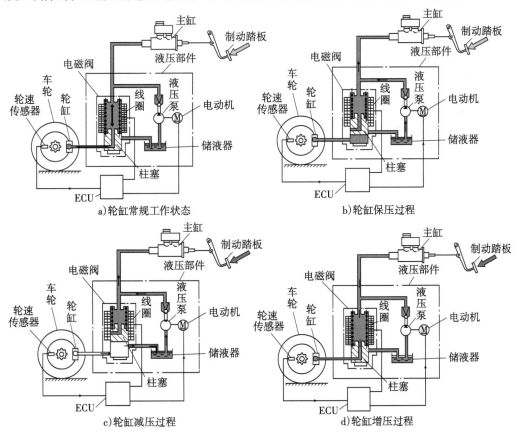

图11-24 循环式制动压力调节器的工作过程

❷ 可变容积式制动压力调节器

可变容积式制动压力调节器主要由电磁阀、控制活塞、液压泵和储能器等组成，是在原液压制动系统中增设一套液压控制装置，控制制动管路中容积的增减，以控制制动压力的变化。可变容积式制动压力调节器有4个不同工作状态：常规制动状态、轮缸减压状态、轮缸保压状态和轮缸增压状态，如图11-25所示。

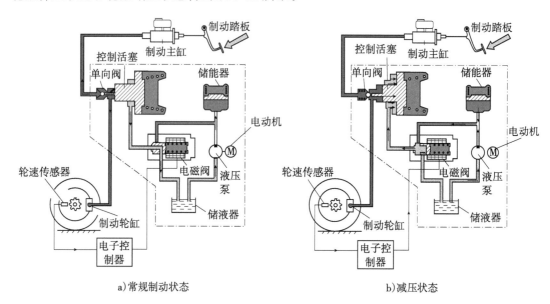

a) 常规制动状态　　　　　　　　b) 减压状态

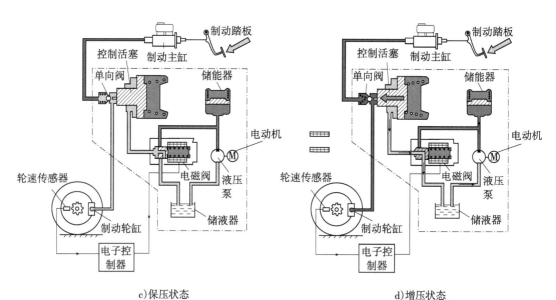

c) 保压状态　　　　　　　　d) 增压状态

图11-25　可变容积式制动压力调节器的工作过程

五 汽车驱动防滑控制系统及电子稳定程序控制系统

❶ 汽车驱动防滑控制系统

驱动防滑系统英文简称 ASR，是 Acceleration Slip Regulation 的缩写，有的车辆称为牵引力控制系统，英文简称 TCS 或 TRC，是 Traction Control System 的缩写。

驱动防滑系统的功用是防止汽车在加速过程中打滑，特别是防止汽车在非对称路面或在转向时驱动轮滑转，以保持汽车行驶方向的稳定性、操纵性和维持汽车的最佳驱动力以及提高汽车的平顺性。

典型 ABS/ASR 系统组成如图 11-26 所示，主要由轮速传感器、ABS/ASR ECU、制动压力调节器、主副节气门位置传感器、副节气门驱动步进电动机等组成。

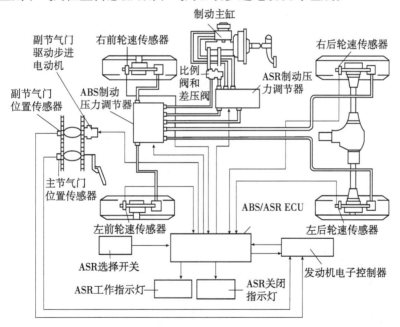

图 11-26 典型 ABS/ASR 组成示意图

ABS/ASR ECU 根据驱动轮速传感器输送的速度信号计算判断出车轮与路面间的滑转状态，并适时地向其执行机构发出指令，以降低发动机的输出转矩和车轮的转速，从而实现防止驱动轮滑转的目的。

ASR 的传感器主要是轮速传感器和节气门位置传感器。轮速传感器与 ABS 共用，而节气门位置传感器则与发动机控制系统共用。

ASR 专用的信号输入装置是 ASR 选择开关，关闭 ASR 选择开关，可停止 ASR 的作用。

如在汽车维修中需要将汽车驱动车轮悬空转动时,ASR 可能对驱动车轮施以制动,影响故障的检查。这时关闭 ASR 开关,可避免这种影响。

ASR ECU 发出的控制指令有如下几种:控制滑转车轮的制动力;控制发动机输出功率;同时控制发动机输出功率和驱动车轮的制动力。在实际应用的 ASR 中,绝大多数都是采用调节发动机输出转矩的方式来控制汽车驱动力矩。而调节发动机的输出转矩,通常是利用发动机电子控制装置,通过控制节气门开度和点火提前角的方式来实现。

❷ 汽车电子稳定程序控制系统(ESP)

汽车电子稳定程序控制系统(Electronic Stability Program,ESP)是改善汽车行驶性能的一种控制系统,是 ABS 和 ASR 在功能上的延伸。利用与 ABS 一起的综合控制,可防止汽车在制动时车轮抱死;利用 ASR 可阻止汽车在起步时驱动轮滑转(空转)。ESP 可以通过有选择性地控制各车轮上的制动力,防止车辆滑移,因此,ESP 是一个主动安全系统。

ESP 在不同的车型中有不同的名称,如奔驰、奥迪称为 ESP,宝马称其为 DSC(Dynamic Stability Control,即动态稳定性控制),丰田、雷克萨斯称为 VSC(Vehicle Stability Control,即汽车稳定性控制系统),三菱称为 ASC/AYC(Active Stability Control/Active Yaw Control,即主动稳定控制/主动横摆控制系统),本田称为 VSA(Vehicle Stability Assist,即车身稳定性辅助系统),而 VOLVO 汽车称其为 DSTC(Dynamic Stability and Traction Control,即动态循迹防滑控制系统)。

如图 11-27 所示,ESP 由传统制动系统、传感器、制动压力调节器、汽车稳定性控制电子控制单元和辅助系统组成,在电脑实时监控汽车运行状态的前提下,对发动机及控制系统进行干预和调控。

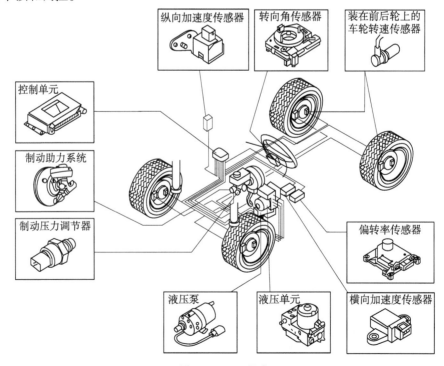

图 11-27 ESP 组成

在汽车行驶过程中，转向盘转向角传感器监测驾驶人转弯方向和角度，车速传感器监测车速，节气门位置传感器监测节气门开度，制动主缸压力传感器监测制动力，而侧向加速度传感器和横摆角速度传感器则监测汽车的横摆和侧倾速度。ECU 根据这些信息，通过计算后判断汽车要正常安全行驶和驾驶人操纵汽车意图的差距，然后由 ECU 发出指令，调整发动机的转速和车轮上的制动力，修正汽车的过度转向或转向不足，以避免汽车打滑、过度转向、转向不足和抱死，从而保证汽车的行驶安全。

当 ESP 判定为出现不足转向时，将制动内侧后轮，使车辆进一步沿驾驶人转弯方向偏转，从而稳定车辆（图 11-28）；当 ESP 判定为出现过度转向时，ESP 将制动外侧前轮，防止出现甩尾，并减弱过度转向趋势，稳定车辆（图 11-29）。上述过程中，如果单独制动某个车轮不足以稳定车辆，ESP 将通过降低发动机转矩输出的方式或制动其他车轮来满足需求。

a) 无 ESP

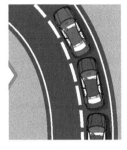
b) 有 ESP

图 11-28　不足转向

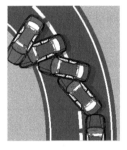
a) 无 ESP

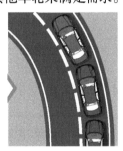
b) 有 ESP

图 11-29　过度转向

思考与练习

一、填空题

1. 汽车制动系统的功用是：按照需要使汽车＿＿＿＿或在最短距离内＿＿＿＿；下坡行驶时保持车速＿＿＿＿；使停驶的汽车可靠＿＿＿＿。

2. 按照制动能源分类，汽车制动系统可以分为＿＿＿＿制动系统、＿＿＿＿制动系统和＿＿＿＿制动系统。

3. 汽车制动系统都包括＿＿＿＿制动系统和＿＿＿＿制动系统两大部分，较为完善的制动系统还包括＿＿＿＿系统以及＿＿＿＿系统和＿＿＿＿系统等。

4. 车轮制动器由＿＿＿＿元件和＿＿＿＿元件两大部分组成。＿＿＿＿元件与车轮相连接，＿＿＿＿元件与车桥相连接。

5. 盘式制动器根据其固定元件的结构形式可分为＿＿＿＿式制动器和＿＿＿＿式制动器。＿＿＿＿式制动器广泛应用在乘用车上。

6. 鼓式制动器根据制动时两制动蹄对制动鼓作用的径向力是否平衡可分为＿＿＿＿式、＿＿＿＿式和＿＿＿＿式 3 种。

7. 按驻车制动器在汽车上安装位置的不同,驻车制动装置分_____式和_____式两种。

8. 汽车防抱死制动系统(ABS)通常由_____、_____、_____和ABS警示装置等组成。

9. 根据制动压力调节器的调压方式的不同,ABS制动压力调节器可分为_____式和_____式两种。

10. 汽车电子稳定程序控制系统的英文简称是_____,它是改善汽车行驶性能的一种控制系统,是_____和_____两种系统在功能上的延伸。

二、选择题

1. 下列几种形式的制动传动机构当中,( )仅用在驻车制动上。
   A. 机械式　　　　B. 液压式　　　　C. 气动式　　　　D. 以上均不是

2. 采用三位三通电磁阀ABS的制动压力调节器,当ECU向电磁线圈通入一最大电流时,系统处于( )状态。
   A. 升压　　　　B. 保压　　　　C. 减压　　　　D. 常压

3. 上海桑塔纳车型采用的是( )制动伺服装置。
   A. 真空增压式　　B. 真空助力式　　C. 气压助力式　　D. 综合式

4. 鼓式车轮制动器的旋转元件是( )。
   A. 制动蹄　　　　B. 制动鼓　　　　C. 摩擦片　　　　D. 制动钳

5. 为了提高汽车制动的可靠性和行车安全性,现代汽车广泛采用的是( )制动传动装置。
   A. 单回路　　　　B. 双回路　　　　C. 三回路　　　　D. 四回路

6. 任何制动系统都由供能装置、控制装置、传动装置和制动器4个基本组成部分组成,其中制动踏板机构属于( )。
   A. 供能装置　　　B. 控制装置　　　C. 传动装置　　　D. 制动器

7. 下列属于钳盘式制动器间隙自调装置中的活塞密封圈的作用的是( )。
   A. 起复位弹簧作用　B. 连接作用　　C. 起前两种的作用　D. 以上都不是

8. 汽车制动系统按其功能的不同可分很多类,其中在制动系统失效后使用的制动系统称为( )。
   A. 行车制动系统　B. 驻车制动系统　C. 应急制动系统　D. 辅助制动系统

9. 领从蹄式制动器一定是( )。
   A. 等制动力制动器　　　　　　　　B. 不等制动力制动器
   C. 非平衡式制动器　　　　　　　　D. 以上三个都不对

三、判断题

1. 汽车在制动时,不旋转的制动蹄对旋转着的制动鼓作用一个摩擦力矩,其方向与车轮旋转方向相反,所以车辆能减速甚至停止。　　　　　　　　　　　　　( )

2. 车辆在前进与后退制动时,如两制动蹄都是助势蹄,则该制动器是双向平衡式制

动器。　　　　　　　　　　　　　　　　　　　　　　　　　　（　）
3. 盘式制动器制动效能比鼓式制动器好，是因为盘式制动器有自增力作用。（　）
4. 盘式制动器的自动复位，是通过活塞的密封圈来实现的。（　）
5. 鼓式制动器中，一个蹄是增势蹄时，另一个蹄就必然是减势蹄。（　）
6. 双腔制动主缸在后制动管路失效时前制动管路也失效。（　）
7. 最佳的制动状态是车轮完全被抱死而发生滑移时。（　）
8. 装备 ABS 汽车在紧急制动时，制动踏板有回弹现象，即踏板回弹反应。（　）
9. ABS 的电控系统有故障时，汽车仍然能保持常规制动状态。（　）
10. 轮速越高，其轮速传感器信号频率越高。（　）

四、简答题

1. 汽车制动系统由哪些部分组成？它是如何工作的？

2. 盘式制动器中，活塞密封圈的功用是什么？

3. 鼓式制动器有哪些种类？

4. 简述真空助力器的工作原理。

5. 常用的轮速传感器有哪些？它们的工作原理是什么？

6. 简述循环式制动压力调节器的工作原理。

7. 汽车驱动防滑控制系统(ASR)由哪几部分组成？它的工作原理是什么？

单元十二 转向系统

知识目标

1. 掌握转向系统的功用、类型及转向理论;
2. 掌握机械转向器的结构及工作原理;
3. 掌握液压动力转向系统的结构及工作原理;
4. 了解电控动力转向系统的结构及工作原理。

建议学时

6学时。

一 转向系统概述

❶ 转向系统的功用

转向系统是指由驾驶人操纵，能实现转向轮偏转和复位的一套机构。转向系统的功用是按照驾驶人的意愿改变汽车的行驶方向和保持汽车稳定的直线行驶。

❷ 转向系统的分类及基本组成

汽车转向系统按转向动力源的不同分为机械转向系统和动力转向系统两大类。

机械转向系统以驾驶人的体力作转向动力源，系统的所有传动件都是机械的，如图12-1 所示。

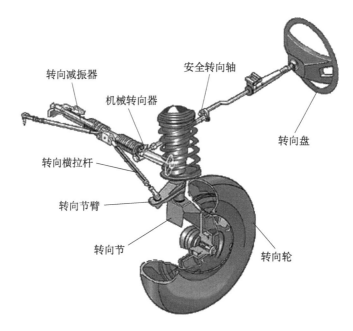

图12-1　机械转向系统的组成

动力转向系统是兼用驾驶人体力和发动机的动力作为转向能源的转向系统。动力转向系统是在机械转向系统的基础上加设一套转向加力装置而构成的，如图12-2 所示。

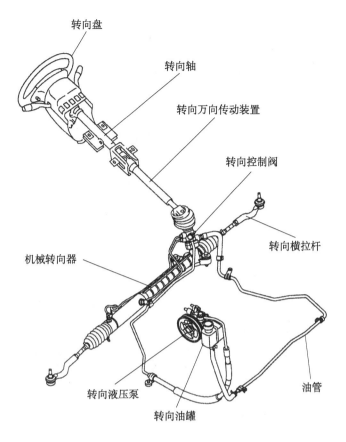

图 12-2 动力转向系统的组成

3 转向理论

1 转向系统角传动比

转向系统角传动比是指转向盘的转角与转向盘同侧的转向轮偏转角的比值,一般用 i_w 表示。转向系统角传动比是转向器角传动比 i_1 和转向传动机构角传动比 i_2 的乘积。转向器角传动比是转向盘转角和转向摇臂摆角之比。转向传动机构角传动比是转向摇臂摆角与同侧转向轮偏转角之比。

2 转向盘的自由行程

转向盘的自由行程是指转向盘在空转阶段的角行程,这主要是由于转向系统各传动件之间的装配间隙和弹性变形所引起的。由于转向系统各传动件之间都存在着装配间隙,而且这些间隙将随零件的磨损而增大,因此,在一定的范围内转动转向盘时,转向节并不是马上同步转动,而是在消除这些间隙并克服机件的弹性变形后,才做相应的转动,即转向盘有一空转过程。

转向盘自由行程对于缓和路面冲击及避免驾驶人过于紧张是有利的,但过大的自由行程会影响转向灵敏性。

３ 转向时车轮运动规律

汽车转向时,内侧车轮和外侧车轮滚过的距离是不等的。为保证转向过程中车轮做纯滚动,要求所有车轮的轴线都交于一点。此交点 O 称为汽车的转向中心,如图 12-3 所示。汽车转向时内侧转向轮偏转角 β 大于外侧转向轮偏转角 α。α 与 β 的关系是:

$$\cot\alpha=\cot\beta+\frac{B}{L}$$

式中:B——两侧主销中心距(可近似认为是转向轮轮距);

L——汽车轴距。

从转向中心 O 到外侧转向轮与地面接触点的距离 R 称为汽车转弯半径。转弯半径 R 愈小,则汽车转向所需要场地就愈小,汽车的机动性也愈好。当外侧转向轮偏转角达到最大值 α_{max} 时,转弯半径 R 最小。

４ 转向特性

驾驶人将转向盘转过一定角度后固定,保持汽车以某一稳定车速开始转向,可能出现以下几种转向特性,如图 12-4 所示。

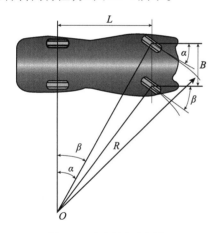
图 12-3 汽车转向示意图

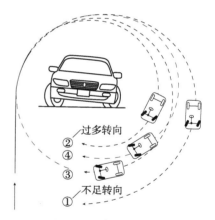
图 12-4 汽车转向特性

①不足转向:偏离圆周轨迹向外动力,且转弯半径越来越大。
②过多转向:偏离圆周轨迹向内运动,且转弯半径越来越小。
③中性转向:沿着圆周轨迹运动。
④交变转向:最初偏离轨迹向外运动,过一段时间后突然开始向内运动。

对于不足转向,汽车转弯半径越来越大,这种运动状态和人的运动感觉一致。对于过多转向,转弯半径越来越小,这和人的运动感觉不一致,转弯时驾驶人重心向内倾斜,使驾驶人难以往回打转向盘。因此除了特殊的赛车,一般都将汽车设计成具有轻微的不足转向特性。交变转向特性只极少地应用于后置发动机的汽车。

二、机械转向系统

汽车机械转向系统由机械转向器、转向操纵机构和转向传动机构三大部分组成。

❶ 机械转向器

转向器是转向系统中的减速增矩的装置，其功用是增大由转向盘传到转向节的力，并改变力的传动方向。

常见的机械转向器为齿轮齿条式机械转向器和循环球式机械转向器。

❶ 齿轮齿条式转向器

齿轮齿条式转向器分两端输出式和中间（或单端）输出式两种结构形式，如图12-5所示。齿轮齿条式转向器采用一级传动副，主动件是齿轮，从动件是齿条。

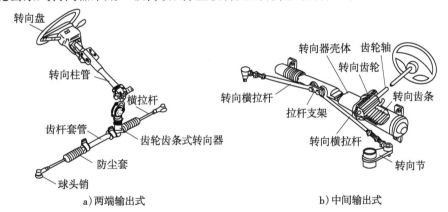

a) 两端输出式　　　　　　　　　b) 中间输出式

图12-5　齿轮齿条式转向器结构形式

齿轮齿条式转向器是利用齿轮顺时针或逆时针方向的转动带动齿条左右移动，再通过横拉杆推动转向节，达到转向的目的，如图12-6所示。

齿轮齿条式转向器结构简单，可靠性好，便于独立悬架的布置；同时，由于齿轮齿条直接啮合，转向灵敏、轻便，在各类型汽车上的应用越来越多。

❷ 循环球式转向器

循环球式转向器由侧盖、底盖、壳体、钢球、带齿扇的摇臂轴、圆锥轴承、制有齿形的螺母、转向螺杆等组成，如图12-7所示。

循环球式转向器采有两级传动副，第一级是转向螺杆与螺母，第二级是齿条与齿扇。

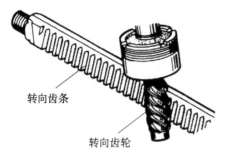
图12-6 齿轮齿条传动原理

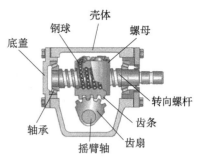
图12-7 循环球式转向器

循环球式转向器工作时,转向螺杆转动,在摩擦力的作用下,所有钢球在螺母与转向螺杆之间形成"球流",并推动齿形螺母沿转向螺杆轴线前后移动,然后通过齿条带动齿扇摆动,并使摇臂轴旋转,带动摇臂摆动,最后由传动机构传至转向轮,使转向轮偏转以实现转向。

循环球式转向器的最大优点是传动效率高、操纵轻便,且工作可靠、使用寿命长。但是,该转向器结构复杂、制造精度要求高。

2 转向操纵机构

汽车转向操纵机构主要由转向盘、转向轴、转向柱管等组成。它的功用是产生转动转向器所必需的操纵力,并具有一定的调节和安全性能。

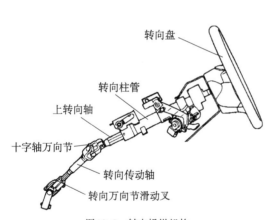
图12-8 转向操纵机构

汽车的转向操纵机构,如图12-8所示。转向轴是连接转向盘和转向器的传动件,并传递它们之间的转矩。转向柱管安装在车身上,转向轴从转向柱管中穿过,支承在柱管内的轴承和衬套上。转向盘利用键和螺母将其固定在转向轴的轴端。

乘用车的转向操纵机构要求转向柱管必须装备能够缓和冲击的吸能装置。转向轴和转向柱管吸能装置的基本工作原理是:当转向轴受到巨大冲击而产生轴向位移时,通过转向柱管或支架产生塑性变形、转向轴产生错位等方式,吸收冲击能量。

3 转向传动机构

转向传动机构的功用是将转向器输出的力和力矩传给转向轮,使两侧转向轮偏转以实现汽车转向,并保证左右转向轮的偏转角按一定关系变化。

1 转向摇臂

图12-9所示为常见转向摇臂的结构形式。循环球式转向器通过转向摇臂与转向直拉

杆相连。转向摇臂的大端用锥形三角细花键与转向器中摇臂轴的外端连接，小端通过球头销与转向直拉杆做空间铰链连接。

2 转向直拉杆

图12-10所示为汽车的转向直拉杆，它是连接转向摇臂和转向节臂的杆件，具有传力和缓冲作用。在转向轮偏转且因悬架弹性变形而相对于车架跳动时，转向直拉杆与转向摇臂及转向节臂的相对运动都是空间运动，为了不发生运动干涉，三者之间的连接件都是球形铰链。

图12-9 转向摇臂

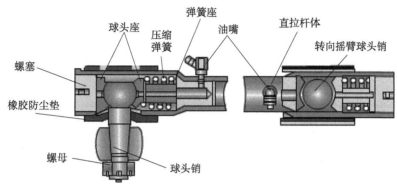

图12-10 转向直拉杆

3 转向横拉杆

图12-11所示为转向横拉杆示意图，由横拉杆体和两个旋装在两端的拉杆接头组成。其特点是长度可调，通过调整横拉杆的长度，可以调整前轮前束。

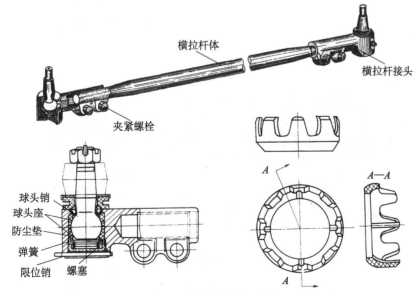

图12-11 转向横拉杆示意图

图12-12所示为断开式转向桥的横拉杆。转向器齿条的两端制有内螺纹。转向横拉杆的内端装有带螺纹的球头，并将其旋入齿条中。横拉杆的外端也通过螺纹与横拉杆接头连接，并用螺母锁紧。横拉杆接头外端通过球头销与转向节连接。松开锁紧螺母，转动转向横拉杆（左右两侧横拉杆的转动量应相同）可以调整前轮前束。

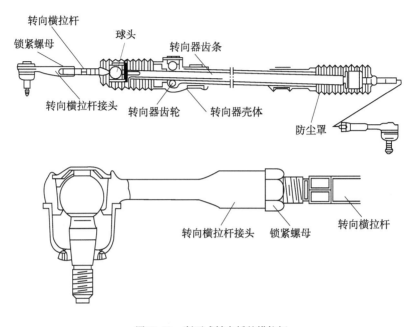

图12-12　断开式转向桥的横拉杆

4 转向减振器

为了衰减由于道路不平而传递给转向盘的冲击、振动，防止转向盘"打手"，稳定汽车行驶方向，许多乘用车装有转向减振器。转向减振器一端与车身（或前桥）铰接，另一端与转向直拉杆（或转向器）铰接。转向减振器的结构如图12-13所示，其工作原理与悬架中的减振器相类似。

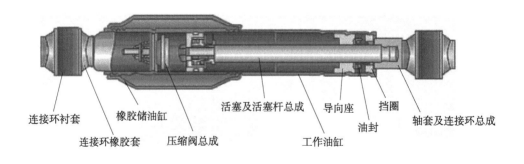

图12-13　转向减振器结构

三 液压动力转向系统

为了减轻驾驶人的疲劳强度,改善转向系统的技术性能,目前很多汽车都采用了动力转向系统。采用动力转向的汽车转向时,所需的能量在正常情况下,只有小部分是驾驶人提供的体能,而大部分是发动机驱动转向油泵旋转,将发动机输出的部分机械能转化为压力能。并在驾驶人控制下,对转向传动装置或转向器中某一传动件施加不同方向的随动渐进压力,从而实现转向。

❶ 动力转向液

汽车动力转向液是汽车液压动力转向系统的工作介质,长期以来,液压动力转向液一直采用自动变速器油(ATF),如上海桑塔纳2000系列车型等的动力转向液。但目前有采用动力转向专门用油的趋势。采用动力转向液可减轻磨损、防止氧化起泡、降低工作温度、保护油封及管路,使转向机构操作轻便、滑顺。动力转向液含有去污添加剂的成分,可以有效清洁动力转向系统。

很多厂商没有对动力转向液的更换周期作出规定,这可能是因为劣化周期较长的原因。所以无法指定更换周期,但如果动力转向液变为褐色时应进行更换。

别克凯越(1.6L)车型制动液规格为:DEXRON Ⅲ,更换周期为:每6个月或行驶10000km检查一次,必要时添加。

❷ 动力转向系统的分类

动力转向系统按传能介质的不同,可以分为气压式和液压式两种。

液压式动力转向系统按液流形式的不同,可分为常压式和常流式两种。

根据转向加力系统的零部件布置和连接组合方式的不同,可以分为整体式动力转向系统、半整体式动力转向系统和组合式动力转向系统三种。

液压式动力转向系统按其转向控制阀阀芯的运动方式的不同,还可分为滑阀式和转阀式两种形式。

❸ 液压式动力转向系统的组成及工作原理

液压式动力转向系统由机械转向器、转向控制阀(转阀式)、转向动力缸、转向油泵和转向油罐等组成,图12-14所示为别克凯越车型的动力转向系统。转向油泵安装在发动机上,由曲轴通过传动带驱动向外输出油压，转向油罐有进、出油管接头，通过油管分别与转向油泵和转向控制阀连接。动力转向器为整体式动力转向器，其转向控制阀用以改变油路。

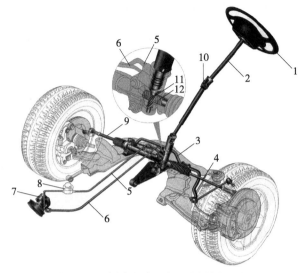

图 12-14　别克凯越车型液压动力转向系统

1- 转向盘；2- 转向轴；3- 动力转向器；4- 左侧转向横拉杆；5- 低压油管；6- 高压油管；7- 转向油泵；8- 转向油罐；9- 右侧转向横拉杆；10- 万向节；11- 齿轮；12- 齿条

1 转向控制阀

液压常流转阀式转向控制阀的结构，如图 12-15 所示。转向控制阀的转子安装在转向齿轮轴上，在其中间插入控制阀扭杆并固定。在转向齿轮上部有控制阀体，它和控制阀扭杆相连。控制阀体和转向油泵相通，且在其两端有与动力缸相通的阀门孔，由其所处位置决定是否向动力缸供油。转向盘转动时，根据控制阀扭杆的扭转量提供相应的油压辅助力。转向油泵的供油压力由转向控制阀控制。高压油经过控制阀内的空隙进入动力活塞两端，使活塞左右运动，带动转向齿条运动。

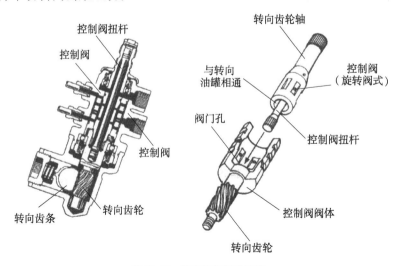

图 12-15　转向控制阀的结构

如图 12-16 所示，转向盘旋转时，带动控制阀扭杆旋转，使控制阀缸体旋转，阀门孔打开，开始供油。当转向盘转角很大时，控制阀扭杆转角大，进入动力缸的油液多，推动动力缸活塞运动，从而减轻转向操纵力。高速时，转向角转角小，进入动力缸的油液很少，转向操纵力大。当进入动力缸的油液流量很大时，过剩油液通过电磁阀流回转向油罐。当转向盘旋转停止时，阀门孔被关闭，动力缸活塞两端的油压相同。

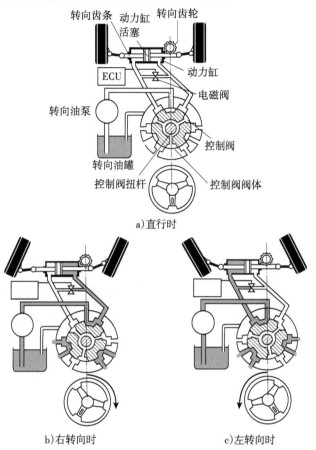

图 12-16　动力转向系统工作原理

2 转向油泵

转向油泵是动力转向系统的动力源，其功用是将发动机的机械能变为驱动转向动力缸工作的液压能，再由转向动力缸输出转向力，驱动转向车轮转向。

转向油泵的结构类型有多种，常见的有齿轮式、转子式和叶片式。目前，最常用的是双作用叶片式转向油泵，其工作原理如图 12-17 所示。当发动机带动油泵顺时针旋转时，叶片在离心力的作用下紧贴在定子的内表面上，工作容积开始由小变大，从吸油口吸进油液，而后工作容积由大变小，压缩油液，经压油口向外供油。再转 180°，又完成一次吸压油过程。

转向油泵的转子通过发动机驱动或电动机驱动，工作时油压及流量的变化是通过安全阀和溢流阀来实现的，如图 12-18 所示。当输出压力过高时，这个压力传到溢流阀右侧，使安全阀左移开启，高压油流回进油腔，降低了输出油压。当输出油量过大时，节流孔处油液的流速很高，但该处的压力很小，此压力经横向油道传到溢流阀右侧，使节流阀左右两侧的压差增大，在压差的作用下，节流阀压缩弹簧右移，使进油道和出油道相同，部分油液在泵内循环流动，减少了出油量。

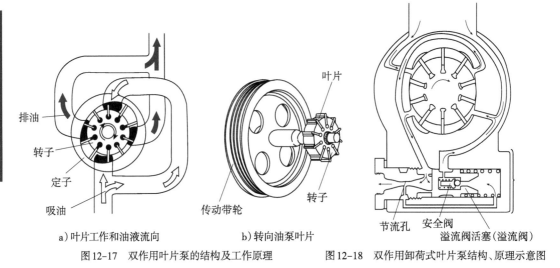

图12-17 双作用叶片泵的结构及工作原理　　图12-18 双作用卸荷式叶片泵结构、原理示意图

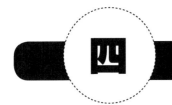

四、电子控制动力转向系统

电子控制动力转向系统(Electronic Control Power Steering, EPS)可分为液压式电控动力转向系统和电动式电控动力转向系统等多种形式。

1 液压式电控动力转向系统

液压式电控动力转向系统是在传统的液压动力转向系统的基础上增设了电子控制装置而构成的，根据控制方式的不同，可分为流量控制式、反力控制式和阀灵敏控制式三种形式。本部分仅介绍流量控制式电子控制动力转向系统。

❶ 基本组成

图12-19 所示为流量控制式 EPS，它是在一般液压动力转向系统上增加旁通流量控制阀、车速传感器、转向角速度传感器、EPS 电子控制单元和 EPS 开关等部件。在转向油泵与转向器之间设有旁通管路，在旁通管路中又设有旁通流量控制阀。

❷ 工作原理

图12-20 所示为流量控制式 EPS 工作原理示意图。根据车速传感器、转向角速度传感

器和 EPS 开关的信号，EPS 电子控制单元向旁通流量控制阀发出控制信号，控制旁通流量，从而调整向转向器供油的流量。当向转向器供油流量减少时，动力转向控制阀灵敏度下降，转向助力作用降低，转向力增加；反之，使转向力减小。

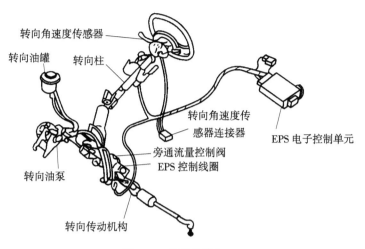

图 12-19　流量控制式 EPS

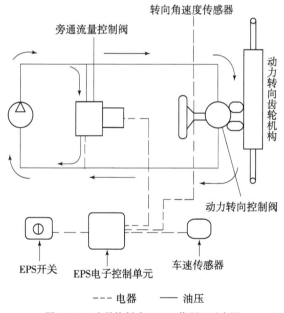

图 12-20　流量控制式 EPS 工作原理示意图

❷ 电动式电控动力转向系统

❶ 基本组成和工作原理

电动式电控动力转向系统的基本组成如图 12-21 所示，主要由转矩传感器、转角传感器、车速传感器、电动机、电磁离合器、减速机构、电子控制单元等组成。

电动式电控动力转向系统的基本原理是根据汽车行驶速度（车速传感器输出信号）及转矩及转向角信号，由 ECU 控制电动机及减速机构产生助力转矩，使汽车在低、中和高速下都能获得最佳的转向效果。

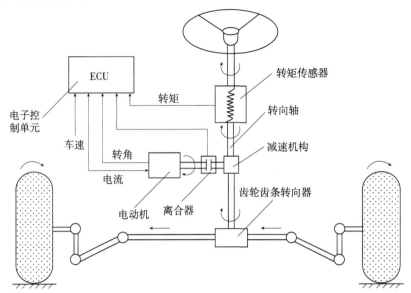

图 12-21 电动式电控动力转向系统的组成

电动机连同电磁离合器和减速齿轮一起，通过一个橡胶底座安装在车架上。电动机的输出转矩由减速齿轮增大，并通过万向节、转向器中的助力小齿轮把输出转矩送至齿条，向转向轮提供转矩。ECU 根据各传感器的信号确定助力转矩的幅值和方向，并且直接控制驱动电路去驱动电动机。转矩传感器、转角传感器和汽车速度传感器等为助力转矩的信号源。

根据电动机布置位置的不同，电动式电控转向系统可以分为转向轴助力式、齿轮助力式和齿条助力式 3 种，如图 12-22 所示。

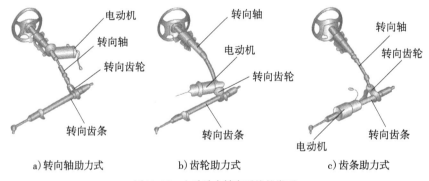

a) 转向轴助力式　　b) 齿轮助力式　　c) 齿条助力式

图 12-22 电动动力转向系统的类型

❷ 大众车系电动式电控动力转向系统

装备于一汽－大众宝来、高尔夫、速腾及上海大众途安等乘用车中的电动式电控动力转向系统又被称为电动机械转向助力系统，它具有许多优点：它可以协助驾驶人行车，并减轻身体和心理负担；同时，它仅在需要时进行工作，也就是说，只有当驾驶人需要转向助力时，它便会自动提供帮助。此系统的转向助力与车速、转向力矩和转向角等有关。

带双小齿轮的电动机械转向助力系统的结构如图12-23所示，它的部件主要包括：转向盘、带转向角度传感器G85的组合开关、转向柱G527、转向器、警告灯K161等。转向器由一个转向力矩传感器G269、一根扭转棒、一个转向小齿轮和一个驱动小齿轮、一个蜗轮传动装置，以及一个带转向辅助控制单元J500的电动机械转向助力器电动机V187组成。电动机械式转向助力系统的核心部件是一根齿条，它通过两个花键啮合在转向器中。

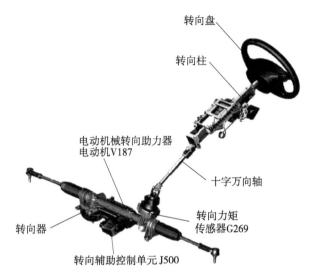

图12-23 电动机械转向助力系统组成

如图12-24所示，在带双小齿轮的电动机械转向助力器上，需要的转向力是通过转向小齿轮和驱动小齿轮传送到齿条上。转向小齿轮负责传送驾驶人施加的转向力矩，驱动小齿轮则通过蜗轮传动装置，传送由电动机械转向助力器电动机提供的助力力矩。该电动机具有用于转向助力的控制单元和传感装置，并安装在第二个小齿轮上。这种结构可以使转向盘和齿条之间形成机械连接。所以，当电动机失灵时，可以确保车辆仍能够进行机械转向，但此时不具备转向助力的功能，转向时会感到很沉重。

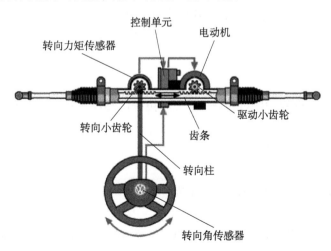

图12-24 电动机械转向助力系统各零件的布置

思考与练习

一、填空题

1. 汽车转向系统按转向动力源的不同分为＿＿＿＿＿＿＿和＿＿＿＿＿＿＿两大类。
2. 汽车的转向特性包括：＿＿＿＿＿＿＿、＿＿＿＿＿＿＿、＿＿＿＿＿＿＿和＿＿＿＿＿＿＿。
3. 汽车机械转向系统由＿＿＿＿＿＿＿、＿＿＿＿＿＿＿和＿＿＿＿＿＿＿3大部分组成。
4. 按转向器中的传动副的结构形式分,可以分为＿＿＿＿＿＿＿式和＿＿＿＿＿＿＿式等。
5. 循环球式转向器采有两级传动副,第一级是＿＿＿＿＿＿＿,第二级是＿＿＿＿＿＿＿。
6. 汽车转向操纵机构主要由＿＿＿＿＿＿＿、＿＿＿＿＿＿＿和＿＿＿＿＿＿＿等组成。
7. 动力转向系统根据转向加力装置的零部件布置和连接组合方式的不同,可以分为＿＿＿＿＿＿＿动力转向系、＿＿＿＿＿＿＿动力转向系和＿＿＿＿＿＿＿动力转向系。
8. 转向油泵的结构类型有多种,常见的有＿＿＿＿＿＿＿式、＿＿＿＿＿＿＿式和＿＿＿＿＿＿＿式。
9. 转向油泵的转子是通过发动机驱动的,工作时油压及流量的变化是通过＿＿＿＿＿＿＿和＿＿＿＿＿＿＿来实现的。
10. 根据电动机布置位置的不同,电动式电控动力转向系统可以分为＿＿＿＿＿＿＿助力式、＿＿＿＿＿＿＿助力式和＿＿＿＿＿＿＿助力式。

二、选择题

1. 汽车转向传动机构中的横拉杆,对中间拉杆两端与球销总成相连接的部分而言,以下哪项正确？（   ）
   A. 两端都是左旋螺纹
   B. 两端都是右旋螺纹
   C. 一端为左旋螺纹,另一端为右旋螺纹
   D. 没有一定的要求
2. 汽车转向时,外侧转向轮的偏转角度（   ）内侧转向轮的偏转角度。
   A. 大于　　　　B. 小于　　　　C. 等于　　　　D. 大于或等于

3. 要实现正确的转向，只能有一个转向中心，并满足(　　)关系式。
   A. $\cot\alpha=\cot\beta-\dfrac{\beta}{L}$　　　　B. $\cot\alpha=\cot\beta+\dfrac{\beta}{L}$
   C. $\alpha=\beta$　　　　　　　　　　　D. $\cot\alpha=\cot\beta$

4. 液压式转向助力装置按液流的形式可分为(　　)。
   A. 常流式　　　B. 常压式　　　C. 滑阀式　　　D. 转阀式

5. 转弯半径是指由转向中心到(　　)。
   A. 内转向轮与地面接触点间的距离　B. 外转向轮与地面接触点间的距离
   C. 内转向轮之间的距离　　　　　　D. 外转向轮之间的距离

6. 当汽车转向且外转向轮转角达最大值时，其转弯半径(　　)。
   A. 最大　　　B. 不能确定　　　C. 最大与最小之间　　　D. 最小

7. 在转向系中，转向器采用的是齿轮齿条式液压动力转向器，当转向液压泵出故障时，转向系将(　　)实现转向功能。
   A. 还能　　　B. 不能　　　C. 汽车低速行驶时能　　D. 不能确定

8. 转向油泵是助力转向的动力源，其作用是将输出的(　　)。经转向控制阀向转向动力缸提供一定压力和流量的工作油液。
   A. 液压能转化为机械能　　　B. 机械能转化为液压能
   C. 液压能转化为势能　　　　D. 动能转化为机械能

9. 电子控制动力转向系的英文简写是(　　)。
   A. ETS　　　B. CCS　　　C. GPS　　　D. EPS

三、判断题

1. 当汽车转弯时，内侧轮胎转向半径通常小于外侧轮胎。　　　　　　　　　(　　)
2. 为了提高行车的安全性，转向轴可以有少许轴向移动。　　　　　　　　　(　　)
3. 转向系统角传动比是指转向盘的转角与转向盘同侧的车轮偏转角度的比值。(　　)
4. 转向盘自由行程对于缓和路面冲击、使操纵柔和以及避免使驾驶人过度紧张是有利的。　　　　　　　　　　　　　　　　　　　　　　　　　　　　　　　(　　)
5. 汽车转向器的角传动比越大，就越容易实现迅速转向，即灵敏性较高。　 (　　)
6. 循环球式转向器中的转向螺母既是第一级传动副的主动件，又是第二级传动副的从动件。　　　　　　　　　　　　　　　　　　　　　　　　　　　　　　　(　　)
7. 采用动力转向系统的汽车，当转向加力装置失效时，汽车也就无法转向了。(　　)
8. 汽车液压动力转向系统中，安全阀既可限制最大压力，又可限制多余的油液。(　　)
9. 汽车液压动力转向系统中的转阀式转向控制阀，是直接由转向轴驱动的。　(　　)

四、简答题

1. 什么是转向盘的自由行程？它有什么功用？

2. 汽车的转向特性有哪些？各有什么特点？

3. 循环球式转向器的工作原理是什么？

4. 说明转向油泵的工作原理。

单元十三 发动机电气设备

Chapter 13

知识目标

1. 掌握蓄电池作用和结构特点;
2. 掌握交流发电机的作用和基本组成;
3. 了解起动机的控制电路、起动主电路工作原理;
4. 掌握起动机作用和结构特点;
5. 掌握电控点火系统的结构特点、工作原理和各部件主要作用。

建议学时

8学时。

发动机电气设备由蓄电池、充电系统、起动系统和发动机点火系统等组成。

一 蓄电池

❶ 蓄电池的作用

汽车蓄电池是一种储能装置,属于低压直流电源,它不是直接储存电能,而是将电能转变成化学能储存起来,当蓄电池连接外部电路时,化学能转变成电能,从蓄电池的正极流出经导线到负载,再经导线流回蓄电池负极完成回路放电。

当发动机运转时,利用小部分动力驱动发电机以产生电能,再充入蓄电池,把电能变成化学能储存。现代汽车一般使用12V蓄电池,大型柴油车则常用两个12V蓄电池串联形成24V电源系统。

汽车蓄电池的作用如下:
①起动发动机时供给起动机所需的电流。
②当发电机发出的电压低于蓄电池电压或发电机不工作时,供给全车电器所需的电流。
③平衡汽车电系的电压,使电压恒定。

❷ 蓄电池的结构

蓄电池的结构如图13-1所示,由壳体、盖板、极板组、隔板与极柱等组成。

蓄电池中的电解液为稀硫酸($H_2SO_4+H_2O$),电解液必须保持高出极板10~12mm,高度不足时,添加蒸馏水至外壳标示的最高线,如图13-2所示。

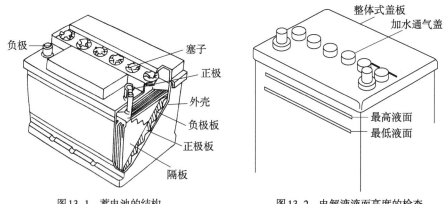

图13-1 蓄电池的结构　　　图13-2 电解液液面高度的检查

蓄电池电解液的密度与蓄电池充电状态有直接关系:完全充电时,其密度应为$1.28g/cm^3$;充电到一半时,其密度应为$1.20g/cm^3$;完全放电时,其密度应为$1.12g/cm^3$。蓄电池电解液密度可用电解液检测仪(也称比重计)测量。电解液检测仪由一个带有吸液球的玻璃管组成。玻璃管内有一个带刻度的浮子。从蓄电池中抽吸电解液并检查浮子在液体中的浸入深度,通过刻度可以读取电解液密度值,如图13-3所示。

现代汽车越来越多地采用免维护(Maintenance Free, MF)蓄电池,所谓免维护蓄电池是在蓄电池使用期间不需要添加蒸馏水,当充电指示器显示电解液面高度不足时,蓄电池即应更换。

免维护蓄电池在盖板上均设有密度与液面观察窗,俗称电眼(图13-4),以显示蓄电池的充电情况及电解液面是否过低。当蓄电池液面及充电正常时,绿色浮球在中央最高点,从观窗中在黑色区可看到绿色圆圈,如图13-5a)所示;当蓄电池液面正常,但充电不足时,绿色浮球在球室下方,从观窗中看不到绿色圆圈,整个是黑色,如图13-5b)所示,应对蓄电池进行补充充电;当蓄电池液面过低时,观窗中看到的是透明色,表示蓄电池需换新,如图13-5c)所示。观察窗只能显示电解液密度是$1.150g/cm^3$或更高,要实际获得正确的读数,必须使用电解液检测仪测量。

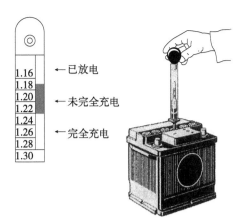

图13-3 蓄电池电解液密度的检查

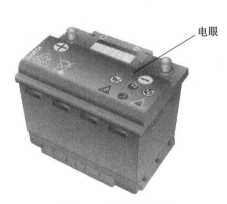

图13-4 蓄电池电眼位置

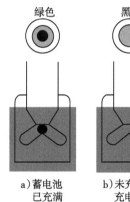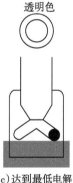

a) 蓄电池已充满　b) 未充电或充电过少　c) 达到最低电解液液位

图13-5 观察窗的作用

❸ 蓄电池的型号

以型号"6—QAW—100"为例来说明蓄电池的型号表示方法及含义。

第一部分:表示串联的单格电池数,用阿拉伯数字表示。其额定电压为这个数字的两倍。

第二部分:表示蓄电池的类型和特征,用两个汉语拼音字母表示。一般第一个字母是Q,表示起动型蓄电池。第二个字母表示蓄电池的特征代号,如:A——干荷电式、W——免维护型、J——胶体电解液等。

第三部分:表示蓄电池的额定容量和特殊性能,我国目前采用20h放电率的额定容量,单位是A·h(安培·小时),用数字表示,特殊性能用字母表示。

因此"6—QAW—100"表示由6个单格电池串联而成,额定电压12V,额定容量为100A·h的起动型干电荷免维护蓄电池。

二 充电系统

❶ 充电系统作用和组成

起动发动机时,需利用蓄电池供应起动机及点火系统等各种电器所需的电流,发动机起动后,必须由充电系统来提供点火系统及其他电器的用电,并补充蓄电池在起动发动机时所消耗的电能,这样发动机才能维持运转,熄火后才能再起动。

充电系统就是将发动机一部分机械能转变为电能的装置。充电系统最重要的部件是产生电能的发电机,其次为控制发电机最高输出的调节器,另外还需有指示充电系统工作是否正常的指示灯或电流表,以及连接各电器间的导电线等,如图13-6所示。

交流发电机的功能:

①在车辆行驶时,供应点火系统、空调、音响及其他电器用电。

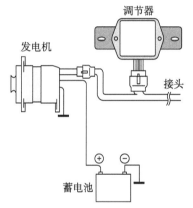

图13-6 充电系统的组成

②补充蓄电池在起动时损耗的电能(即对蓄电池充电)。

❷ 交流发电机的结构

交流发电机如图13-7所示,由定子、转子、整流器、前端盖、电刷、后端盖和风扇等所组成,交流发电机采用集成式电压调节器(IC)调节器。

转子用来建立交流发电机的磁场,它由压装在转子轴上的两块爪形磁极、两个磁场绕组和两个集电环组成。

定子用来产生三相交流电动势。定子总成安装在前、后端盖之间,定子铁芯由内圆带槽的硅钢片叠成,在槽内安装三相定子绕组。三相绕组按星形连接,其首端分别与整流器的二极管连接,尾端连在一起,称为中性点。

整流器用来将三相定子绕组中产生的三相交流电动势整流为直流电。整流器由6个硅二极管组成三相桥式全波整流电路。6个硅二极管分别安装在2个彼此绝缘的元件板上,其中3个二极管的外壳为负极，引出线为正极，称为正极二极管，并由红色标记。正极二极管压装在与壳体绝缘的元件板上，元件板与发电机电刷端盖上的"电枢"接线柱相连，作为发电机的正极。另外3个二极管的外壳为正极，引出线为负极，称为负极二极管，由黑色标记。负极二极管压装在前端盖上，与后端盖上的搭铁接线柱相连，作为发电机的负极。

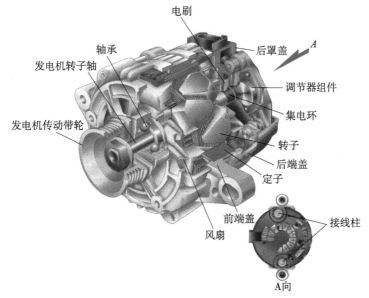

图13-7 交流发电机的构造

发电机的前端装有传动带轮，由发动机曲轴传动带轮通过传动带驱动发电机旋转。在带轮的后面装有叶片式风扇，使发电机工作时强制通风散热。有些新型发电机，为了提高散热强度，取消了装在发电机外部的叶片式风扇，将风扇叶片装在转子上，实现转子风扇一体化，不但减小了发电机的体积，而且提高了发电机功率。

电压调节器保证在发电机转速变化时保持发电机输出的端电压为恒定值(13.5~14.5V)。电压调节器分为触点式电压调节器、晶体管电压调节器和集成电路电压(IC)调节器等。

❶ 起动系统的作用和组成

汽油发动机或柴油发动机正常工作都必须经"进气→压缩→做功→排气"四个行程，因此开始起动发动机完成进气行程和压缩行程必须先靠外力摇转曲轴，常用的外力有人力和电力两种，人力起动简单，但不方便，劳动强度大，目前只有在部分汽车上作为后备方式而保留着。电力起动操作方便，起动迅速可靠，重复能力强，所以在现代汽车上被广泛应用。

汽车的起动系统是由蓄电池、点火开关、电磁开关、起动机和导线等元件组成。图13-8所示为起动系统的示意图，实线部分为起动机电路，虚线部分为起动开关控制线路。

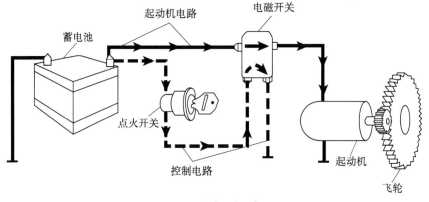

图13-8　起动系统示意图

蓄电池供应起动机所需的大电流（50~300A），一般使用点火开关以较小的电流（3~5A）经电磁开关中线圈产生的磁力来控制起动机驱动齿轮与飞轮的接合与分离，即接通和断开起动电路。

❷ 起动系统主要部件的结构

❶ 起动机

起动机的功用：利用起动机驱动齿轮与发动机飞轮齿圈啮合，以摇转发动机使其能起动；发动机发动后，驱动齿轮与飞轮齿圈必须立刻分离，以免起动机受损。

起动机是起动系统中的主要组成部分，起动机由直流串励式电动机、离合机构和控制装置3个部分组成，如图13-9所示。

图13-9　起动机的结构

1 直流电动机

直流电动机的作用是将蓄电池输入的电能转换为机械能,产生电磁转矩。直流电动机主要由电枢、磁极、换向器等主要部件构成。

❶ 电枢

电枢是直流电动机的旋转部分,包括电枢轴、换向器、电枢铁芯、电枢绕组。为了获得足够的转矩,通过电枢绕组的电流一般为200~600A,因此电枢绕组采用较粗的矩形裸铜线绕制成成型绕组。电枢绕组各线圈的端头均焊接在换向器片上,通过换向器和电刷将蓄电池的电流引进来。

❷ 磁极

磁极一般是4个,两对磁极相对交错安装在电动机定子内壳上,低碳钢板制成的机壳也是磁路的一部分。也有用6个磁极的起动机。

❸ 电刷与电刷架

电刷架一般为框式结构,其中正极电刷架与端盖绝缘地固装,负极电刷架直接搭铁。电刷置于电刷架中,电刷由铜粉与石墨粉压制而成,呈棕红色。电刷架上装有弹性较好的盘形弹簧。

❹ 轴承

因为起动机工作时间短暂,每次工作时间仅几秒,所以一般都是采用青铜石墨轴承或铁基含油轴承。

2 离合机构

离合机构的作用是将电动机的电磁转矩传递给发动机使之起动,同时又能在发动机起动后自动打滑,保护起动机不致飞散损坏。目前,起动机常用的离合机构有滚柱式、摩擦片式和弹簧式3种。

滚柱式离合机构是目前国内外汽车起动机中使用最多的一种。如图13-10所示,它由外座圈、内座圈、滚柱以及柱塞等组成。内座圈毂的花键套筒和起动机轴以花键连接,外座圈与驱动齿轮相连。

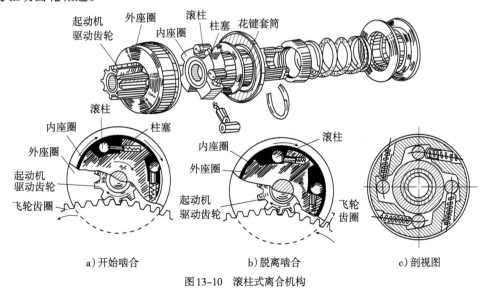

图13-10 滚柱式离合机构

外座圈与内座圈之间的间隙宽窄不等,呈楔形槽。当起动机电枢旋转时,转矩由花键套筒传到内座圈上,内座圈则随电枢一起旋转,这时滚柱便滚入楔形槽的窄处被卡住,于是转矩传递给起动机驱动齿轮,带动飞轮齿圈使发动机起动,见图13-10a)。当发动机起动后,曲轴转速增高,飞轮齿圈带动驱动齿轮旋转,此时起动机驱动齿轮旋转方向虽未改变,但已由主动齿轮变为从动齿轮,且外座圈的转速大于内座圈的转速,于是使滚柱滚入楔形槽的宽处,使内、外座圈相对打滑,见图13-10b)。这样,转矩就不能从起动机驱动齿轮传给电枢,也就防止了电枢超速飞散。

3 控制装置

控制装置的作用是接通和断开电动机与蓄电池之间的电路,同时还能接入和切断点火线圈的附加电阻。起动机的控制装置一般是电磁开关,有的还采用了起动继电器。

电磁开关安装在直流电动机壳体上方(图13-11),吸引线圈与保持线圈的匝数相同,绕向也相同。接通起动开关时,吸引线圈中的电流经由起动机的励磁绕组和电枢绕组后搭铁,而保持线圈直接搭铁。此时,两个线圈产生较强的方向相同的电磁吸力,吸引可动铁芯向左移动。铁芯的移动通过拨叉将驱动齿轮推向飞轮齿圈,同时通过电枢中的较小电流使电枢轴缓慢旋转,这样有利于啮合。当驱动齿轮与飞轮齿圈完全啮合时,可动触点与固定触点也刚好完全闭合。此时,吸引线圈被短路,只靠保持线圈吸力将可动触点与固定触点保持在接通状态,强大的起动电流通过励磁绕组和电枢绕组使起动机快速转动。

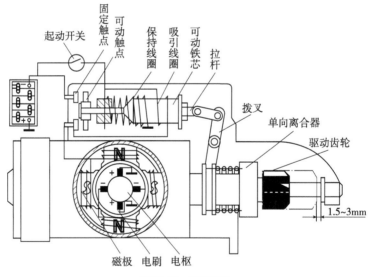

图13-11 电磁开关

发动机起动后,从起动开关到保持线圈的电流被切断,但在断开起动开关的瞬间,两触点仍处在闭合状态,电流从触点到吸引线圈,再经保持线圈搭铁。这时,两个线圈产生的电磁力大小相等,方向相反,相互抵消。铁芯在复位弹簧的作用下返回原位,触点断开,起动机因断电而停转,同时驱动齿轮与飞轮齿圈脱开而复位。

2 点火开关

汽车的点火开关装在转向柱上,通常有5个挡位并担任不同的工作,如图13-12所示。

❶ 锁止(LOCK)

钥匙在此位置才能拔出,也在此位置锁住转向盘轴,以防汽车无钥匙被移动或被开走。

❷ 关闭(OFF)

在此位置全车电路不通,但转向盘可以转动,以便不起动发动机移动汽车使用。

❸ 附件(ACC)

在此位置汽车附属电器的电路接通,如点烟器、收音机等,但点火系统不通。不起动发动机听收音机时应开在此位置。

❹ 运转(ON)

在此位置时点火系统及汽车各电器均接通,一般汽车行驶均在此位置。

❺ 起动(START)

由运转位置顺时针方向扭转钥匙即为起动位置,手放松时,钥匙又可回到运转(ON)位置。在起动位置,点火系统及起动系统接通以起动发动机。

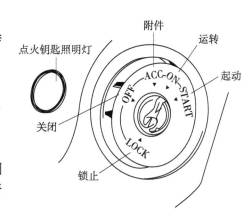

图 13-12 点火开关的位置

四 点火系统

❶ 点火系统的作用和组成

点火系统的作用是将汽车电源提供的低压电转变为高压电,并按照发动机各缸的点火顺序和点火时刻的要求,适时准确地将高压电送至各缸的火花塞,使火花塞跳火,点燃汽缸内的可燃混合气体。

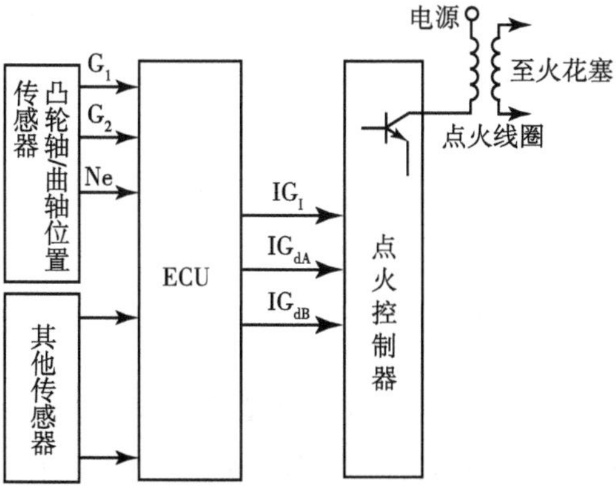

现代汽车发动机均已采用电控点火系统,其组成如图 13-13 所示,主要由传感器、ECU 以及执行器组成。传感器用来检测发动机工作状态,并将信号传给 ECU;ECU 负责对传感器传送的信号进行分析、比较、处理,向执行器发出控制命令;执行器(点火控制器)接收 ECU 发出的控制指令,并按指令对点火线圈初级绕组电流进行控制,以产生足够的点火高压电。电控点火系统的各组成部分的功用,见表 13-1。

图 13-13 电控点火系统的组成

电控点火系统的组成及元件功用　　　　　　　表 13-1

组　成		功　用
输入信号	空气流量计(L 型)	检测进气量信号输入 ECU，是点火系统的主控信号
	进气歧管绝对压力传感器	
	曲轴位置传感器(Ne)	检测曲轴转速(转角)信号输入 ECU，是点火系统的主控信号
	凸轮轴位置传感器 (G_1、G_2)	检测凸轮轴转角信号输入 ECU，是点火系统的主控信号
	节气门位置传感器	检测节气门开度信号输入 ECU，是点火系统的修正信号
	冷却液温度传感器	检测发动机冷却液信号输入 ECU，是点火系统的修正信号
	进气温度传感器	检测进气温度信号输入 ECU，是点火系统的修正信号
	爆震传感器	检测发动机爆震信号输入 ECU，是点火系统的修正信号
	起动开关	向 ECU 输入起动信号，是点火系统的修正信号
	空调(A/C)开关	向 ECU 输入空调工作信号，是点火系统的修正信号
	空挡位置开关	向 ECU 输入 P 挡和 N 挡信号，是点火系统的修正信号
执行器	点火控制器	根据 ECU 输出的控制指令，控制点火线圈初级电路的通断，以产生次级高压，并向 ECU 反馈点火确认信号
	点火线圈	利用变压器的原理可将汽车电源提供的 12V 低压电转变成能击穿火花塞电极间隙的 15~20kV 的高压直流电
	控制单元(ECU)	根据各输入信号输入的信息，计算出最佳的控制参数，并向执行器发出控制指令
	分电器	按照发动机的工作顺序将产生的高压电送至各缸火花塞
	火花塞	火花塞的作用是将高压电引入气缸燃烧室，产生电火花点燃可燃混合气

2 点火系统的类型

电控点火系统按照是否安装分电器可分为有分电器式电控点火系统和无分电器式电控点火系统，其组成图 13-14 所示。二者的区别是无分电器电控点火系统取消了分电器和高压线，每个火花塞都由单独的点火线圈控制，点火控制器也集成到了 ECU 中。

3 点火系统主要部件的结构

1 点火线圈

点火线圈利用变压器的原理可将汽车电源提供的 12V 低压电转变成能击穿火花塞电极间隙的 15~20kV 的高压直流电。按其磁路结构形式的不同，点火线圈一般分为开磁路式和闭磁路式两种。

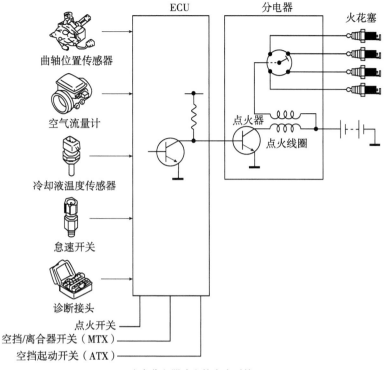

a) 有分电器式电控点火系统

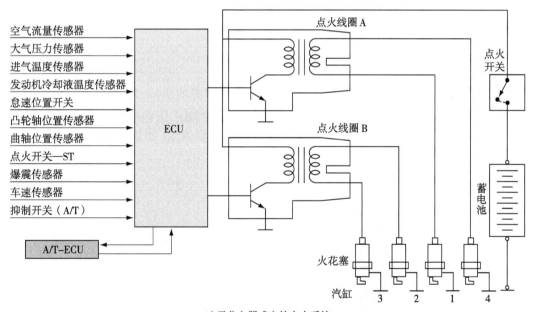

b) 无分电器式电控点火系统

图 13-14 点火系统类型

1 开磁路点火线圈

开磁路点火线圈的结构如图 13-15 所示,点火线圈中心是用硅钢片叠成的条形铁芯,由于铁芯没有构成闭合回路,所以称为开磁路点火线圈。铁芯外部套有绝缘的纸板套管,套管上绕有次级绕组,直径为0.06~0.10mm 的漆包线,次级绕组一般约为2万匝。初级绕组是直径为0.5~1.0mm 的高强漆包线,绕在次级绕组的外面,初级绕组一般约为200匝,绕组和外壳之间装有导磁钢套。为加强绝缘与防潮,条形铁芯底部装有瓷绝缘支座,外壳内充满沥青或变压器油等绝缘物。点火线圈的顶部是胶木盖,并加以密封。

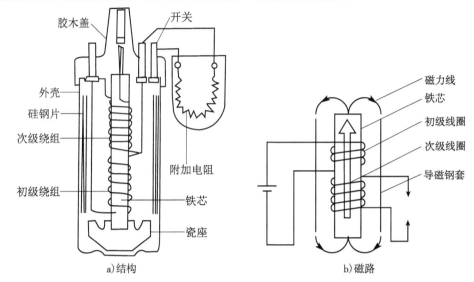

图13-15 开磁路点火线圈

在早期的点火系统中,开磁路点火线圈应用较多。但由于开磁路点火线圈磁路磁阻大,磁通量泄漏多。因此,能量转换效率低,现已很少应用。

2 闭磁路点火线圈

闭磁路点火线圈也称为高能点火线圈,其结构和磁路如图13-16所示。在口字形铁芯内绕有次级绕组,在次级绕组外面绕有初级绕组,初级绕组产生的磁通量通过铁芯构成闭合磁路。与开磁路点火线圈相比,闭磁路点火线圈具有漏磁少、能量损失小、转换效率高、体积小、质量小和易散热等优点,因此在点火系中广泛应用。

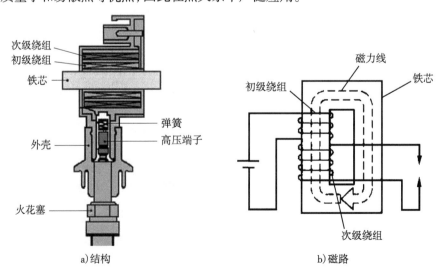

图13-16 闭磁路点火线圈的磁路

2 分电器

分电器的结构如图 13-17 所示，主要由配电器、信号发生器组成。配电器（分火头、分电器盖等）的作用是将点火线圈产生的高压电，按照发动机的工作顺序送至各缸火花塞；信号发生器的作用是产生脉冲信号，送给点火控制器，由点火控制器控制初级电路的通断。

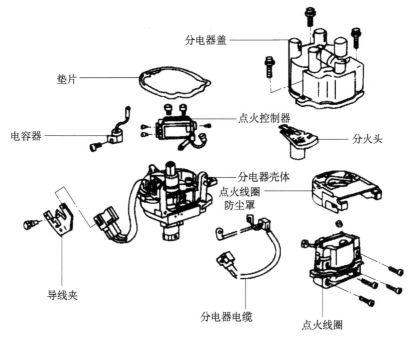

图 13-17 分电器的结构

3 点火控制器

点火控制器也称为点火模块是电控点火系统的执行元件，其主要功用是根据 ECU 的指令来控制点火线圈初级电路的导通与截止。其内部为集成电路，全密封结构。现在点火控制器的功能多集成在发动机控制单元中，没有单独的点火控制器。

4 高压线

高压导线用以连接点火线圈与分电器中心插孔以及分电器旁电极和各缸火花塞。由于工作电压很高（一般在 15kV 以上），电流强度较小，因此高压导线的绝缘包层很厚，耐压性能好，但线芯截面积很小。汽车用高压线有铜芯线和阻尼线两种，其电阻值因车型的不同而不同。

5 火花塞

火花塞的作用是将高压电引入汽缸燃烧室，产生电火花点燃可燃混合气。由于火花塞的工作条件十分恶劣，它要承受高压、高温及燃烧产物的强烈腐蚀，因此，火花塞必须具有足够的强度，能承受温度的强烈变化，应有良好的热特性，火花塞的电极一般采用耐高温、耐腐蚀的镍锰合金钢或铬锰氮、钨、镍锰硅等合金制成，也有采用镍包铜材料制成，以提高散热性能。

火花塞的结构如图13-18所示,主要由接线帽、瓷绝缘体、中心电极、侧电极和壳体等组成。中心电极用镍铬合金制成,具有良好的耐高温、耐腐蚀性能,中心电极做成两段,中间加有导电玻璃,由于导电玻璃和瓷绝缘体的膨胀系数相近,因此,导电玻璃主要是起密封作用。火花塞的间隙一般为1.0~1.2mm。

火花塞根据其热特性(用热值表示,数字越大,热值越小)的不同,可分为冷型火花塞、中型火花塞和热型火花塞。绝缘体裙部长的火花塞,其受热面积大,传热距离长,散热困难,裙部温度高,称为热型火花塞;反之,裙部短的火花塞,吸热面积小,传热距离短,散热容易,裙部温度低,称为冷型火花塞。热型火花塞用于低压缩比、低转速、小功率的发动机;冷型火花塞用于高压缩比、高转速、大功率的发动机。

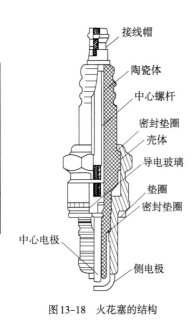

图13-18 火花塞的结构

思考与练习

一、填空题

1. 发动机电气设备由_____、_____、_____和_____等组成。
2. 蓄电池由_____、_____、_____、_____和_____等组成。
3. 免维护蓄电池电眼颜色表示其工作状态,其中_____色表示蓄电池正常;_____色表示蓄电池电量偏低,需要充电;_____色表示蓄电损坏需要更换。
4. 充电系统由_____、_____、_____和_____等组成。
5. 起动系统由_____、_____、_____和_____等组成。
6. 起动机由_____、_____和_____3部分组成。
7. 起动机离合机构的种类主要有_____、_____和_____3种类型。
8. 点火开关通常有5个位置,即_____、_____、_____、_____和_____。
9. 现代汽车发动机均已采用电控点火系统,主要由_____、_____以及_____组成。
10. 点火线圈一般分为_____式和_____式两种。
11. 火花塞根据其热特性(用热值表示,数字越大,热值越小)的不同,可分为_____火花塞、_____火花塞和_____火花塞。

二、选择题

1. 12V 蓄电池有( )单格电池串联而成。
   A. 2个　　　　B. 3个　　　　C. 4个　　　　D. 6个
2. 一般汽车上的蓄电池和大型柴油车采用的蓄电池电压分别为( )。
   A. 24V,12V　　　　　　　　　B. 24V,24V
   C. 12V,24V　　　　　　　　　D. 12V,12V
3. 球式的充电指示器,当视窗黑色区可看到绿圆圈时,表示( )。
   A. 电解液面及充电正常　　　　B. 电解液面太高
   C. 充电不足　　　　　　　　　D. 电解液面太低
4. 一般蓄电池容量的表示方法是( )。
   A. A　　　　B. kA　　　　C. Ah　　　　D. kV
5. 汽车蓄电池的作用有( )。
   A. 作为电源
   B. 稳压
   C. 在汽车充电系统发生故障时提供车辆所必需的电能
   D. 以上说法均正确
6. 发电机的( )是用来产生三相交流电的。
   A. 转子总成　　B. 定子总成　　C. 整流器　　D. 电压调节器
7. 汽车交流发电机中哪个原件能将交流电转变为直流电?( )
   A. 转子　　　　B. 定子　　　　C. 电压调节器　　D. 整流器
8. 下列哪个元件中不属于交流发电机( )。
   A. 转子　　　　B. 电压调节器　　C. 定子　　　　D. 分电器
9. 汽车刚起动时,发电机的转子由哪个电源来供电?( )
   A. 发电机　　　B. 蓄电池　　　C. 两者都有　　D. 都不对
10. 汽车起动系统中不包括下列哪一项( )。
    A. 起动机　　　B. 充电指示灯　　C. 电磁开关　　D. 蓄电池
11. 起动机使用的电流约为( )。
    A. 3~5A　　　B. 6~20A　　　C. 21~45A　　　D. 50~300A
12. 电磁开关的结构不包括( )。
    A. 吸引线圈　　B. 保持线圈　　C. 活动铁芯　　D. 继电器
13. ( )利用变压器的原理可将汽车电源提供的12V低压电转变成15~20kV的高压直流电。
    A. 点火线圈　　B. 分电器　　　C. 火花塞　　　D. 点火控制器
14. ( )的作用是按照发动机的工作顺序将产生的高压电送至各缸火花塞。
    A. 点火线圈　　B. 分电器　　　C. 控制单元　　D. 点火控制器
15. 下列元件中,哪个部件不属于点火系统的( )。
    A. 点火线圈　　B. 电压调节器　　C. 高压线　　　D. 火花塞

三、判断题

1. 汽车蓄电池是做储存电能用的。（　）
2. 温度过高会使蓄电池的寿命缩短。（　）
3. 电解液的液面高度应高出极板 10~12mm。（　）
4. 交流发电机定子的作用是产生三相交流电。（　）
5. 自动挡汽车换挡杆在驻车挡 P 或空挡 N 时发动机才能发动。（　）
6. 发动机发动后，起动机小齿轮应立刻与飞轮分离。（　）
7. 起动机发动后，起动开关回到"ON"位置时，吸引与保持线圈的电流方向相反。（　）
8. 光电式信号产生器，当 LED 的光束触及光敏晶体管时，无电压信号输出。（　）
9. 点火控制器的作用是根据 ECU 输出的控制指令，控制点火线圈初级电路的通断，以产生次级高压，并向 ECU 反馈点火确认信号。（　）
10. 现代汽车上，开磁路点火线圈应用广泛。（　）
11. 火花塞的作用是将高压电引入汽缸燃烧室，产生电火花点燃可燃混合气。（　）

四、简答题

1. 汽车蓄电池的作用是什么？

2. 交流发电机的组成和作用是什么？

3. 起动系统的基本组成和作用是什么？

4. 单向离合器有什么作用？

5. 简述电控点火系统的组成及工作原理。

6. 简述分电器的组成及工作原理。

单元十四　声光系统

知识目标

1. 掌握喇叭的结构与工作原理；
2. 掌握照明系统的结构和作用；
3. 掌握信号系统的结构和作用。

建议学时

4学时。

汽车上的声光系统主要由喇叭和照明与信号系统组成。

一 喇叭

汽车喇叭是用来警告路上车辆或行人的警报装置。喇叭的种类主要有电磁式、电子式和压缩空气式3类。

1 电磁式喇叭

1 喇叭的工作原理

将一片薄钢板周围固定,中央放置电磁铁,当开关闭合时,电磁铁产生吸力吸引钢板,开关断开时,钢板由本身的弹性弹回,产生振动,即可发出声波。如果使开关连续地闭合、断开,即可使钢板连续振动空气而发出声音,如图14-1所示。

2 电磁式喇叭的组成

电磁式喇叭(图14-2)一般包括高音喇叭、低音喇叭、喇叭继电器、喇叭按钮、电源、熔断丝等。因喇叭耗电量大,故使用继电器,避免按钮处产生过大的火花,以延长使用寿命。常见的电磁式喇叭为盆形喇叭和螺旋形喇叭。

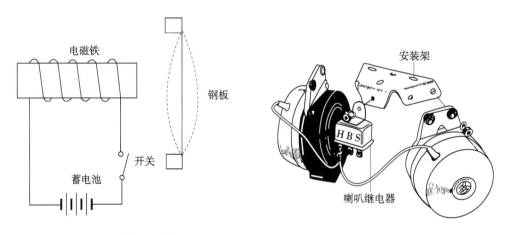

图14-1 电磁式喇叭的作用原理

图14-2 电磁式喇叭的结构

❶ 盆形喇叭

盆形喇叭和喇叭继电器的结构如图14-3所示,盆形喇叭触点闭合后电磁铁(线圈)将膜片拉近,接近后触点断开,电流被断开,如此反复进行引起振动,发出声音。

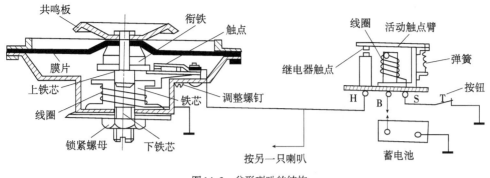

图 14-3　盆形喇叭的结构

❷ 螺旋形喇叭

螺旋形喇叭是利用螺旋管的共鸣产生较柔软的音色,体积比盆形喇叭大。螺旋形喇叭的基本结构如图14-4所示,它以螺旋管的音响管取代盆形喇叭的共振板,其他的驱动回路、触点机构等均与盆形喇叭相同。

2 电子式喇叭的结构

电子式喇叭的结构如图14-5所示,其发音体采用压电元件,以产生悦耳的声音,电子式喇叭具有省电、噪声低等优点。

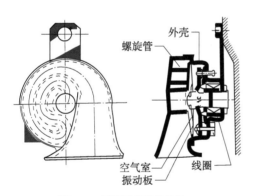

图 14-4　螺旋形喇叭的结构

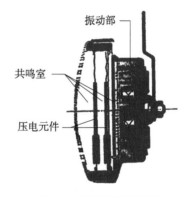

图 14-5　电子式喇叭的结构

二　照明与信号系统

为了保证汽车行驶安全,现代汽车上都装备照明与信号系统(图14-6)。照明系统用于提供车辆夜间安全行驶必要的照明,包括车外照明和车内照明等,信号系统用于提供安全行车所必需的灯光信号。

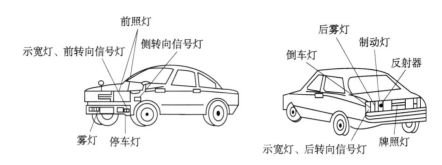

图14-6 照明与信号系统的布置

卡罗拉(1.6L)车型照明与信号系统规格，见表14-1。

卡罗拉(1.6L)车型照明与信号系统规格　　　　表14-1

项　目		功率(W)	类　型
车外灯	前照灯 近光(卤素灯泡)	51	HB4 卤素灯泡
	前照灯 近光(氙气灯泡)	35	D4R 氙气灯泡
	前照灯 远光	60	HB3 卤素灯泡
	前雾灯	55	H11 卤素灯泡
	前示宽灯	5	楔形座灯泡(无色)
	前转向信号灯	21	楔形座灯泡(琥珀色)
	侧转向信号灯	5	楔形座灯泡(琥珀色)
	制动灯/尾灯	21/5	楔形座灯泡(无色)
	后转向信号灯	21	单头灯泡(无色)
	倒车灯	16	楔形座灯泡(无色)
	后雾灯	21	楔形座灯泡(无色)
	牌照灯	5	楔形座灯泡(无色)
车内灯	梳妆灯	8	楔形座灯泡(无色)
	车内灯	8	双头灯泡
	车顶阅读灯	8	楔形座灯泡(无色)
	行李舱灯	3.8	楔形座灯泡(无色)
	前门门控灯	5	楔形座灯泡(无色)

❶ 照明系统

❶ 前照灯

前照灯也称前大灯或头灯,装于汽车头部两侧,用于夜间行车时的道路照明,灯光为白色,功率一般为30~60W。前照灯包括远光灯和近光灯两种(图14-7),远光灯用于保证车前有明亮而均匀的照明,使驾驶人能辨明100m以内道路上的任何障碍物;近光灯在会车和市区内使用,用于保证夜间车前50m内的路面照明,以及避免两车交会时造成驾驶人眩目而发生事故。

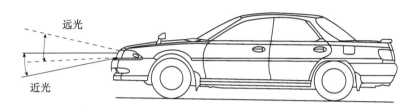

图14-7 远光和近光

前照灯的结构和安装位置如图14-8所示,主要由灯泡、反射镜和配光镜3部分组成。

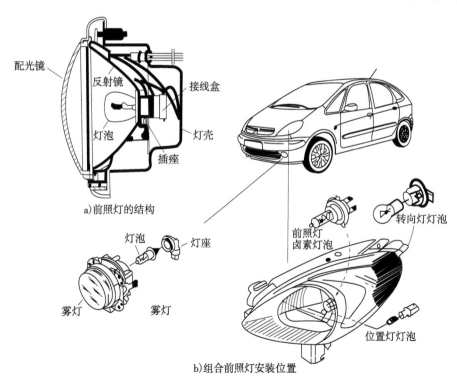

a)前照灯的结构
b)组合前照灯安装位置

图14-8 前照灯的结构和安装位置

前照灯灯泡有充气灯泡、卤素灯、氙气灯泡和新型高压(20kV)放电氦灯等几种类型。为了防止眩目,前照灯的灯泡一般采用双灯丝结构,一根为远光灯丝,另一根为近光灯丝。

远光灯丝功率较大,位于反射镜焦点处;近光灯丝功率较小,位于焦点上方或前方。远光灯丝点亮时,光束照亮较远的路面;近光灯丝点亮时,光束照亮较近的路面。

前照灯反射镜的作用是将灯泡的光线聚合并导向远方。配光镜的作用是将反射镜反射出的平行光束折射,使车前路面和路缘均有很好的照明效果。

前照灯由灯光总开关控制,变光开关控制远近光变换。有的车还有超车灯开关控制远近光变换。

❷ 雾灯

雾灯用于雨、雪、雾或尘埃弥漫天气时的行车照明并具有信号作用。雾灯有前雾灯和后雾灯两种。前雾灯装于汽车前部比前照灯稍低的位置(图14-8)。雾灯的光色规定为黄色、橙色或红色,这是因为其光波较长,透雾性能好。

雾灯由雾灯开关控制,有些汽车的雾灯开关又受灯光总开关控制。

❸ 牌照灯

牌照灯装于汽车尾部的牌照上方,用于夜间照亮汽车牌照。牌照灯由灯光总开关控制,灯光总开关接通,牌照灯就亮。

❹ 仪表灯

仪表灯装于汽车仪表板上,用于仪表照明。仪表灯由灯光总开关控制,灯光总开关接通,仪表灯就亮。有些车辆还增加了仪表灯亮度调节装置,以便于驾驶人任意调节仪表灯亮度,获取行车信息和进行正确操作。仪表灯的数量根据仪表设计布置而定。

❺ 车顶灯

车顶灯又称车内灯或室内灯,装于驾驶室或车厢顶部,主要用于车内照明,通常由灯光总开关和车顶灯开关共同控制。有的车顶灯还具有门灯的作用,它还受车门开关控制。当车门关闭不严时。车顶灯亮,以提醒驾驶人注意。其开关通常有三个位置,OFF 时灯熄,ON 时灯一直亮着,DOOR 时在车门打开时灯才亮,车门关闭后熄灭,如图14-9所示。现代汽车利用定时器电路在车门关闭后使车顶灯持续点亮10~15s 才熄灭,以方便驾驶人及乘客。

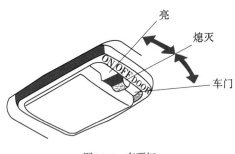

图14-9 车顶灯

❻ 工作灯

车上一般只装工作灯插座,配导线及移动式灯具,用于对排除汽车故障或检修提供照明。

7 阅读灯

为了便于乘客阅读,有些车辆设置了阅读灯(又称地图灯、个人灯、内小灯等),安装在前座椅上方,灯光一般为白色,由阅读灯开关控制,压下开关灯亮,点火开关在任何位置时均可作用,如图14-10所示。

图14-10 阅读灯

8 点火开关照明灯

所有车门关闭后,点火开关照明灯会持续点亮10~15s才熄灭,以方便驾驶人插入钥匙,如图14-11所示。

9 车门灯

车门灯又称探照灯,装在4个车门下方,当车门打开时灯亮,照亮地面,以方便进出车辆的驾驶人及乘客,如图14-12所示。

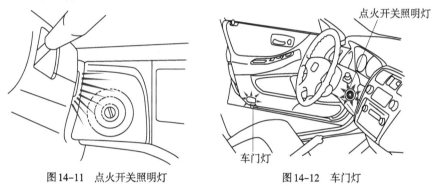

图14-11 点火开关照明灯　　图14-12 车门灯

10 行李舱灯

行李舱灯装于行李舱顶部,用于夜间行李舱门打开时照亮行李舱,它的灯光一般为白色,由灯光总开关和行李舱门控开关共同控制。

11 发动机舱盖灯

发动机舱盖灯装于发动机舱盖内侧,用在夜间发动机舱打开时照亮发动机舱,它的灯光一般为白色,由灯光总开关和发动机舱盖门控开关共同控制。

❷ 信号系统

1 转向信号灯

转向信号灯简称转向灯,由转向开关控制。在汽车起步、超车、转弯和停车时,左侧或右侧的转向信号灯会发出明暗交替的闪光信号,以示汽车改变行驶方向。汽车的转向信号灯大都采用橙色,闪光频率一般为 60~95 次 /min。转向信号灯装在汽车前后或侧面,每侧至少两个。

❷ 危险警报灯

危险警报灯又称为危险报警灯,它与转向信号灯共用同一套灯具。当车辆在路面上遇到紧急情况需要处理时,按下危险警报开关(图14-13),全部转向灯同时闪烁,提醒后方车辆避让。

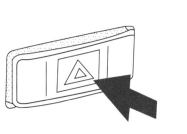

图 14-13　危险警报灯开关

❸ 示宽灯

示宽灯又称小灯、驻车灯或停车灯,装在车辆前面两侧对称位置,如图 14-14 所示,有些车辆在翼子板上也有安装。示宽灯大都采用白色,用于标识汽车夜间行驶或停车时的宽度轮廓。示宽灯由车灯开关控制,车灯开关接通,示宽灯就点亮。

❹ 尾灯

尾灯装于汽车尾部,左右各一只。尾灯一般为红色,用于在夜间行驶时向后面的车辆或行人提供位置信息。尾灯一般安装在后组合灯内,如图 14-15 所示。

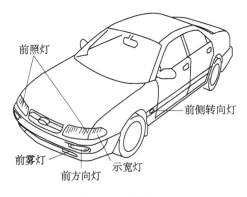

图 14-14　示宽灯

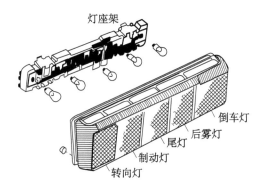

图 14-15　后组合灯(横式造型)

❺ 制动灯

制动灯装于汽车后面,用于当汽车制动或减速停车时,向车后发出灯光信号,以警示随后车辆及行人。

制动信号灯是与汽车制动系统同步工作的,它通常由制动灯开关(图14-16)控制。踩下制动踏板时,开关内的触点接通,制动灯点亮。

有些车辆装备有高位制动灯,因其位置比后灯座的制动灯高,警示效果更佳,可提高行车安全。

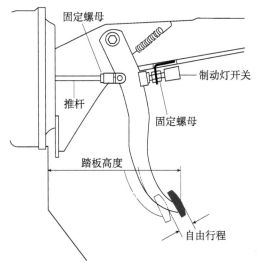

图 14-16 制动灯开关的位置

❻ 倒车灯

倒车灯装于汽车尾部,左右各一只。倒车灯一般为白色。用于照亮车后路面,并警示车后的车辆和行人,表示该车正在倒车,提高倒车时的安全性。倒车灯由装在变速器上的倒车灯开关控制,当变速器换挡杆拨至倒车挡时,倒车信号开关将倒车信号电路接通,倒车灯点亮。

思考与练习

一、填空题

1. 汽车上的声光系统主要由_____和_____组成。
2. 喇叭的种类主要有_____、_____和_____3类。
3. 电磁式喇叭一般包括_____、_____、_____、
_____、_____和_____等。
4. 前照灯主要由_____、_____和_____3部分组成。
5. 信号系统主要包括_____、_____、_____、
_____、_____和_____等。

二、选择题

1. 小型车多使用的是(　　)喇叭。
 A. 压缩空气式　　　B. 电动式　　　C. 电磁式　　　D. 电子式

2. 电磁式喇叭的发音源是( )。
   A. 铁芯　　　　　B. 振动板总成　　C. 线圈总成　　　　D. 前盖
3. 前照灯灯光一般采用( )。
   A. 黄色　　　　　B. 橙色　　　　　C. 红色　　　　　　D. 白色
4. 雾灯的光色不能采用( )。
   A. 黄色　　　　　B. 白色　　　　　C. 橙色　　　　　　D. 红色
5. 转向信号灯闪光频率一般为( )。
   A. 10~20 次/min　　　　　　　　　B. 20~45 次/min
   C. 60~95 次/min　　　　　　　　　D. 100~145 次/min
6. 下列( )不属于信号系统。
   A. 雾灯　　　　　B. 转向信号灯　　C. 示宽灯　　　　　D. 制动灯

三、判断题

1. 螺旋形喇叭比盆形喇叭声音大、体积小。　　　　　　　　　　　　　　( )
2. 一般汽车上都采用组合前照灯和后组合灯。　　　　　　　　　　　　　( )
3. 有些车型的车顶灯具有门灯的作用,当车门打开时,车顶灯应点亮。　　( )
4. 汽车上的转向信号灯至少有2个。　　　　　　　　　　　　　　　　　( )
5. 制动灯是否点亮受制动灯开关控制。　　　　　　　　　　　　　　　　( )
6. 高位制动灯可提高行车安全。　　　　　　　　　　　　　　　　　　　( )

四、简答题

1. 简述喇叭的组成和工作原理。

2. 简述汽车照明系统的组成和各部件的作用。

3. 简述汽车信号系统的组成和各部件的作用。

单元十五 刮水器和洗涤器系统

Chapter 15

知识目标

1. 掌握刮水器与洗涤器系统的作用和组成；
2. 掌握电动刮水器的结构和工作原理；
3. 掌握洗涤器的结构和工作原理；
4. 了解前照灯冲洗装置的构造。

建议学时

2学时。

一、刮水器和洗涤器系统的功用和组成

刮水器的作用是用来清除风窗玻璃上的雨水、雪或尘土,以确保驾驶人有良好的视野。在行驶中,由于泥土的飞溅或其他原因污染风窗玻璃,所以刮水器还设有洗涤装置,有些乘用车还装备有前照灯冲洗装置。刮水器和洗涤器系统在车上的布置,如图15-1所示。

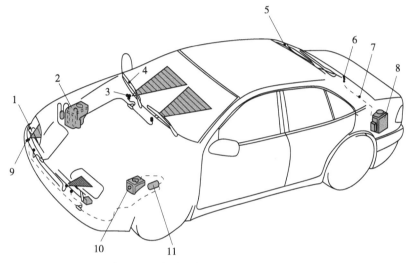

图15-1　刮水器和洗涤器系统在车上的布置

1– 用于前照灯和前风窗玻璃的刮水和洗涤装置;2– 洗涤泵(前部);3– 喷嘴(前风窗玻璃);4– 前风窗玻璃的刮水器;5– 后风窗玻璃的刮水器;6– 喷嘴(后风窗玻璃);7– 后风窗玻璃刮水和洗涤装置;8– 洗涤泵(后部);9– 高压洗涤装置(前照灯);10– 储液罐;11– 高压泵

二、刮水器的构造

❶ 刮水器的作用与分类

下雨或下雪时,为保持良好的视线,前、后风窗玻璃上均装有刮水器,以扫除玻璃上的积水或积雪。

现代汽车均使用电动机驱动刮水器,这样可以保持一定速度摆动,不受发动机转速与负荷变动的影响,且可以随驾驶人需要,视雨势大小调整动作速度。电动刮水器更可以做每秒一次至30s一次间歇动作的无级变速调整。根据刮水片的连动方式,刮水器可分为:

❶ 平行连动式

一般小型车采用最多,如图15-2a)所示。

❷ 对向连动式

大型车采用,如图15-2b)所示。

❸ 单臂式

部分小型车采用,如图15-2c)所示。

目前使用的刮水器多数是平行连动式。

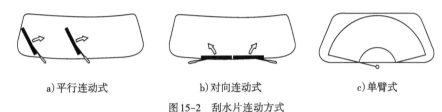

a)平行连动式　　　　b)对向连动式　　　　c)单臂式

图15-2　刮水片连动方式

❷ 刮水器的结构及工作原理

如图15-3所示,刮水器是由直流电动机、蜗轮箱、曲柄、连杆、摆杆、摇臂和刮水片等部分组成。

利用电动机的动力,带动连杆机构,使刮水片产生作用。现代汽车刮水器直流电动机多使用永久磁铁式刮水器电机,其构造如图15-4所示。刮水器架装在齿轮壳侧端,端板与外壳为一体,使用三个电刷做二段变速。

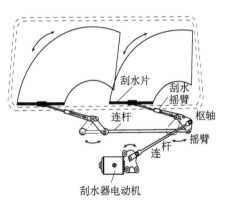

图15-3　刮水器的结构

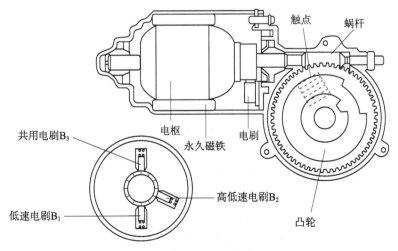

图15-4　永久磁铁式刮水器电机

刮水器电机转动时,使蜗轮上的曲臂旋转,经连杆使短臂以电枢中心做扇形运动,此短臂上安装右侧的刮水臂,另一连杆与左侧的短臂连接,左右两侧的刮水臂以电枢为中心做同方向左右平行的运动(图15-3)。

要将风窗玻璃上的积水清除得很干净,使视线良好,刮水臂与刮水片(如图15-5)必须经特殊设计才能发挥功能,平面玻璃与不同曲面玻璃所用的刮水臂与刮水片的构造是不同的,使用错误会使积水刮除不干净,影响视线。刮水臂与驱动轴的安装方法,如图15-6所示,一般均以螺栓固定。

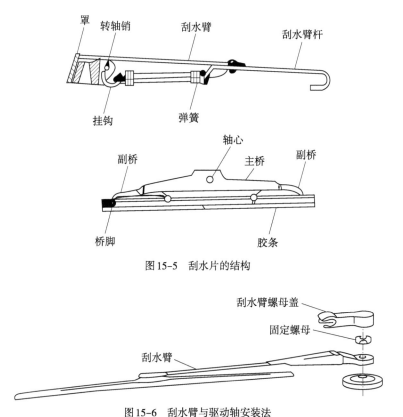

图15-5　刮水片的结构

图15-6　刮水臂与驱动轴安装法

❸ 低、高速附间歇动作式刮水器

在下小雨或潮湿路面行驶,前车带起的水珠溅湿后车的风窗玻璃,偶尔需要操作一下刮水器才能保持良好视线,避免给驾驶人带来麻烦。故现代汽车刮水器除低、高速外,通常附有间歇(INT)的位置,间歇摆动的间隔固定时间较多,有的可以调整,最久可达30s左右。有些汽车在间歇动作时,为能彻底刮净风窗玻璃上的尘土,并且避免刮水片或玻璃刮伤,一般附有自动喷水动作。

低、高速附间歇动作式刮水器装置的电动机,其构造与永久磁铁式刮水器电动机相同,只是在电路上多装了一个间歇开关,以及刮水器开关上多了一段间歇(INT)位置。如图15-7所示,为一般汽车使用低、高速附间歇动作的刮水器电路。

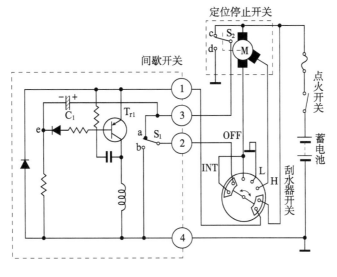

图15-7　低、高速附间歇动作刮水器电路

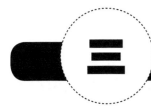 洗涤器的构造

汽车行驶时，风窗玻璃上常附着灰尘、砂粒等，若不冲洗就直接使用刮水器时，会使刮水片损伤，并易使风窗玻璃刮伤；同时风窗玻璃太干燥时，也使刮水片受到过大的阻力，易使刮水器电动机烧坏。故使用刮水器前，先使洗涤器向风窗玻璃喷水，洗净玻璃上的灰尘、砂粒等，以减少刮水片的阻力。

目前，汽车使用的洗涤器均为电动式，其结构包括储水箱、水管及喷嘴等部分，电动机（永久磁铁式）及水泵（离心式）装在储水箱上，如图15-8所示。离心式水泵工作原理如图15-9所示，喷嘴的种类如图15-10所示。

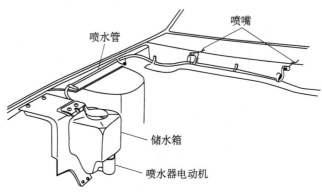

图15-8　风窗玻璃洗涤器系统

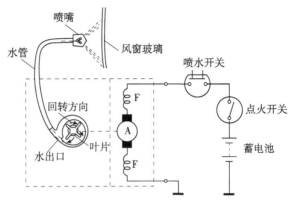

图 15-9 离心式水泵的工作原理

图 15-10 喷嘴的种类

四、前照灯冲洗装置的构造

在泥泞路面或恶劣气候下跟车或会车时,经常因泥水飞溅,使前照灯镜面脏污,影响照明及行车安全,故部分车辆装备有前照灯冲洗装置。

前照灯冲洗装置由前照灯冲洗开关、控制器、储液罐、冲洗电动机及喷嘴等组成,如图 15-11 所示。

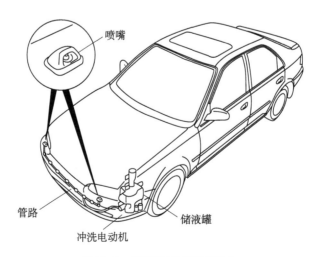

图 15-11 前照灯冲洗装置的组成

前照灯冲洗装置的电路如图15-12所示,压下冲洗开关,左右两侧的喷嘴喷出冲洗液,将前照灯冲洗干净。喷嘴位置必须正确,以便在所有车速时,冲洗液均能喷向前照灯。

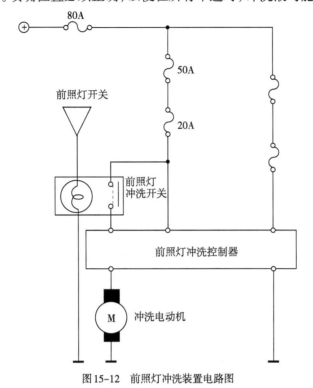

图15-12 前照灯冲洗装置电路图

思考与练习

一、填空题

1. 下雨或下雪时,为保持良好的视线,前、后风窗玻璃上均装有_____,以扫除玻璃上的积水或积雪。

2. 根据刮水片的连动方式,刮水器可分为_____、_____和_____。

3. 刮水器一般是由_____、_____、_____、_____、_____和_____等部分组成。

4. 目前汽车使用的洗涤器均为电动式,包括_____、_____及_____等部分,电动机(永久磁铁式)及_____装在储水箱上。

二、选择题

1. 目前使用的刮水器多数是(　　)。
   A. 对向连动式　　B. 平行连动式　　C. 单臂式　　D. 以上说法都不对

2. 现代汽车多采用(　　)的刮水器电动机。
   A. 永久磁铁式　　　B. 双速复联式　　　C. 单速复联式　　　D. 线圈串联式
3. 一般前风窗玻璃刮水片动作的动力传递顺序为(　　)。
   A. 电动机→刮水片　　　　　　　　　　B. 电动机→刮水臂→刮水片
   C. 电动机→连杆→刮水臂→刮水片　　　D. 电动机→刮水臂
4. 雨刷开关上"间歇"位置标注的是(　　)。
   A. Hi　　　　　　　B. WS　　　　　　　C. Low　　　　　　D. INT
5. 现代汽车最常用的雨刷片摆动速度是(　　)。
   A. 单速式　　　　　B. 变速式　　　　　C. 间歇及变速式　　D. 无段变速式
6. 汽车电动刮水器由(　　)驱动。
   A. 发电机　　　　　B. 发动机　　　　　C. 直流电动机　　　D. 起动机

三、判断题

1. 电动刮水器更可以做每秒一次至100s一次间歇动作的无段变速调整。　　(　　)
2. 低、高速附间歇动作式刮水器,在电路上装有一个间歇开关。　　　　　　(　　)
3. 洗涤器水泵结构形式为内啮合齿轮泵。　　　　　　　　　　　　　　　　(　　)
4. 常见的洗涤器喷嘴结构形式有单孔式、复孔式和喷管式。　　　　　　　　(　　)

四、简答题

1. 简述刮水器的工作过程。

2. 为什么要设置风窗玻璃清洗器?

单元十六 组合仪表与报警装置

Chapter 16

知识目标

1. 掌握各仪表的作用；
2. 掌握汽车上常见标识符号的意义。

建议学时

1学时。

一 组合仪表

为了使驾驶人随时观察与掌握汽车各系统的工作状态,在驾驶室仪表板上装有组合仪表、指示灯和报警装置。

汽车组合仪表分为传统组合仪表和电子组合仪表。传统组合仪表是机械式或电动机械式,它们都是通过指针和刻度来实现模拟显示的。随着电子及计算机技术在汽车上的广泛应用,以及新型传感器和电子显示器的出现,电子组合仪表已被越来越多的汽车所采用。

❶ 传统组合仪表

传统组合仪表主要包括机油压力表、冷却液温度表、发动机转速表、燃油表、电流表、机油压力报警灯、充电指示灯等,这些仪表通常都组装在仪表板上。桑塔纳2000GSi车型仪表板如图16-1所示,组合仪表的组成如图16-2所示。

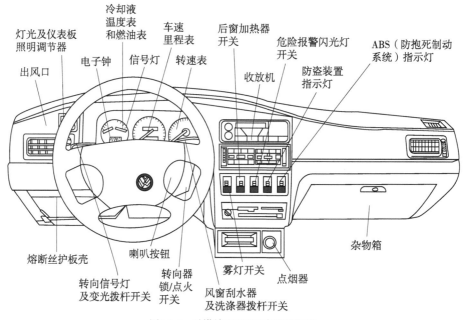

图16-1 桑塔纳2000GSi车型仪表板

传统组合仪表的作用如下:

❶ 车速里程表

车速里程表由指示汽车行驶速度的车速表和记录汽车已行驶过距离的里程表组成,它们装在同一个壳体中,由同一根轴驱动。

❷ 车速报警装置

车速报警装置是为保证行车安全而在车速表内设置的速度音响报警系统。

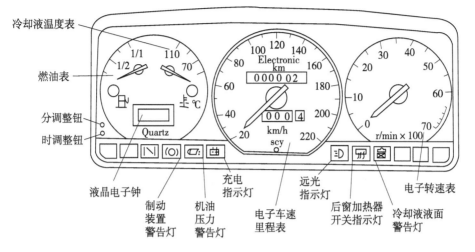

图 16-2　桑塔纳 2000GSi 车型组合仪表的组成

❸ 机油压力表

发动机工作时，机油压力表指示发动机润滑系统主油道中机油压力的大小，以便了解发动机润滑系统工作是否正常。

❹ 机油低压报警装置

机油低压报警装置作用是当发动机润滑系统主油道中的油压低于正常值时，对驾驶人发出报警信号。机油低压报警装置由装在仪表板上的机油低压报警灯和装在发动机主油道上的油压传感器组成。

❺ 燃油表

燃油表指示汽车燃油箱内所储存的燃油量。

❻ 燃油油面报警装置（即燃油液位报警灯）

燃油油面报警装置作用是当燃油箱内的燃油量少于某一规定值时立即发出报警，以引起驾驶人的注意。

❼ 冷却液的工作温度表

冷却液的工作温度表指示发动机汽缸盖水套内冷却液的工作温度。

❽ 冷却液报警灯

冷却液报警灯能在冷却液温度升高到接近沸点时点亮，以引起驾驶人的注意。

❾ 电流表

电流表指示蓄电池充电或放电的电流值（目前很少采用传统的电流表，而普遍采用充电指示灯。灯亮表示不充电，灯不亮则表示充电），供驾驶人判断电源系统工作是否正常。

❿ 充电指示灯

在发电机不对蓄电池充电时发亮。

⓫ 发动机转速表

发动机转速表用来指示发动机运转速度。

❷ 电子组合仪表

电子组合仪表是以数字显示、字母数字混合显示、曲线图或柱状图表等形式向驾驶人显示汽车各种工作状态的信号和报警信号，具有高精度和高可靠性，可为驾驶人提供高精度的数据信息，具有一"表"多用的功能。

电子组合仪表的结构如图16-3所示，主要有电子式燃油表、发动机电子转速表、车速表、里程表和冷却液温度表等。

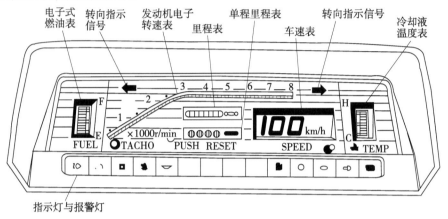

图16-3 汽车电子组合仪表的结构

二、报警装置

现代汽车为保证行车安全和提高车辆的可靠性，安装了许多报警装置。报警装置一般由传感器、报警灯（或蜂鸣器）等组成。报警指示灯，如图16-4所示。

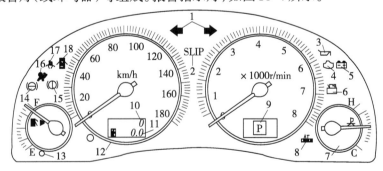

图16-4 组合仪表报警装置

1-转向指示灯；2-SLIP（滑动）报警灯；3-油压报警灯；4-发动机报警灯；5-充电指示灯；6-VDC（车辆动态控制）OFF指示灯、VDC报警灯；7-冷却液温度表；8-AT（自动变速器）电子控制装置报警灯；9-挡位指示灯；10-车速表；11-里程表；12-车速里程表；13-燃油低油面报警灯；14-ABS报警灯；15-制动报警灯；16-SRS（安全气囊）报警灯；17-安全带报警灯；18-未关门报警灯现代汽车的电器设备越来越，为了便于识别、控制它们，在汽车驾驶室的仪表板、操纵杆、开关、按钮等处标有各种醒目的形象化的符号，常用的标识符号如图16-5所示。

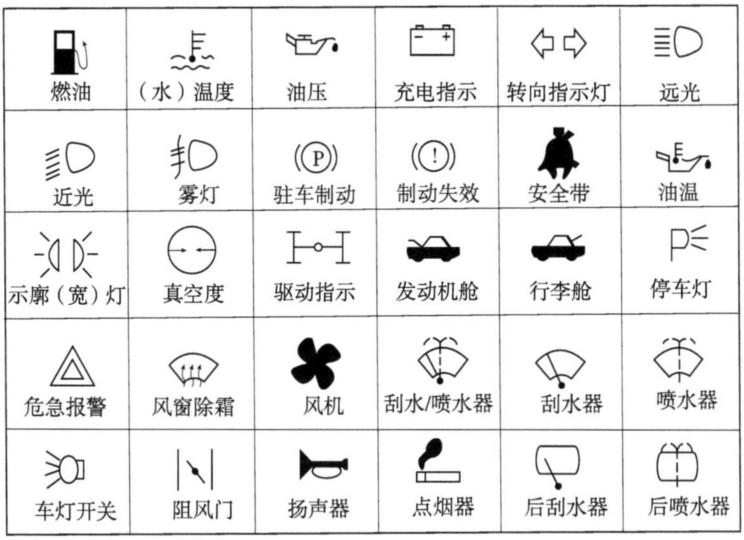

燃油	（水）温度	油压	充电指示	转向指示灯	远光
近光	雾灯	驻车制动	制动失效	安全带	油温
示廓（宽）灯	真空度	驱动指示	发动机舱	行李舱	停车灯
危急报警	风窗除霜	风机	刮水/喷水器	刮水器	喷水器
车灯开关	阻风门	扬声器	点烟器	后刮水器	后喷水器

图16-5　常见的标识符号

思考与练习

一、填空题

1. 为了使驾驶人随时观察与掌握汽车各系统的工作状态，在驾驶室仪表板上装有_____、_____和_____。
2. 汽车组合仪表分为_____仪表和_____仪表。
3. 传统组合仪表主要包括_____、_____、_____、_____、_____、_____、_____等。
4. 车速里程表由指示汽车行驶速度的_____和记录汽车已行驶过距离的_____组成。
5. 报警装置一般由_____、_____（或蜂鸣器）等组成。

二、简答题

1. 传统组合仪表的包括哪些部分？作用分别是什么？

2. 报警装置主要有哪些部件？作用分别是什么？

3. 举例说明一些常见的汽车仪表标识符号。

单元十七　空调系统

知识目标

1. 掌握汽车空调系统的作用和组成；
2. 了解制冷剂的特点；
3. 掌握制冷系统的组成和工作原理以及各部件的结构特点；
4. 了解采暖与通风系统工作原理。

建议学时

6学时。

一 空调系统概述

❶ 空调系统作用

汽车空调系统即车内空气调节装置,是指对车内空气的温度、湿度及清洁度进行调节控制的装置。汽车空调系统作用是在各种气候和行驶条件下,为乘员提供舒适的车内环境,并能预防或除去附在风窗玻璃上的雾、霜或冰雪,以确保驾驶人的视野清晰与行车安全。

❷ 空调系统的组成

汽车空调系统在车上布置如图17-1所示,它主要由制冷系统、采暖系统、通风装置、加湿装置、空气净化装置和控制装置等组成。

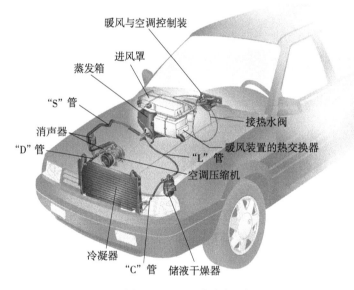

图17-1 空调系统在车上布置图

❸ 制冷剂

在制冷系统中用于转换热量并且循环流动的物质称为制冷剂。目前,汽车空调制冷系统使用的制冷剂通常有R12和R134a两种,其中英文字母R是制冷剂(Refrigerant)的简称,数字代号使用的是美国制冷工程师协会(ASRE)编制的代号系统。

❶ R12制冷剂的特性

R12是汽车空调中曾广泛使用的制冷剂,其分子式为CF_2Cl_2,化学名称为二氟二氯甲烷,主要特性如下:

①无色、无刺激性臭味;一般情况下不具有毒性,对人体没有直接危害;不燃烧、无爆炸危险;热稳定性好。

②在一个标准大气压下R12的沸点为-29.8℃,凝固点为-158℃。

③R12对一般金属没有腐蚀作用。

④使用R12的制冷系统要求使用特制的橡胶密封件。

⑤R12有良好的绝缘性能。

⑥R12液态时对冷冻润滑油的溶解度无限制,可以任何比例溶解。这样在整个制冷循环中,冷冻润滑油通过R12参与循环,对空调压缩机进行润滑。

⑦R12对水的溶解度很小。

由于R12对大气臭氧层有很强的破坏作用,因此,在目前生产的汽车空调制冷系统中已经被R134a所替代,但还有很多于早期生产的在用汽车空调制冷系统的制冷剂仍为R12。

❷ R134a制冷剂的特性

R134a制冷剂的分子式为CH_2FCF_3,是卤代烃类制冷剂中的一种。R134a制冷剂与R12制冷剂相比,其热力学性能(包括分子量、沸点、临界参数、饱和蒸气压和汽化潜热等)均与R12相近,具有无色、无臭、不燃烧、不爆炸、基本无毒的特性。但是,采用制冷剂R134a的汽车空调中,在结构与材料方面与R12空调系统还是有很大区别的,两种制冷系统中的制冷剂是不能互换使用的。

❹ 冷冻润滑油的选择

冷冻润滑油也叫冷冻油,是制冷压缩机的专用润滑油,冷冻润滑油在空调制冷系统中完全溶于制冷剂中,并随制冷剂一起在制冷系统中循环,它可保证压缩机正常运转、可靠工作和延长使用寿命。冷冻润滑油具有润滑、密封、冷却和降低压缩机噪声等作用。

按黏度的不同,国产冷冻润滑油牌号有13号、18号、25号和30号4种,牌号越大,其黏度也越大。进口冷冻润滑油有3种牌号:SUNISO 3GS、SUNISO 4GS和SUNISO 5GS。目前,汽车空调制冷系统通常选用国产18号和25号冷冻润滑油,或进口SUNISO 5GS冷冻润滑油。

二 制冷系统的组成与工作原理

❶ 汽车空调制冷系统的组成

汽车空调制冷系统主要由压缩机、冷凝器、储液干燥器、膨胀阀、蒸发器、导管与软管、压力开关等组成，如图17-2所示。

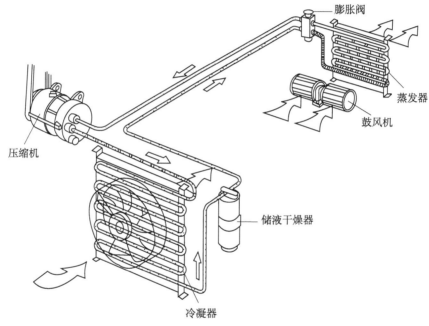

图17-2 空调制冷系统的组成

❷ 空调制冷系统的工作原理

汽车空调制冷系统的工作原理如图17-3所示，分为压缩过程、放热过程、节流过程和吸热过程。

❶ 压缩过程

汽车空调压缩机吸入蒸发器出口处的低温低压制冷剂气体，把它压缩成高温高压气体排出压缩机，经管道进入冷凝器。

❷ 放热过程

高温高压的过热制冷剂气体进入冷凝器后，由于温度的降低，达到制冷剂的饱和蒸气温度，制冷剂气体冷凝成液体，并放出大量的液化气热。

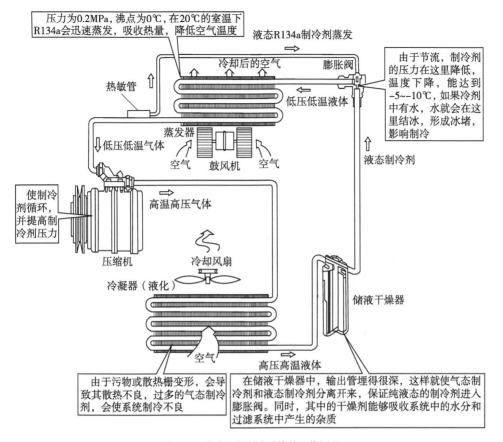

图17-3 汽车空调制冷系统的工作原理

❸ 节流过程

温度和压力较高的液态制冷剂通过膨胀装置后体积变大，压力和温度急剧下降，以雾状排出膨胀装置。

❹ 吸热过程

雾状制冷剂液体进入蒸发器，由于压力急剧下降，达到饱和蒸气压力，液态制冷剂蒸发成气体。蒸发过程中吸收大量的蒸发器表面热量，变成低温低压气体后，再次循环进入压缩机。

❸ 空调制冷系统主要部件的结构

❶ 压缩机

压缩机作用是使制冷剂保持循环。压缩机的吸气侧抽吸制冷剂蒸气，然后制冷剂流经压缩机的出口或排放侧，对其加压。高压、高温的制冷剂被压出压缩机而流入冷凝器。

压缩机有两个重要的功能：一是使系统内产生低压条件，二是使制冷剂循环，把制冷剂蒸气从低压压缩至高压，两种功能同时完成。

乘用车空调制冷系统压缩机,一般都是由汽车发动机驱动,其结构形式有曲柄连杆式、斜盘式(摇摆斜盘式和回转斜盘式)、辐射式、滚动活塞式等。摇摆斜盘式压缩机的结构,如图 17-4 所示。

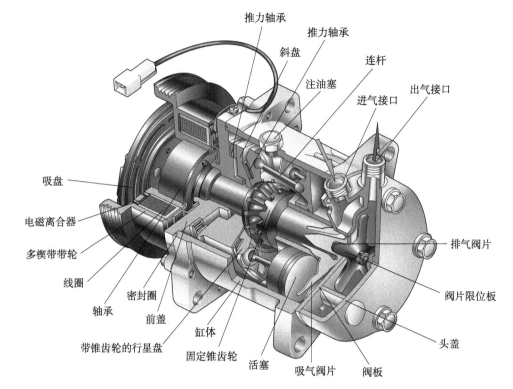

图 17-4　摇摆斜盘式压缩机的结构

摇摆斜盘式压缩机工作原理示意图如图 17-5 所示,压缩机有 5 个汽缸,当主轴旋转时,斜盘做轴向往复摇摆运动,带动压缩机的活塞做轴向往复运动,从而完成制冷剂的吸入、压缩和排出过程。

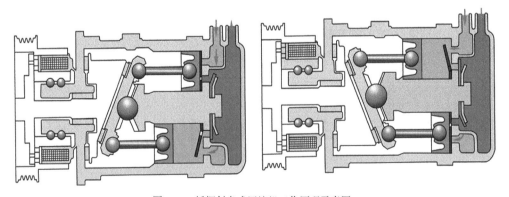

图 17-5　摇摆斜盘式压缩机工作原理示意图

❷ 冷凝器

冷凝器的作用是对压缩机排出的高温、高压制冷剂散热降温,使其凝结为液态高压制冷剂。冷凝器直接安装在散热器的前方,冷凝器的结构形式主要有管片式、管带式以及平行流式3种,如图17-6所示。

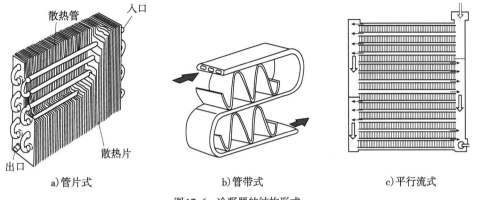

图17-6 冷凝器的结构形式

3 储液干燥器

储液干燥器主要作用有储存制冷剂、过滤水分与杂质、防止气态制冷剂进入蒸发器等。还提供了系统内液态制冷剂的缓冲空间,能及时调整和补充供给膨胀阀的制冷剂流量,以保证系统内制冷剂流动的连续性和稳定性。

储液干燥器安装于冷凝器与膨胀阀之间,由储液干燥器体、过滤器、干燥剂、引出管和观察窗玻璃等构成,如图17-7所示。

4 膨胀阀

汽车空调制冷系统使用的膨胀节流装置简称为膨胀阀,它的主要作用是将液态制冷剂转化为雾状制冷剂,节流、降压、调节和控制流量。在制冷负荷和压缩机转速变化时,膨胀节流装置能自动调节进入蒸发器的制冷剂流量,以满足制冷要求,保证车内温度稳定。

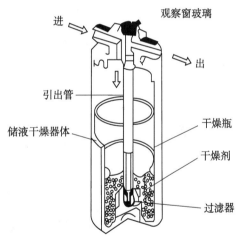

图17-7 储液干燥器的结构

膨胀阀的针阀是通过膜片连动的,膜片的控制因素有3个:蒸发器的压力使阀关闭;弹簧压力使阀关闭;膜片顶部通过毛细管来自热敏管的惰性气体压力使阀打开。这3种力的合力使膨胀阀打开一定的开度,控制制冷剂的流量。膨胀阀的工作过程,如图17-8所示。

热敏管固定在蒸发器的出口或尾管处。热敏管感应出尾管的温度后,通过毛细管对阀中的膜片作用。当作用在膜片顶部的压力比蒸发器的压力与弹簧压力的组合还大时,针阀从阀座移开,直到压力达到平衡为止,以此方式将适量的制冷剂流入蒸发器芯。

尾管处的温度上升时,热敏管中的膨胀气体通过毛细管作用在膜片上的压力增加,膜片接着又迫使推杆向下推动阀销和针阀,使更多的制冷剂进入蒸发器。尾管处的温度下降时,热敏管和膜片上的压力降低,从而使针阀就座,流入蒸发器的制冷剂量受到限制。

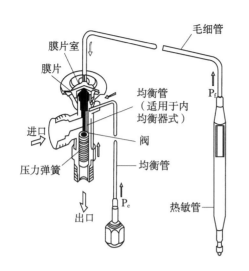
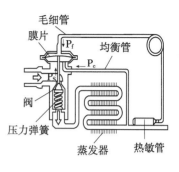

图 17-8 膨胀阀的工作过程

除了典型的膨胀阀以外，还有一种 H 形膨胀阀得到了广泛的应用，H 形膨胀阀取消了外平衡式膨胀阀的外平衡管和感温包，使其直接与蒸发器进出口相连。H 形膨胀阀因其内部通路形状像 H 而得名，如图 17-9 所示。它有 4 个接口通往汽车空调系统，其中两个接口和普通膨胀阀一样，一个接储液干燥器的出口，一个接蒸发器的进口，但另两个接口，一个接蒸发器的出口，一个接压缩机的进口，感温包和毛细管均由薄膜下面的感温元件取代，H 形膨胀阀结构紧凑，性能可靠。由于没有感温包、毛细管和外平衡接管，避免了因汽车颠簸、振动而使充注系统断裂外漏以及感温包松动影响膨胀阀工作，提高了膨胀阀的抗振性能。

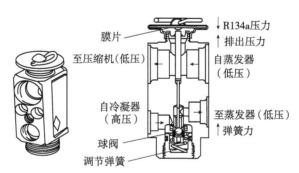

图 17-9 H 形膨胀阀的结构

5 蒸发器

汽车空调蒸发器属于直接风冷式结构，制冷系统工作时，来自膨胀阀的低压雾状制冷剂通过蒸发器时，吸收蒸发器周围空气的热量，从而达到降低车内温度的目的，同时低压雾状制冷剂变为低压气态制冷剂，并回到压缩机，如图 17-10 所示。

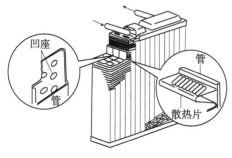

图 17-10 蒸发器的结构

三 空调系统的采暖与通风

1 汽车空调采暖系统

1 汽车空调采暖系统的作用

向车厢内供暖是汽车空调的重要功能之一,而汽车空调的目的不是单纯的制冷和供暖,而是在不断变化的车外大气环境下,保持车内的温度、湿度稳定在一定范围内,并保证送入车内的空气清新,所以必须有通风配气系统对已经通过制冷和加热的空气重新进行调和温度、输送和分配,汽车空调采暖系统的功能是将冷空气送入热交换器,吸收某种热源的热量,提高空气的温度,并将热空气送入车内。目前,绝大部分汽车上都采用水暖式取暖设备,水暖式采暖系统利用的是发动机冷却液的热量。

2 汽车空调采暖系统的工作原理

水暖式采暖系统实际上是发动机冷却系统的一部分,大致可分为两大部分,即热水循环回路和配气装置。热水循环回路与发动机的冷却系统相连通,借助于发动机的水泵实现热水循环。来自发动机冷却系统的热水从进水管流经加热器控制阀进入散热器,然后经由出水管回到发动机的冷却系统,实现回路的循环,如图17-11所示。

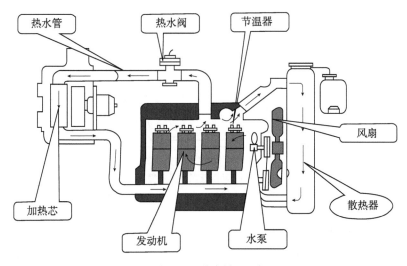

图17-11 热水循环回路

在通风装置中,由电动鼓风机强制使空气循环运动。空气经由进风口被吸入,流经加热器时将被加热,并由出风口导出,进入车厢内实现取暖或为风窗玻璃除霜,如图 17-12 所示。

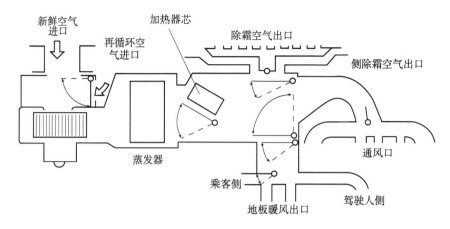

图 17-12　水暖通风系统

2 汽车空调通风配气系统

1 通风装置

为了健康和舒适,汽车车厢内空气要符合一定的卫生标准,这就需要输入一定量的新鲜空气。新鲜空气的配送量除了考虑人们因呼吸排出的 CO_2、蒸发的汗液、吸烟以及从车外进入的灰尘、花粉等污染物,还必须考虑保持车内正压和局部排气量所需的风量。将新鲜空气送入车内,取代污染空气的过程,称为通风。

根据我国对乘用车、客车的汽车空调新鲜空气要求,换气量按人体卫生标准最低不少于 $20m^3/h \cdot$ 人,且车内的 CO_2 的体积分数一般应控制在 0.03% 以下,风速为 0.2m/s。

汽车空调的通风方式一般有动压通风(图 17-13)、强制通风和综合通风 3 种。

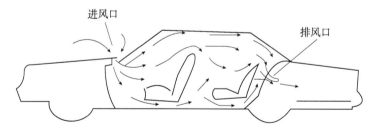

图 17-13　动压通风进风的循环

2 空气净化装置

进入车内的空气由车外新鲜空气和车内再循环空气组成。车外空气受到粉尘、烟尘以及汽车尾气中 CO、SO_2 等有害气体的污染;车内空气受到乘客呼出的 CO_2、人体汗味以及漏入车内的废气污染。这些因素降低了车内空气的洁净度,而空气净化器能够清除车内空气中的异味微粒,并能去除车外空气中的花粉和灰尘,使空气得到净化,因此汽车空调需要装备空气净化器,如图17-14所示。

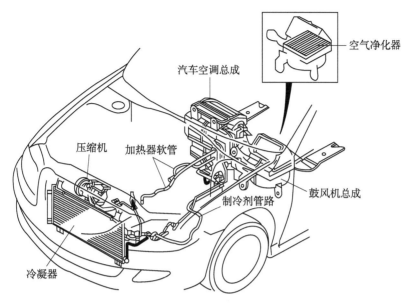

图17-14 空气净化器

汽车空调系统采用的空气净化装置通常有空气过滤式和静电集尘式两种。前者是在汽车空调系统的送风和回风口处设置空气滤清装置,它仅能滤除空气中的灰尘和杂物,因此,结构简单,只需定期清理过滤网上的灰尘和杂物即可,故广泛用于各种汽车空调系统中。后者则是在空气进口的过滤器后再设置一套静电集尘装置或单独安装一套用于净化车内空气的静电除尘装置,它除具有过滤和吸附烟尘等微小颗粒杂质的作用外,还具有除臭、杀菌、产生负氧离子以使车内空气更为新鲜洁净的作用。由于其结构复杂,成本高,所以,只用于高级乘用车上。图17-15所示为静电集尘式空气净化装置的空气净化过程。

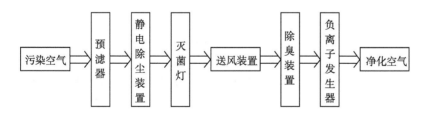

图17-15 静电集尘式空气净化装置原理图

3 风窗玻璃防雾装置

在气温较低的环境中,风窗玻璃内侧易结雾,甚至冰霜,会造成视线不良,严重影响行车安全。通常采用加热的方法将其除去。前风窗玻璃一般采用暖风加热的方法除雾,而后风窗玻璃通常采用电热线加热的方法除雾,其中电热线由镀在后风窗玻璃内表面的多条金属导电膜制成。

后风窗除雾电热线装置,如图17-16所示,由除雾开关、电热线开关、中央处理器(CPU)、继电器及后窗除雾电热线等组成,除雾电热线定时器装在CPU内。

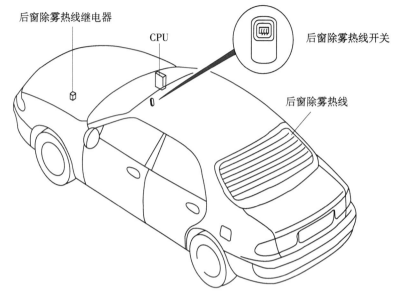

图17-16　后窗除霜电热线装置的组成

思考与练习

一、填空题

1. 汽车空调主要由_____、_____、_____、_____、_____和_____等组成。

2. 汽车空调用制冷剂有_____和_____。由于_____对大气臭氧层有很强的破坏作用,因此目前已经被_____所替代。

3. 按黏度的不同,国产冷冻润滑油牌号有13号、18号、25号和30号四种,牌号越大,其黏度也_____。

4. 制冷系统主要部件有_____、_____、_____、_____、_____、_____和_____等。

5. 汽车空调制冷系统的工作原理分为_____、_____、_____和_____。

6. 汽车空调压缩机结构形式有_____、_____、_____和_____等。

7. 冷凝器的结构形式有_____、_____和_____等。

8. 前风窗玻璃一般采用_____的方法除雾,而后风窗玻璃通常采用_____的方法除雾。

二、选择题

1. 下列设备中不属于汽车空调制冷系统的是(　　)。
   A. 压缩机　　　　B. 鼓风机　　　　C. 冷凝器　　　　D. 蒸发器
2. 关于R134a制冷剂的特性,说法错误的是(　　)。
   A. R134a制冷剂的分子式为CH_2FCF_3,是卤代烃类制冷剂中的一种
   B. R134a制冷剂与R12制冷剂相比,其热力学性能(包括分子量、沸点、临界参数、饱和蒸气压和汽化潜热等)均与R12相近,因此可以互换使用
   C. 无色、无刺激性臭味,一般情况下不具有毒性,对人体没有直接危害
   D. 不燃烧、无爆炸危险;热稳定性好
3. 汽车空调系统中的哪个装置能够将液态制冷剂变为气态(　　)。
   A. 压缩机　　　　B. 冷凝器　　　　C. 膨胀阀　　　　D. 蒸发器
4. 关于压缩机结构和性能上特殊要求的说法,错误的是(　　)。
   A. 制冷能力要强　　　　　　　　B. 体积和质量要大,制冷效果好
   C. 在高温和颠振的情况下能正常工作　　D. 起动运转平稳、噪声低、工作可靠

三、判断题

1. 制冷剂是在液态→气态→液态等物理状态变化时进行热量的转移。(　　)
2. 空调压缩机是使低压液态制冷剂变成高压液态制冷剂。(　　)
3. 冷凝器通常装在仪表板的下方。(　　)
4. 暖风系统采用最多的是控制送往暖气散热器的冷却液流量。(　　)
5. 检查制冷剂的观察窗装在储液罐上。(　　)

四、简答题

1. 简述汽车空调系统的作用和基本组成。

2. 简述制冷系统的组成和工作原理。

3. 简述H形膨胀阀的工作过程。

4. 简述空调采暖系统的工作原理。

参 考 文 献

[1] 黄靖雄. 汽车原理[M]. 台北:全华图书股份有限公司,1995.
[2] 黄靖雄. 汽车学Ⅰ(汽车发动机篇)[M]. 台北:全华图书股份有限公司,1995.
[3] 细川武志. 汽车构造图册[M]. 北京:人民交通出版社,2009.
[4] 赖瑞海. 汽车学Ⅱ(底盘篇)[M]. 台北:全华图书股份有限公司,2009.
[5] 赖瑞海. 汽车实习Ⅱ(底盘)[M]. 台北:全华图书股份有限公司,2008.
[6] GP企画セソター. 汽车发动机构造图册[M]. 北京:人民交通出版社,2005.
[7] GP企画セソター. 汽车底盘与电器构造图册[M]. 北京:人民交通出版社,2007.
[8] 陈家瑞. 汽车构造(下册)[M]. 北京:机械工业出版社,2009.
[9] 本书编写组. 汽车维修快速入门图解[M]. 北京:人民交通出版社,2007.